국가학

인성기금

"인성기금은 유휘성 회장이
고려대학교에 기부하여 조성된 연구기금입니다"

1905 제2·3권
보성전문학교 교과서번역사업 3
고려대학교 仁星기금 후원

국가학

나진 · 김상연 역술
윤재왕 옮김

KOREA
UNIVERSITY
PRESS
고려대학교
출판문화원

國家學

차례

國家學

石能 羅瓚
壽松 金祥演 譯述

第一章 國家의定義

此國家學을講ᄒᆞ기前에先次人類生活의解釋으로ᄡᅥ爲始ᄒᆞᆷ이大槪迂遠ᄒᆞᆯ듯ᄒᆞ되其實은此를了解치아니ᄒᆞ면國家의由來를可히明知치못ᄒᆞᆯ것이오若國家의由來를明知치못ᄒᆞ면其國家에關ᄒᆞᆫ諸般의考想이浮空에流ᄒᆞᆯ가恐ᄒᆞ야玆에其順序槪要를說明코자ᄒᆞ노라

人類의生活目的이如何ᄒᆞᆷ을此生理學上으로ᄡᅥ其實際의目的을論ᄒᆞ면能히其外部의事物을收ᄒᆞ야我의生活을利케ᄒᆞᆷ에在ᄒᆞᆷ이니故로其各自의生活을利케ᄒᆞ기爲ᄒᆞ야收得ᄒᆞᄂᆞᆫ事物의範圍가漸漸增大ᄒᆞᆷ을從ᄒᆞ야人類의生活이亦益益充實ᄒᆞᆷ에至ᄒᆞᄂᆞ니此를生活의發達이라云ᄒᆞᆷ이라

彼蠻人은但菓實禽獸를外部에取ᄒᆞ야以食ᄒᆞ며以衣ᄒᆞᆯᄲᅮᆫ에止ᄒᆞ되此에比ᄒᆞ야半開化人은家屋도有ᄒᆞ며家畜도有ᄒᆞ며武器도有ᄒᆞ며舟車도有ᄒᆞ야外部百種

국가학

제1장 국가의 개념정의

국가학을 강의하기에 앞서 먼저 인류의 생활에 대한 해석으로 시작하는 것은 전반적으로 먼 길을 돌아가는 것처럼 보이겠지만, 사실은 인간의 삶을 정확하게 이해하지 않고서는 국가의 기원을 명확하게 알 수 없을 것이고, 국가의 기원을 명확하게 이해하지 못하면 국가에 관한 여러 사고들이 공허한 것이 될 우려가 있다. 그 때문에 여기서는 순서에 따라 개요를 설명하고자 한다.

인간의 삶이 무엇을 목적으로 삼는가라는 물음을 생물학적 관점에서 인간의 삶의 실제 목적이 무엇인가라는 측면에서 살펴보면, 자연적 사물을 취해 나의 삶을 이롭게 하는 것이 곧 목적이라고 말할 수 있다. 그렇기 때문에 인간 각자의 삶을 이롭게 하기 위해 취하게 되는 사물의 범위가 점차 확대됨에 따라 인간의 삶이 갈수록 더 유익하고 충실하게 된 상태에 도달했고, 이를 삶의 발달이라고 말한다.

야만인들은 그저 자연에 있는 열매나 야생동물을 취해 의식을 해결하는 데 그쳤다. 이에 비해 반쯤 문명화된 인간은 가옥, 가축, 무기, 배와 수레를 갖게 되었고, 자연의 수많은

의物器를取ᄒᆞ야利用ᄒᆞᄂᆞᆫ者ᄂᆞᆫ此生活發達의度가一層高度에至ᄒᆞᆷ이라然이나個人의單獨能力의所及은際限이有ᄒᆞᆫ則此以外의一層完全ᄒᆞᆫ生活을得코자ᄒᆞ면決코外界의生物等만取ᄒᆞ야自己의生活을利케ᄒᆞᆯ뿐아니라他의人類를收ᄒᆞ야此를利用ᄒᆞᆷ이니妻子가有ᄒᆞᆫ蠻人을親族의關係가未生ᄒᆞᆫ蠻人에比ᄒᆞ면其生活의發達이高等에在ᄒᆞᆷ은社會學上의的確ᄒᆞᆫ事實이니是ᄂᆞᆫ皆他의人類를使役ᄒᆞ야其勞働으로써自己의生活範圍를擴張ᄒᆞᆷ이라然이나此獨力以外에又自己의命令을奉承ᄒᆞᄂᆞᆫ他人類의勞働을因ᄒᆞ야幾分發達ᄒᆞᆫ生活의程度라도此亦際限이有ᄒᆞ미若且其上級에昇코자ᄒᆞ면更히一新手段을施치아니치못ᄒᆞ야各人과他의衆人이協同ᄒᆞ야外部의事物에對ᄒᆞ야써彼我間共히其生活의範圍를擴充코자ᄒᆞᆷ이是也라

社會學上事實에就ᄒᆞ야觀컨ᄃᆡ蠻人間에初也親族의關係가起ᄒᆞ야도其關係가能히鞏固치못ᄒᆞᆷ으로써容易히離散ᄒᆞ야男子ㅣ長成ᄒᆞᆫ則父母의膝下를去ᄒᆞ야獨立의生活을謀ᄒᆞ야써一地方에漸次繁殖ᄒᆞᄂᆞᆫ一部族의團体를成ᄒᆞ되其結合의力이甚히微弱ᄒᆞ야社會的團結은尙矣라其夫妻及幼兒以外에普及지못ᄒᆞᄂᆞ

사물들을 취해 이용하게 됨으로써 삶의 발달 정도가 한 층 더 높아지는 단계에 도달했다. 그러나 한 개인 단독의 능력으로 이룰 수 있는 것은 한계가 있기 때문에 이러한 수준을 벗어나 한층 더 완전한 삶에 도달하고자 할 때에는 결코 외계의 생물들만을 취해 자신의 생활을 이롭게 하는 데 그치지 않고, 다른 사람들을 이용해야 한다. 그 때문에 부인과 자식이 있는 야만인들은 친족관계가 아직 없는 야만인에 비해 삶의 발달이 더 높은 수준에 있었다는 것이 사회학적으로도 타당성을 갖는 사실이다. 이는 곧 타인을 사역(使役)해 이 타인의 노동으로 자신의 삶의 범위를 확장하기 때문이다. 그러나 한 개인의 능력 이외에 자신의 명령에 복종하는 다른 사람의 노동까지 동원함으로써 삶의 정도가 더욱 발달하게 되었을지라도, 이 역시 한계가 있기 마련이다. 이보다 더 높은 단계로 상승하고자 한다면 다시 새로운 수단을 동원하지 하지 않을 수 없다. 나와 타인이 함께 협력해 자연의 사물에 대처함으로써 나와 타인 모두 삶의 범위를 확장하고자 하는 것이 이 새로운 수단에 해당한다.

사회학적 사실에 비추어 살펴보면, 야만인 사이에서는 애초부터 친족관계에 기초해서도 이들의 관계가 견고하지 못했고, 그 때문에 쉽게 흩어지고 말았다. 즉 남자가 장성하면 부모의 슬하를 떠나 독립된 생활을 모색한다. 이로써 한 지역에서 점차 번식하는 부족의 단체가 이루어지긴 하지만, 이들의 결합력은 매우 미미한 나머지 사회적 단합의 정도가 매우 낮고, 부부와 어린아이를 넘어서는 단계에 이르지 못한다.

니若此를一躍ᄒᆞ야以上高級에發達코자ᄒᆞ면其地方의人口는漸漸增加ᄒᆞ고衆人生活에利用ᄒᆞ는外部의材料는稍稍減少ᄒᆞᆷ으로所謂水草를追ᄒᆞ야更히良好ᄒᆞᆫ地方으로移轉ᄒᆞᆷ에當ᄒᆞ야他의部族이亦此를占據코자ᄒᆞᆯ時에는宜乎其部族을制服ᄒᆞ는必要가生ᄒᆞᄂᆞ니此必要가切迫ᄒᆞᆯ진ᄃᆡ前日父子가離散ᄒᆞ야結合力이甚히微弱ᄒᆞ던部族間에更히强固ᄒᆞᆫ團結을作ᄒᆞ야衆人의協力으로同一ᄒᆞᆫ目的即外族의制服을爲ᄒᆞ야不得已發動ᄒᆞ는ᄃᆡ至ᄒᆞᄂᆞ니一朝如斯ᄒᆞᆫ形勢에至ᄒᆞ야는其團結이鞏固ᄒᆞᆫ處는其薄弱ᄒᆞᆫ者를勝ᄒᆞᆷ으로써優勝劣敗의理가生ᄒᆞ야益益鞏固ᄒᆞᆫ團体가現出ᄒᆞᆷ에至ᄒᆞ고此一方으로衆人의協力關係가漸漸鞏固ᄒᆞᆫ同時에他一方으로는前述과如히他의人類를使役ᄒᆞ야生活의發達을計ᄒᆞ는關係가亦一層盛大ᄒᆞᆷ에至ᄒᆞᆫ지라何者오團体가薄弱ᄒᆞᆷ으로써鞏固ᄒᆞᆫ部族에制服되는者는皆其勝者의奴隷가되고勝者는此를使役ᄒᆞ야牧養農作에從事ᄒᆞ며或生活用品을製造케ᄒᆞ니即野蠻의狀態로半開化的狀態에進ᄒᆞ는外族의制服과其奴隷使役의結果가實로社會學上에的確히多見ᄒᆞᄂᆞ니라

以上三段의發達은世界萬國의國民이 皆經由ᄒᆞᆫ 所以로今에 此三段을稱ᄒᆞ야

만일 이러한 단계를 뛰어넘어 고도의 발달단계에 도달하고자 하면, 지역의 인구가 점점 증가하고 다수의 사람들이 이용하는 자연의 재료가 갈수록 감소해서 이제는 유랑민이 되어 다시 여건이 더 좋은 지역으로 이주해야 할 상황에 직면하게 된다. 하지만 다른 부족 역시 이 지역을 점거하고자 할 때에는 다른 부족을 제압할 필요가 생기게 된다. 이러한 필요가 절박해지면 예전에 아버지와 아들이 서로 흩어져 결합력이 매우 약해졌던 부족이 다시 강력한 단결력을 형성해 다수의 사람들의 협력을 통해 다른 부족을 제압한다는 목적을 위해 함께 노력하지 않을 수 없게 된다. 한 순간에 이러한 상태에 직면하게 되면 단결이 강한 부족이 단결이 약한 부족에게 승리하고, 이처럼 우월한 부족이 승리하고 열세인 부족이 패배하는 원칙이 성립하며, 결국 가장 강한 단체가 나타나는 상태가 된다. 이러한 단체는 한편으로는 다수인의 협력관계가 점차 견고해짐과 동시에 다른 한편으로는 — 앞에서 서술했듯이 — 타인을 사역해 삶의 발달을 꾀하는 관계가 더욱 확대된다. 그렇기 때문에 어떤 단체가 박약한 탓에 더 강한 부족에게 제압당하면 승자의 노예가 되고, 승자는 이 노예들에게 목축과 농업 또는 생활용품의 제작에 종사하도록 강제하게 된다. 이렇게 해서 야만상태에서 벗어나 반쯤 개화된 상태로 나아가는 것이다. 이처럼 다른 부족을 제압해 노예로 만들고, 이들에게 사역을 시키는 결과에 이르렀다는 것이 사회학적으로 타당하다고 보는 견해가 많다.

앞에서 말한 3단계의 발전은 모든 나라의 국민이 거친 단계들이기 때문에 오늘날 이 3단계를 다음과 같이 지칭한다.

(一)個人的生活의發達ᄒᆞᆫ範圍오(二)社會的生活의發達ᄒᆞᆫ範圍오(三)共同的生活의發達ᄒᆞᆫ範圍라云ᄒᆞᄂᆞ니라

今에國家의名詞를不得已使用ᄒᆞᄂᆞᆫ것은卽生活의目的을爲ᄒᆞ야必要ᄒᆞᆫ事業卽外部의事物을制ᄒᆞ고此를收ᄒᆞ야써各自生活의範圍를擴張코자ᄒᆞᄂᆞᆫᄃᆡ若個人獨力의所及ᄒᆞᆫ바ᄂᆞᆫ獨力으로써此를當ᄒᆞ고且獨力의不及ᄒᆞᄂᆞᆫ바富貴威望學識等과如ᄒᆞᆫ社交上의勢力으로써結合ᄒᆞᆫ者ᄂᆞᆫ其結合力으로써此를當케ᄒᆞ되此二範圍外에出ᄒᆞ야ᄂᆞᆫ其富貴威望才能等으로其功을期ᄒᆞ기不能ᄒᆞᆫ境遇에ᄂᆞᆫ其貧富貴賤等의關係를離ᄒᆞ야衆人共同의關係로廣大ᄒᆞᆫ團体를形成ᄒᆞ야其力으로써此를當케ᄒᆞᄂᆞ니於是乎國家ᄂᆞᆫ此種類의團体卽公共体라稱ᄒᆞᄂᆞᆫ지라故로現時國民間에存在ᄒᆞᆫ公共体를三種에大別ᄒᆞ야曰特히一種類의事業을爲ᄒᆞ야存立ᄒᆞᆫ者卽戰時의救護를爲ᄒᆞ야存立ᄒᆞᆫ赤十字社와商業發達을爲ᄒᆞ야存立ᄒᆞᆫ商業團体等이오曰一地方의事業을爲ᄒᆞ야存立ᄒᆞᆫ者卽地方自治体等이오曰國民一般의事業을爲ᄒᆞ야存立ᄒᆞᆫ者卽國家가是也ㅣ라

於是에吾人이國家란者에對ᄒᆞ야定義를叙ᄒᆞᆯ진ᄃᆡ國家ᄂᆞᆫ卽國民全体로此에屬

(1) 개인의 삶이 발달한 범위, (2) 사회적 삶이 발달한 범위, (3) 공동체적 삶이 발달한 범위.

오늘날 국가라는 명사를 굳이 사용하는 것은 삶의 목적을 위해 필요한 활동, 즉 자연의 사물을 통제하고 이러한 사물을 취함으로써 각자의 삶의 범위를 확장하려는 의도 때문이다. 개인 혼자의 힘으로 달성할 수 있는 것은 혼자 힘으로 감당하면 되고, 혼자 힘으로 감당하기 어려운 때에는 부와 명성 또는 학식 등과 같은 사교적인 힘을 빌려 결합한 개인이 이러한 결합력을 통해 감당하면 되지만, 이 두 범위를 벗어나 부귀, 명성, 재능만으로는 성과를 달성할 수 없는 경우에는 빈부귀천 등의 관계를 떠나 다수의 사람들 사이의 공동의 관계로 확대된, 거대한 단체를 형성해 이 단체의 힘을 통해 감당하게 된다. 국가라고 불리는 단체도 이와 같은 공동체를 말한다. 그렇기 때문에 오늘날 국민들 사이에 존재하는 공동체는 크게 세 가지 종류로 구별된다. 첫째, 한 종류의 특별한 사업을 위해 존재하는 공동체, 즉 전시의 구호활동을 위해 존재하는 적십자사와 상업발달을 위해 존재하는 기업, 둘째 지역의 사업을 위해 존재하는 공동체인 지방자치단체, 셋째, 국민 전체의 사업을 위해 존재하는 국가이다.

여기서 나는 국가라는 공동체의 개념을 다음과 같이 정의하고자 한다. 즉 국가란 국민 전체로서 국가에 속한

ᄒᆞᆫ各個人의生活發達를爲ᄒᆞ야必要ᄒᆞᆫ事業으로個人의獨力과又社會的結合力을依ᄒᆞ야經營存立ᄒᆞᆫ一大公共体라此社會的結合体와國家의區別이雖有ᄒᆞ되其原因을推ᄒᆞ면此二種이共히個個人人의生活範圍를擴張ᄒᆞ기爲ᄒᆞ야必要ᄒᆞᆫ組織인則此二種이皆人類의自然ᄒᆞᆫ必要로卽天性에서由來ᄒᆞᆫ것을深히注意ᄒᆞᆯ것이오且自己의能力資力이有ᄒᆞᆫ範圍內에서他人을使役ᄒᆞ며利用ᄒᆞ며統率ᄒᆞ며誘導ᄒᆞ야써自己의生活範圍를擴大코자ᄒᆞᆷ은是人性의自然ᄒᆞᆫ狀態로從出ᄒᆞᆷ이니若此等의關係가不有ᄒᆞ면是는人生의優秀ᄒᆞᆫ者卽富貴威勢德望學識才能位勳等의關係가振興치아니ᄒᆞᆯ터이라然이나此等의勢力으로到底히波及치못ᄒᆞᆯ事業卽人人生活을爲ᄒᆞ야一般完全케ᄒᆞ는者에對ᄒᆞ야는此以上의勢力으로衆人共同의團結ᄒᆞᆫ地位에立ᄒᆞ야貴賤上下가共히其力을此公共目的에致ᄒᆞ는關係를作치아니치못ᄒᆞᆯ지니是亦人性의自然ᄒᆞᆫ狀態로卽國家가始生ᄒᆞᆫ原因이라云ᄒᆞᄂᆞ이라

第二章　國家學及其研究法

國家學은獨逸語의「스다ㅣ아쓰윗센사후도」를譯ᄒᆞᆫ語니卽政治學과同ᄒᆞᆫ지라

각 개인의 삶의 발달을 위해 필요한 사업이고, 개인의 독자적 능력과 사회적 결합력을 통해 경영되고 존재하는 하나의 거대한 공동체이다. 이러한 사회적 결합체와 국가를 구별하기도 하지만, 그 원인의 측면에서 생각해보면 이 두 종류의 공동체 모두 개인의 삶의 범위를 확장하기 위해 필요한 조직이고, 두 공동체 모두 인간의 자연스러운 필요, 다시 말해 인간의 천성에 유래한 것이라는 사실에 특히 주의해야 한다. 또한 자신의 능력과 재력이 미치는 범위 내에서 타인을 사역하고 이용하며, 통솔하고 지도함으로써 자신의 삶의 범위를 확장하려는 것은 인간본성에 따른 자연스러운 상태에 해당한다. 따라서 만일 이와 같은 관계가 존재하지 않는다면, 이는 인간 삶의 우수한 측면, 즉 부귀, 명예, 덕망, 학식, 재능, 위훈(位勳) 등의 관계가 진흥되지 못한 탓일 것이다. 그러나 이와 같은 능력으로도 도저히 미치지 못할 사업, 즉 개개인의 삶을 위해 전체를 완전하게 만드는 문제와 관련해서는 이러한 것 이상의 능력을 통해 다수의 사람이 공동으로 단결하는 상태에서 귀천과 상하에 관계없이 모두 함께 힘을 쏟아 공공의 목적을 달성하고 봉사하는 관계를 만들어야 한다. 이 역시 인간 본성의 자연스러운 상태로서, 이 점이 곧 국가가 발생한 원인이라고 말할 수 있다.

제2장 국가학과 국가학의 연구방법

국가학은 독일어의 '슈타츠비센샤프트(Staatswissenschaft)'를 번역한 말로 정치학과 같은 의미이다.

國家學이나又政治學이元是國家의性質及作用을研究ᄒᆞᄂᆞᆫ一個의科學이오又數個의科學을集合홈에不過ᄒᆞ니獨逸國家學의大家ᄲᅳ룬지유리氏ᄂᆞᆫ國家學을定義ᄒᆞ야曰「國家學은國家에關ᄒᆞᆫ科學으로國家의要件과本性其各種의形狀及發達等을理解ᄒᆞ기爲ᄒᆞᆫ學問이라稱ᄒᆞ니라

國家學即政治學은國家에關ᄒᆞᆫ學問의総稱인故로更히此를類別치아니ᄒᆞ면不可ᄒᆞ니ᄲᅳ룬지유리氏是를二種에分ᄒᆞ야國法學과政治學이라ᄒᆞ되此區別에入ᄒᆞ기前에믄져國家에對ᄒᆞ야総論ᄒᆞᄂᆞᆫ것을國家學原理라稱ᄒᆞᄂᆞ니라

ᄲᅳ룬지유리氏ᄂᆞᆫ政治統計學、行政學、國際公法、警察學等으로써此六大區別ᄒᆞᆫ外에置ᄒᆞ야是에附屬ᄒᆞᆫ科學이라ᄒᆞ며或은國家學을區別ᄒᆞ야各別히國家를研究ᄒᆞᄂᆞᆫ部分即國內政治學이나又國法學이나國家와國家의關係를研究ᄒᆞᄂᆞᆫ部分即國外政治學이나又國際法의二種이라ᄒᆞ되此區別에入ᄒᆞ기前에몬져國家의性質、起源、形體等을研究ᄒᆞᄂᆞᆫ部分을普通政治學이라稱ᄒᆞᄂᆞᆫ者ㅣ有ᄒᆞ니今에此區別을從ᄒᆞᆯ時에ᄂᆞᆫ國內政治學을更히二種에分ᄒᆞ야憲法學과行政學이라ᄒᆞ니憲法學은國家의組織及國家의意思를構成ᄒᆞᆫ方法을論ᄒᆞᄂᆞᆫ學이오行政

국가학 또는 정치학은 원래 국가의 성질과 작용을 연구하는 학문이고, 또한 다수의 학문을 종합한 것일 따름이다. 독일 국가학의 대가인 블룬츨리*는 국가학을 다음과 같이 정의한다. "국가학은 국가에 관한 학문으로서 국가의 조건과 본성 및 국가의 다양한 형태와 발전 등을 이해하기 위한 학문이다."

국가학과 정치학은 국가에 관한 학문의 총칭이기 때문에 이를 다시 분류해서 구별하지 않으면 안 된다. 블룬츨리는 이를 다시 두 가지 종류로 나누어 국가법학과 정치학으로 구별하지만, 이러한 구별을 다루기 전에 먼저 국가에 대한 총론을 전개하고, 이 총론을 국가학 원리라고 칭한다.

블룬츨리는 다시 정치통계학, 행정학, 국제법, 경찰학 등을 구별해 국가학을 크게 여섯 분과로 구별하면서 이 여섯 분과에 속하는 보조학문을 국가학이라고 한다. 또한 블룬츨리는 국가학을 특히 국가를 연구하는 부분인 국내정치학이나 국가와 국가의 관계를 연구하는 부분인 국제정치학 및 국제법으로 나누기도 하는데, 이러한 구별을 논의하기 전에 먼저 국가의 성질, 기원, 형태 등을 연구하는 부분을 일반 정치학이라고 부르는 학자도 있다고 한다. 이러한 구별을 따른다면 국내정치학은 다시 헌법학과 정치학으로 나눌 수 있다. 헌법학은 국가의 조직과 국가의 의사형성의 방법을 논의하는 학문이고, 행정학은

* Johann Caspar Bluntschli(1808-1881). 스위스의 공법학자이자 정치가. 취리히 대학, 뮌헨 대학, 하이델베르크 대학 교수였다. 이 책《국가학》의 상당 부분은 블룬츨리가 1875년에 출간한《일반국가학(Allgemeine Staatslehre)》에 의존하고 있다.

學은國家의作用을論ᄒᆞᄂᆞᆫ學이오國外政治學은卽國際法全體를指ᄒᆞᆷ이니라

右述ᄒᆞᆫ區別外에數多ᄒᆞᆫ區別이尙有ᄒᆞ나玆에一一히不揭ᄒᆞ고今에吾人의研究ᄒᆞᆯ者ᄂᆞᆫ普通政治學이라云ᄒᆞ며又國家學原理라稱ᄒᆞᄂᆞᆫ部分이니獨逸語의所謂「스닷ㅣ네ㅣ리」是也라

國家學을研究ᄒᆞᆷ이多數의方法이有ᄒᆞ되ᄲᅮ룬지유리氏가此를二種에分ᄒᆞ야其各自의正邪를分別ᄒᆞ얏스니卽二種의研究法은哲理的研究法과歷史的研究法이라哲理的研究法이分歧ᄒᆞ야空想的研究法이되고歷史的研究法이紊亂ᄒᆞ야事實崇拜的研究法이되얏스니大凡政과法은無形的現象을包含ᄒᆞᆫ同時에又無形的基礎가有ᄒᆞᆫ者ㅣ니所謂空想的研究法은此有形的基礎를忽諸히ᄒᆞᄂᆞᆫ弊가有ᄒᆞ야此學派ᄂᆞᆫ理想上或政治上의道理만考ᄒᆞ며政治社會의事實에注目치아니ᄒᆞ야各種의考案을融回코자ᄒᆞ나然이나此研究法을依ᄒᆞᆯ時에ᄂᆞᆫ理論上所得의結果ᄂᆞᆫ反少ᄒᆞ고實際上破壞的에傾向ᄒᆞᄂᆞᆫ所恐이多有ᄒᆞᆷ을思ᄒᆞᆯ지니古來로空想的의議論이往往人心을煽動ᄒᆞ며社會와國家의秩序를眩惑ᄒᆞᆫ例가一再에不止ᄒᆞᆫ故로那翁이曾云ᄒᆞ되「佛蘭西를破壞ᄒᆞᆫ者ᄂᆞᆫ哲學者와空想家」라ᄒᆞ니라

국가의 작용을 논의하는 학문이다. 그리고 국외정치학은 국제법 전체를 지칭한다. 앞에서 말한 구별 이외에도 여러 가지 구별들이 존재하지만, 여기서 낱낱이 제시할 수는 없다. 내가 여기서 탐구할 대상은 일반정치학 또는 국가학원리로 불리는 부분이고, 독일어로는 '슈타츠레에레(Staatslehre)'라고 한다.

국가학을 연구하는 방법은 여러 가지가 있다. 블룬출리는 이 연구방법을 두 가지로 구별하고, 각 방법의 장점과 단점을 서술하고 있다. 블룬츨리가 구별한 두 가지 방법은 철학적 연구방법과 역사적 연구방법이다. 철학적 연구방법이 변질되면 이데올로기적인 연구방법이 되고, 역사적 연구방법이 변질되면 오로지 사실만을 숭배하는 연구방법이 된다. 일반적으로 정치와 법은 무형의 현상을 포함하는 동시에 무형의 기초를 갖고 있기 때문에 이른바 이데올로기적 연구방법은 유형의 기초를 소홀하게 여기는 폐단이 있다. 이와 같은 이데올로기적 학파는 이상적 원칙이나 정치적 원칙만을 고찰할 뿐, 정치사회의 사실에 주목하지 않은 채 여러 가지 방안만을 탐구할 따름이다. 이러한 연구방법을 따를 때에는 이론적 소득을 얻는 결과가 반감할 뿐만 아니라, 실제로도 파괴적인 경향을 가질 위험성이 상당히 높다. 그리하여 이미 오래 전부터 이데올로기적 논의가 인간의 심정을 선동하고, 사회와 국가를 현혹하는 사례가 그치지 않고 자주 있다. 그 때문에 나폴레옹은 "프랑스를 파괴한 자들은 철학자와 이데올로그들이다"라고 말했다.

事實崇拜的硏究法의弊害에至ᄒᆞ야ᄂᆞᆫ前者와全혀其趣意가殊異ᄒᆞ니事實崇拜的硏究法은外形에固着ᄒᆞ며法律明文에拘泥ᄒᆞ며現在事實에掣肘되ᄂᆞᆫ弊가有ᄒᆞᆫ故로此ᄅᆞᆯ實際政治에應用홈에當ᄒᆞ야固陋頑執의弊ᄅᆞᆯ免치못ᄒᆞᆯ것이오歷史的硏究ᄂᆞᆫ事實崇拜的硏究法과類似ᄒᆞ나然이나其實은大異ᄒᆞᆫ것이歷史的硏究法은事實崇拜的硏究法과如히現在ᄒᆞᆫ制度와事實을雖重ᄒᆞ되此ᄅᆞᆯ卑屈히尊崇홈이아니오過去와現在의關係ᄅᆞᆯ認ᄒᆞ며且此ᄅᆞᆯ說明ᄒᆞ야國家의有機的發達을解釋코자ᄒᆞᄂᆞᆫ者ㅣ니然則此學派ᄂᆞᆫ事實을雖重ᄒᆞ나此에拘泥치아니ᄒᆞ고此ᄅᆞᆯ基礎로삼아更히其眞理을發見ᄒᆞ며此ᄅᆞᆯ活用ᄒᆞ야善美ᄒᆞᆫ實効ᄅᆞᆯ收코자ᄒᆞᄂᆞᆫ者ㅣ오哲理的硏究法은又空想的硏究法과近似ᄒᆞ되大異ᄒᆞᆫ者ㅣ有ᄒᆞ니此學派의所重ᄒᆞᄂᆞᆫ바ᄂᆞᆫ無形ᄒᆞᆫ思想이아니오惟有形ᄒᆞᆫ思想이니其目的은理想과事實을結合코자홈에在ᄒᆞ고空理空想等은此學派의不取ᄒᆞᄂᆞᆫ바ㅣ니라

今에哲理的硏究法과歷史的硏究法의差異及關係ᄅᆞᆯ簡單히說明ᄒᆞᆯ진ᄃᆡ甲者ᄂᆞᆫ思想을爲基ᄒᆞ야此ᄅᆞᆯ事實에徵ᄒᆞᆫ然後에其說明을定ᄒᆞᄂᆞᆫ者이오乙者ᄂᆞᆫ外部의事實及其進化ᄅᆞᆯ硏究ᄒᆞᄂᆞᆫ者ㅣ니故로兩者ㅣ相待ᄒᆞ야完全ᄒᆞᆫ硏究ᄅᆞᆯ得홈이瞭

사실을 숭배하는 연구방법이 갖는 폐해는 이데올로기적 연구방법과는 완전히 다른 문제점을 안고 있다. 즉 사실을 숭배하는 연구방법은 외형에만 집착하고 명문의 법률에만 얽매여 현재 존재하는 사실에만 고정되는 폐단이 있다. 그렇기 때문에 이 방법을 현실 정치에 응용하면 고루함과 완고함이라는 폐단으로부터 벗어나지 못한다.

국가에 관한 역사적 연구는 사실을 숭배하는 연구방법과 비슷하긴 하지만, 실제로는 커다란 차이가 있다. 왜냐하면 역사적 연구방법은 사실을 숭배하는 연구방법과 마찬가지로 현재의 제도와 사실을 중시하지만, 이를 단순히 존중하는 것이 아니라, 과거와 현재의 관계의 측면에서 인식하고 설명하고자 함으로써 국가의 유기적 발달을 해석하고자 하기 때문이다. 따라서 역사적 연구를 수행하는 학파는 사실을 중시하면서도 여기에 얽매이지 않는다. 또한 철학적 연구방법은 이데올로기적 연구방법과 유사하긴 하지만, 커다란 차이가 있다. 왜냐하면 철학적 연구를 수행하는 학파가 중시하는 것은 아무런 형태도 없는 사상이 아니라, 오로지 형태를 갖춘 사상이고, 이 학파의 목적은 이상과 현실을 결합하는 데 있을 뿐, 공허한 원칙이나 이데올로기는 이 학파가 취하려는 것이 아니기 때문이다.

이제 철학적 연구방법과 역사적 연구방법의 차이를 간단히 설명해보자. 전자는 사상에서 출발해 이 사상을 사실에 비추어 밝힌 이후에 사상을 설명하는 방법이고, 후자는 외적 사실과 사실의 변화를 연구하는 방법이다. 따라서 양자를 함께 결합해야 완전한 연구에 도달할 수 있음은 분명한 일이다.

然ᄒᆞᆫ지라然이나古來碩學大家라稱ᄒᆞᄂᆞᆫ者ㅣ此二方法을併用ᄒᆞ되其一方에不傾ᄒᆞᄂᆞᆫ者ㅣ甚稀ᄒᆞ니歷史派ᄂᆞᆫ專혀古來의歷史的事實을蒐集ᄒᆞᆷ에沒々ᄒᆞ고理想의作用으로써此를槪括ᄒᆞ기懶ᄒᆞ며哲理派ᄂᆞᆫ專혀心理的理想을基礎로爲ᄒᆞ야此를社會의事實에引證ᄒᆞ기怠ᄒᆞᄂᆞᆫ故로其結果가歷史派ᄂᆞᆫ往往히流ᄒᆞ야事實崇拜的硏究를務ᄒᆞ며哲理派ᄂᆞᆫ亦空想에陷ᄒᆞᆷ이不無ᄒᆞᄂᆞ니如斯히兩派가相對ᄒᆞ기數百年乃十九世紀半에至ᄒᆞ야僅히兩派合體의傾向이生ᄒᆞ고學問이玆에一層生面을開ᄒᆞᆷ에至ᄒᆞᆫ지라盖歷史的現象은哲理의光明을借치아니ᄒᆞ면其眞想을發ᄒᆞ기不能ᄒᆞ고哲理的觀念은歷史의材料를得지아니ᄒᆞ면其正確을保ᄒᆞ기不能ᄒᆞᆫ故로此兩者ㅣ實로政治學의左右羽翼이되야須臾를相離치못ᄒᆞᆯ者니라

第三章　國家의理想及實想

國家의性質은有形及無形이니換言ᄒᆞ면歷史及理想의二點으로觀察ᄒᆞ야此를知치아니ᄒᆞ면不可ᄒᆞ니有形即歷史上으로國家의性質을觀察ᄒᆞᆫ다ᄒᆞᆷ은國家의實想을得ᄒᆞᆷ을謂ᄒᆞᆷ이오其無形即理想上의觀察은國家의理想을得ᄒᆞᄂᆞᆫ所以라

그러나 예전부터 석학과 대가로 지칭되는 학자들은 이 두 가지 방법을 함께 사용하긴 했지만, 어느 한쪽으로 기우는 경향을 보이지 않는 경우가 극히 드물었다. 즉 역사적 학파는 오로지 예전부터 있어 왔던 역사적 사실들을 수집하는 데 급급한 나머지 이러한 사실을 이념의 작용으로 파악하는 것을 게을리했으며, 이에 반해 철학적 학파는 오로지 정신적 이념만을 기초로 삼은 나머지 이 이념을 사실에 비추어 증명하는 것을 소홀히 했다. 그 결과 역사적 학파는 사실을 숭배하는 연구방법으로 흐르는 경우가 있고, 철학적 학파는 이데올로기에 함몰되는 경우가 있다. 이와 같이 두 학파는 수백 년 동안 서로 대립하다가 19세기 후반에 이르러서야 비로소 두 학파를 종합하는 경향이 등장하게 되어 새로운 단계에 접어들게 되었다. 다시 말해 역사적 현상은 철학적 성찰을 거치지 않으면 그 진면목을 밝힐 수 없고, 철학적 이념이 역사적 사실을 획득하지 않으면 그 정확성을 보장할 수 없는 것이다. 따라서 양자는 반드시 정치학의 양 날개가 되어야 하고, 서로 떼려야 뗄 수 없는 관계에 있다.

제3장 국가의 이상과 현실

국가의 성질은 유형이기도 하고 무형이기도 하다. 다시 말해 국가의 성질은 역사적 관점과 이상적 관점에서 고찰해야 한다는 점을 명심해야 한다. 유형의 관점, 즉 역사적 관점에서 국가의 성질을 고찰한다는 것은 국가의 현실을 알고자 한다는 뜻이고, 무형의 관점, 즉 이상적 관점에서 고찰한다는 것은 국가의 이상을 알고자 한다는 뜻이다.

國家의實想은現存ᄒᆞᆫ國家의性質及特性等에關ᄒᆞᆫ者오國家의理想은아직實際에成立치못ᄒᆞ야도吾人의想像으로써推了ᄒᆞ며且此에達ᄒᆞᆷ을希望ᄒᆞᄂᆞᆫ者ㅣ니以上은專혀쌰룬지유리氏의說을爲基ᄒᆞᆷ이나米國憲法學者쌰루주예스氏도亦說明ᄒᆞ야曰「國家를定義ᄒᆞᆷ에二種의方法이有ᄒᆞ니其一은純正哲學이오他ᄂᆞᆫ歸納論理法이니一은國家에關ᄒᆞᆫ理想을示ᄒᆞᆷ이오他ᄂᆞᆫ國家에關ᄒᆞᆫ實想을與ᄒᆞᆫ者ㅣ라此二者가互相一致ᄒᆞᆯ者로되又相所異ᄒᆞᆷ이不少ᄒᆞ니凡理想은每空想을爲ᄒᆞᄂᆞᆫ文飾을免키難ᄒᆞ며歸納者ᄂᆞᆫ반다시全體를通ᄒᆞ야遺漏ᄒᆞᆷ의無ᄒᆞ다云ᄒᆞᆷ이不可ᄒᆞ니故로理想은抽象에偏ᄒᆞ고實想은實際에過ᄒᆞ야其差異를生ᄒᆞᄂᆞᆫ所以가是也오其他又一層二者間에不調和를生ᄒᆞᄂᆞᆫ者ㅣ有ᄒᆞ니即理想上國家ᄂᆞᆫ完全圓滿ᄒᆞᆫ國家를意味ᄒᆞ고實想上國家ᄂᆞᆫ現에發達ᄒᆞ야完全ᄒᆞᆫ境에到達코ᄌᆞᄒᆞᄂᆞᆫ國家를意味ᄒᆞᄂᆞᆫ者ㅣ라ᄒᆞ니今에右諸說을因ᄒᆞ야先次實想上의國家의如何ᄒᆞᆷ을示ᄒᆞ고其次에理想上의國家의如何ᄒᆞᆷ을說明코ᄌᆞᄒᆞ노라夫實想上國家ᄂᆞᆫ古往今來에歷史上事實을依ᄒᆞ야諸國家의榮枯盛衰를考ᄒᆞ야其具備ᄒᆞᆫ性質內是에有ᄒᆞ고彼에不在ᄒᆞᆫ者ᄂᆞᆫ悉除ᄒᆞ고其一般具有ᄒᆞᆫ性質即國家의普通性으

국가의 현실은 현재 존재하고 있는 국가의 성질 및 특성에 관련된 것이고, 국가의 이상은 아직 사실상으로 실현되지는 않았을지라도 우리의 상상을 통해 추론하고 또한 도달하고자 희망하는 국가에 관련된 것이다. 이상의 내용은 전적으로 블룬츨리의 설명에 기초한 것이지만, 미국의 헌법학자 버지스* 역시 다음과 같이 설명하고 있다. "국가의 개념을 규정하는 데는 두 가지 방법이 있다. 하나는 순수한 철학이고, 다른 하나는 귀납논리이다. 전자는 국가에 관한 이상을 밝히는 것이고, 후자는 국가의 현실을 밝히는 것이다. 양자는 서로 일치해야 하지만, 서로 다른 경우도 자주 있다. 이상은 상상에만 매달려 외관을 갖추는 데 급급하기 쉽다는 문제가 있고, 귀납적 방법은 이 방법이 반드시 모든 것을 포함하고 있어서 빠진 것이 전혀 없다고 말하기 어렵다는 문제점이 있다. 그 때문에 이상은 추상에 기울고, 현실은 지나치게 구체적인 나머지 양자 사이의 차이가 생기는 것이다. 더욱이 양자 사이의 부조화를 더욱 부추기는 학자도 있다. 이상적인 국가는 완전무결한 국가를 의미하고, 현실적인 국가는 현재 발달되어 있으면서 완전한 경지에 도달하고자 하는 국가를 의미한다." 이러한 설명을 감안해 여기서는 먼저 현실의 국가가 어떠한지에 대해 밝히고, 그 다음에 이상적인 국가의 모습을 설명하겠다. 현실의 국가는 오랜 옛날부터 오늘날에 이르기까지 역사상의 사실에 기초해 여러 국가의 흥망성쇠를 고찰하고 이 국가들이 갖추고 있는 성질 가운데 어떤 국가에는 존재하지만, 다른 어떤 국가에는 존재하지 않는 성질은 제거하며 이로써 국가가 일반적으로 갖고 있는 성질, 즉 국가의 조직이 보편적으로 갖고 있는

* John William Burgess(1844-1931). 미국 정치학의 선구자. 콜롬비아 대학 교수를 지냈다. 그의 1890년 저작 《정치학과 비교헌법(Political Science and Comparative Constitutional Law)》은 일본에도 이미 알려져 있었다. 바로 아래의 인용문은 제2장 '국가'에 관한 서술의 앞부분(49쪽)에 등장한다.

로織織ᄒᆞᆷ을觀察ᄒᆞᆷ이오又理想上國家ᄂᆞᆫ人類의性質及其天然의傾向을察知ᄒᆞ야써此等人類의組織ᄒᆞᆫ國家의趨勢ᄅᆞᆯ研究코ᄌᆞᄒᆞᆷ이니然則先次其歷史ᄅᆞᆯ據ᄒᆞ야國家의普通ᄒᆞᆫ特性을觀컨ᄃᆡ

第一 國家ᄂᆞᆫ數多의人類로써組織ᄒᆞᆷ을料知ᄒᆞᆯ지라 國家ᄅᆞᆯ組織ᄒᆞᄂᆞᆫ人類의數ᄂᆞᆫ少則數千이오多則數百千萬에至ᄒᆞ야其數가반다시同一치아니ᄒᆞ되이ᄆᆡ國家라稱ᄒᆞ면必先一家族의範圍ᄅᆞᆯ超ᄒᆞ야多數의人이集合ᄒᆞᆫ者ㅣ아니면不可ᄒᆞ니太古及中古時代에在ᄒᆞ야ᄂᆞᆫ人員이僅少ᄒᆞᆫ國家가有ᄒᆞ얏스되近世에至ᄒᆞ야ᄂᆞᆫ大國家가次第로增加ᄒᆞ고小國家ᄂᆞᆫ드되여成立키不能ᄒᆞ니루ㅣ소ㅣ氏云ᄒᆞᄃᆡ國家ᄅᆞᆯ組織ᄒᆞ라면人類ㅣ一萬人이면足ᄒᆞ다ᄒᆞ얏스되現今時勢로論ᄒᆞ면決코裕足ᄒᆞᆫ數라云ᄒᆞ기不可ᄒᆞ도다

第二 人民과土地에永久ᄒᆞᆫ關係ᄂᆞᆫ國家ᄅᆞᆯ保存ᄒᆞᆷ에가장必要ᄒᆞᆷ이라 國家ᄂᆞᆫ土地上에立치아니ᄒᆞ면不可ᄒᆞ니水草ᄅᆞᆯ追ᄒᆞ야漂泊ᄒᆞᄂᆞᆫ間이라도命令ᄒᆞᄂᆞᆫ首長이有ᄒᆞᆯ것이오是ᄅᆞᆯ支配ᄒᆞᄂᆞᆫ法律이有ᄒᆞᆯ지라然이나人類가其居住의地ᄅᆞᆯ確定치아니ᄒᆞ면國家의條件이滿足다云ᄒᆞ기不能ᄒᆞ니昔에헤브류

성질을 고찰해야 한다. 또한 이상적인 국가는 인간의 본성과 자연적인 성향을 고찰함으로써 인간이 조직한 국가의 일반적 경향을 연구해야 한다. 따라서 먼저 국가의 역사를 토대로 국가의 일반적 특성을 고찰한다면 다음과 같은 점을 알 수 있다.

첫째, 국가는 다수의 인간으로 조직된다는 점을 알아야 한다.

국가를 조직하는 인간의 수는 적으면 수천 명이고 많으면 수백만 명에서 수천만 명에 이르기 때문에 그 숫자가 반드시 같을 수는 없다. 아무튼 국가라는 명칭을 부여하면 한 가족의 범위를 뛰어넘어 다수의 사람들의 집합이 아니고서는 불가능하다. 고대나 중세에는 극소수의 사람으로 이루어진 국가가 존재했지만, 근대에 들어서는 거대한 국가가 점차 증가했고, 작은 국가는 성립할 수 없게 되었다. 루소는 국가를 조직하는 데 만 명이면 충분하다고 말했지만, 오늘날의 전반적 경향에 비추어볼 때 이는 결코 국가를 조직하기에 충분한 숫자라고 할 수 없다.

둘째, 인민과 영토와 영구적으로 관계를 맺고 있어야 한다는 점은 국가를 보존하는 데 가장 필요한 측면이다.

국가는 일정한 영토를 갖고 있지 않으면 성립할 수 없다. 물론 유랑하고 방랑하는 도중에도 명령을 내리는 수장과 수장을 지배하는 법률이 존재할 수 있다. 그러나 인간들이 거주하는 땅을 확정하지 않으면 국가의 조건이 충족되었다고 말하기 어렵다. 그렇기 때문에 히브리

ㅣ人種이모세ᄉᆞ와共히埃及을遁ᄒᆞ야沙漠에漂泊홀間에能하政治上敎育을受홈이無疑ᄒᆞ나밋ᄲᅡ레ᄉᆞ다잉에其住居를定ᄒᆞ기ᄭᆞ지ᄂᆞᆫ國家라稱치못ᄒᆞ얏ᄂᆞᆫ지라

第三　全體가結合지못ᄒᆞᆫ者ᄂᆞᆫ國家라稱치못ᄒᆞᄂᆞ니　一國內部에各種區別이有ᄒᆞ야同國人이라도部를分ᄒᆞ고黨을樹ᄒᆞ야相爲軋轢홈은到底히免키難ᄒᆞ되國家全體에關ᄒᆞᆫ事件이起홈에至ᄒᆞ야一致共同의實力이無ᄒᆞ면國家라稱키不能ᄒᆞ니中古時代에封建制度가盛行홀時에ᄂᆞᆫ비록一國의名이有ᄒᆞ나一國의實이無ᄒᆞᆫ者ㅣ不少ᄒᆞ얏ᄉᆞ되此를反ᄒᆞ야現今北米合衆國이니又日耳曼帝國과如ᄒᆞᆫ聯邦制度國을觀컨댄各聯邦中의半獨立權이有ᄒᆞᆫ者라도一朝에對外ᄒᆞᆫ事件이生出홈에至ᄒᆞ야ᄂᆞᆫ一致結合의實力을顯著ᄒᆞᄂᆞᆫ故로純然ᄒᆞᆫ國家라稱홈을得ᄒᆞᄂᆞ니라

第四　凡如何ᄒᆞᆫ國家던지治者와被治者間에劃然ᄒᆞᆫ區別이有홈을要ᄒᆞᄂᆞ니卽主權者와服從者의區別이라玆에主權者와服從者의區別이라謂홈은或君臣의區別과如히思料ᄒᆞᄂᆞᆫ者ㅣ雖有ᄒᆞ되又不然ᄒᆞᆫ것이主權者ᄂᆞᆫ一人或數人

민족이 모세와 함께 이집트를 탈출해 사막에서 방랑하는 동안에는 설령 정치적 교육을 받았다는 점은 의심의 여지가 없지만 팔레스타인에 정주할 때까지는 국가라고 부를 수 없다.

셋째, 전체가 결합하지 못한다면 국가라고 부를 수 없다.

한 국가 내에 다수의 구별이 있어서 같은 국가의 사람일지라도 서로 별개의 부분으로 나뉘고 당파를 만들어 서로 알력을 빚는 상황에서 벗어나지 못한다면, 즉 전체에 관련된 사건이 발생하는 상황에서도 서로 일치단결하게 만들 공통의 권력이 없다면 국가라 부를 수 없다. 중세에 봉건제도가 성행할 당시에는 비록 한 국가의 명칭은 있을지라도 그 실체가 없는 경우가 적지 않았다. 이에 반해 현재의 북아메리카 합중국이나 독일 제국과 같이 연방제 국가를 감안해보면 각 연방에 상당부분 독립권이 존재할지라도, 만일 대외적 사건이 발생한 때에는 일치단결하는 권력이 등장하기 때문에 순수한 의미의 국가라고 부를 수 있다.

넷째, 어떠한 국가든 지배자와 피지배자 사이에 확연한 구별이 존재해야 한다.

즉 주권자와 복종자의 구별이 있어야 한다. 주권자와 복종자의 구별이라는 말을 군주와 신민의 구별과 같은 뜻으로 생각할지도 모르지만, 그렇지 않다. 왜냐하면 한 사람 또는 다수의 사람이

이有ᄒᆞ며或國民全體가主權者됨도亦有ᄒᆞ니라

國體의如何홈을因ᄒᆞ야治者가不一ᄒᆞ되二者間에正確ᄒᆞᆫ區別이不無ᄒᆞ니若國家로써上에最上權을有ᄒᆞᆫ主權者가無ᄒᆞ며下에服從ᄒᆞᆯ被治者가無ᄒᆞ야各各所欲을擅行ᄒᆞᆯ진ᄃᆡ是ᄂᆞᆫ無政府의境界로써國家가畢竟滅亡홈에至ᄒᆞ리니此無政府의時機ᄂᆞᆫ決코永續홈이아니오但專制政治가代起홈에當ᄒᆞ야國家條件의必要ᄒᆞᆫ治者被治者의區別이自然生出ᄒᆞᄂᆞ니라

第五　國家ᄂᆞᆫ生活이無ᄒᆞᆫ器具도아니오死ᄒᆞᄂᆞᆫ機械도아니오且生活만ᄒᆞᆯᄲᅮᆫ아니라漸次生長ᄒᆞᄂᆞᆫ一個有機體됨을可히忘치아니ᄒᆞᆯ지라

國家가有機體됨을近年에至ᄒᆞ기ᄭᆞ지是認치아니ᄒᆞ야古來에或有機體로見做ᄒᆞᆫ學者가有ᄒᆞ되近來ᄭᆞ지政治學에此ᄅᆞᆯ確認치아니ᄒᆞ얏고國家의有機體됨을確認홈은日耳曼歷史派에屬ᄒᆞᆫ政治學者와法律學者의功이라其學派에屬ᄒᆞᆫ學者ᄂᆞᆫ國家ᄅᆞᆯ器械로視ᄒᆞᄂᆞᆫ誤謬ᄅᆞᆯ論破ᄒᆞ고一個人에만着眼ᄒᆞ야全體ᄅᆞᆯ忘홈이不當ᄒᆞᆫ所以ᄅᆞᆯ論ᄒᆞ얏ᄉᆞ니오직彼油繪ᄂᆞᆫ油와繪具ᄅᆞᆯ集合ᄒᆞᆫ者로만見홈이不可ᄒᆞ며人類ᄂᆞᆫ骨肉皮로만集合ᄒᆞᆫ者ㅣ아니며國民은但人類의集合

주권자가 될 수도 있고, 국민 전체가 주권자가 될 수도 있기 때문이다.

국가형태의 성질로 말미암아 지배자가 누구인지 명확하지 않고 지배자와 피지배자 사이의 구별 또한 명확하지 않아서 국가의 상위에 있는 최고의 권력을 보유하는 주권자가 존재하지 않으며 국가의 하위에 있는, 복종하는 피지배자가 없어 각자가 원하는 대로 행동한다면 이는 거의 무정부상태에 가까운 것이고, 국가는 필연적으로 멸망하는 상태에 도달할 것이다. 이와 같은 무정부상태는 결코 지속적으로 유지될 수 없다. 그 대신 전제정치가 발생해 국가가 존립하기 위한 전제조건인, 지배자와 피지배자의 구별이 자연발생적으로 나타나게 된다.

다섯째, 국가는 생명이 없는 도구나 죽은 기계와 같은 것이 아니라, 살아 있고 또한 점차 성장하는 하나의 유기체라는 점을 명심해야 한다.

최근 들어서는 국가가 유기체라는 것을 인정하지 않는 경향이 있다. 그 때문에 예전에 국가를 유기체로 고찰한 학자가 있을 터인데도 요즘의 정치학은 이를 확인하지 않는다. 국가의 유기체성을 확인한 것은 독일 역사학파에 속하는 정치학자와 법학자들의 공적이다. 이 학파에 속하는 학자들은 국가를 도구로 파악하는 이론의 오류를 논리적으로 밝히고, 개인에만 집중해 전체를 망각하는 것이 부당한 이유를 논증하고 있다. 유화를 오로지 기름과 그림물감의 결합으로만 보는 것은 불가능하다. 또한 인간은 뼈와 살 그리고 피부를 결합한 존재에 그치지 않으며, 국민은 이러한 인간들의 집합에

ᄒᆞᆫ者라云ᄒᆞᆷ이不可ᄒᆞ니由是觀之컨ᄃᆡ國家를엇지法律規則이集ᄒᆞ야成立ᄒᆞᆫ者라云ᄒᆞ리오

國家ᄂᆞᆫ本來天然ᄒᆞᆫ產物이아니오人類가造成ᄒᆞᆫ者인故로天然ᄒᆞᆫ有機體ᄂᆞᆫ아니라人類가團結ᄒᆞ야一團體를成ᄒᆞ고能히政治社會를作ᄒᆞᆷ에至ᄒᆞᆷ은人類의天性으로써國家에天然的基礎됨을容疑ᄒᆞᆯ바아니라此天然的團結의傾向을利用ᄒᆞ야國家를組織ᄒᆞᆷ은人類의勞力을依ᄒᆞᆫ者ㅣ라云치아니치못ᄒᆞᆯ지라

以上所述과如히國家ᄂᆞᆫ有機體인故로其他有機體와如히發達ᄒᆞᄂᆞᆫ者ㅣ로ᄃᆡ其發達ᄒᆞᆷ이他有機體와自異ᄒᆞᆷ이不無ᄒᆞ니彼動植物或人類ᄂᆞᆫ一定ᄒᆞᆫ時限內에生長ᄒᆞ고衰亡ᄒᆞ나國家ᄂᆞᆫ不然ᄒᆞ야國家를組織ᄒᆞᆫ人類의意思와又外來의勢力이其發達의順序를攪亂ᄒᆞ야緩急을生케ᄒᆞᆷ이有ᄒᆞᄂᆞ니盖此發達順序上에生ᄒᆞᄂᆞᆫ變動이但一時代의事件으로思ᄒᆞᆷ이容或無怪ᄒᆞᆫ事로ᄃᆡ此實로他有機體와趣意가不同ᄒᆞᆷ을吾人이亦當記臆ᄒᆞᆯ지니라

夫歷史派政治學者ᄂᆞᆫ國家의實想을論ᄒᆞᆷ으로써足ᄒᆞ다ᄒᆞ되哲理派政治學者ᄂᆞᆫ國家에對ᄒᆞ야尙一層深遠ᄒᆞᆫ研究를要ᄒᆞ니人類ᄂᆞᆫ반다시政治上生活ᄒᆞᆯ傾向과

불과하다고 말할 수 없다. 이러한 이치에 비추어 볼 때 국가를 어찌 법률규칙의 집합으로 성립한 것이라 할 수 있겠는가?

국가는 본래 자연의 산물이 아니라, 인간이 창조한 것이다. 따라서 국가는 자연적인 유기체가 아니다. 인간이 서로 결합해서 하나의 단체를 구성하고 정치사회를 구성하는 단계에 도달하는 것은 인간의 천부적 속성으로서 국가의 자연적 기초가 된다는 점에 의문이 있을 수 없다. 그러나 인간이 서로 결합하는 자연적 본성을 이용해 국가를 조직하는 것은 인류의 노력에 의한 것이라 하지 않을 수 없다.

앞에서 서술한 바와 같이 국가는 유기체이기 때문에 다른 유기체와 마찬가지로 발달한다. 다만 국가 유기체의 발달은 다른 유기체의 발달과는 다른 점이 있다. 즉 동식물이나 인간은 일정한 시간 내에 성장하고 쇠망하는 반면, 국가는 그렇지 않아서 국가를 조직한 인간의 의지나 외부의 힘이 국가가 발달하는 순서에 영향을 미쳐 더 빠르거나 더 느릴 수 있다. 따라서 국가가 발달하는 순서에서 발생하는 변화를 단 한 시대에 국한된 사건으로 생각하는 것이 전혀 불가능한 일은 아니지만, 실제로는 다른 유기체와는 의미가 다르다는 점을 명심해야 한다.

다수의 역사학파 정치학자들은 국가의 현실을 논하는 것만으로 충분하다고 생각하지만, 철학학파 정치학자는 국가에 대해 한층 더 심오한 연구가 필요하다고 하며, 인간은 반드시 정치적 생활을 하는 성향과

必要가有ᄒᆞᆫ故로아리스도ㅣ도루氏ᄂᆞᆫ其眞理를認ᄒᆞ야曰「人은天性政治的動物이라」ᄒᆞᄂᆞᆫ格言을後世에遺傳ᄒᆞ얏스니此實로人類가國家를組織ᄒᆞᆫ性質이但國民만特有홈이아니오人類普通의性質에不過ᄒᆞᆫ故로人類가此普通性質을依ᄒᆞ야이믜今日과如ᄒᆞᆫ數多의國家를組織ᄒᆞᆫ以上에ᄂᆞᆫ又更進ᄒᆞ야此團結의性質이益益發達ᄒᆞ야此數國家卽一大團體를成ᄒᆞ야終來一大國家를成立ᄒᆞᆯ時가無ᄒᆞ다云ᄒᆞ기不可ᄒᆞ니此를哲理派政治學者의眼으로써觀컨ᄃᆡ今日世界에現存ᄒᆞᆫ所謂萬國이後世에至ᄒᆞ야歸一될現像이早晩에必起ᄒᆞ리라ᄒᆞ나時ᄂᆞᆫ但國家理想에不過홈으로써오직天下가歸一홈이未來永遠의時가아니면到底히行치못ᄒᆞᆯ것은推知ᄒᆞᄂᆞᆫ바로ᄃᆡ此를過去에徵ᄒᆞ면其傾向이歷然顯著ᄒᆞᆫ것이旣往歷山大王의事業과羅馬帝國의征服과神聖羅馬帝國의建設과那翁의事業等이皆中途에破潰ᄒᆞ얏스되此人類가更進ᄒᆞ야大團結ᄒᆞᆯ傾向이有홈을示홈에足ᄒᆞ니盖天下歸一의思想이비록今時에ᄂᆞᆫ空想에近ᄒᆞ고一個希望에止ᄒᆞ나此希望理想을妨害ᄒᆞᄂᆞᆫ諸原因이年年歲歲히其勢力을減ᄒᆞᄂᆞᆫ者를亦可知ᄒᆞᆯ지니라

以上所述을依ᄒᆞ야是를觀ᄒᆞ면理想上國家ᄂᆞᆫ全人類로써成立ᄒᆞᆫ有機體오實想

필연성을 갖고 있다고 한다. 그 때문에 아리스토텔레스는 이러한 진리를 인식해 "인간은 본성적으로 정치적 동물이다"라는 격언을 후세에 남겼다. 따라서 국가를 조직하는 성질은 특정 국민에게만 국한된 특성이 아니라, 인류 보편의 성질일 따름이다. 그러므로 인류가 이러한 보편적 성질을 통해 오늘날과 같이 다수의 국가를 조직한 이상, 이미 조직된 국가에서 한 걸음 더 나아가 단결하는 성질을 더욱 발전시켜 다수의 국가들이 하나의 커다란 단체를 만들어 결국에는 하나의 국가로 성립할 때가 올 것이라고 말할 수도 있다. 그리하여 철학학과 정치학자의 관점에서는 오늘날 세계에 존재하는 수많은 국가들이 훗날 하나의 국가가 되는 현상이 필연적으로 발생할 것이라고 한다. 그러나 이는 국가의 이상에 불과할 따름이고, 전 세계가 하나의 국가가 되는 것은 영원한 미래가 아니면 도저히 도달하기 어려울 것으로 추측된다. 하지만 과거를 돌아보면 이러한 경향이 뚜렷하게 드러나 있다. 즉 알렉산더 대왕의 업적, 로마제국의 정복과 신성로마제국의 건설 그리고 나폴레옹의 업적 등은 중도에 파괴되긴 했지만, 인류가 변화를 통해 대동단결하는 경향을 갖고 있음을 보여주기에 충분하다. 전 세계가 하나의 국가로 귀착한다는 사상은 오늘날에는 비록 상상에 가깝고 한낱 희망에 그칠 뿐이지만, 이러한 희망과 이상의 실현을 저해하는 여러 요인들이 갈수록 힘을 잃어가고 있다는 점도 알고 있어야 한다.

이상의 서술에 비추어 볼 때, 이상적인 국가는 전 인류로 구성된 유기체이고, 현실의

上國家는人類一部分으로써成立ᄒᆞᆫ有機體오又理想上國家는全世界의土地를含有ᄒᆞ고實想上國家는地球表面의一部分을含有ᄒᆞ고理想上國家는全人類의性情을基礎ᄒᆞ고實想上國家는或人類一部分의格段ᄒᆞᆫ性情을爲基ᄒᆞᆫ者ㅣ니然則前者는大未來의黃金世界에存在ᄒᆞᆯ國家를示ᄒᆞᆷ이오後者는既往過去及現在에存在ᄒᆞᆫ小未來의成立ᄒᆞᆯ國家를指ᄒᆞᆷ인故로政治學上國家를論ᄒᆞᆷ에當ᄒᆞ야는可히後者卽實想上國家에對ᄒᆞ야行치아니ᄒᆞ면不可ᄒᆞ니卽玆에國家를定義ᄒᆞ면或確定ᄒᆞᆫ土地上에治者被治者의關係로써結合ᄒᆞᆫ人類의有機的團體라云ᄒᆞᆷ을得ᄒᆞ고又但云國家라ᄒᆞ면人의一部分으로써成立ᄒᆞᆫ有機體라稱ᄒᆞᆷ도亦可ᄒᆞ니라

第四章　國家의起源

國家의起源은政治學者間에每常議論이區區ᄒᆞ야尙今一定치못ᄒᆞᆫ問題라今此에關ᄒᆞᆫ學者의意見을見ᄒᆞᆫ則자못異同이有ᄒᆞ야是를三種에數別ᄒᆞ니曰神學說이오曰社會說이오歷史說이是也라

神學者는云ᄒᆞ되國家는神의創造ᄒᆞᆷ에出ᄒᆞᆷ이라ᄒᆞ니此說은今日보다中古時代

국가는 인류의 일부분으로 구성된 유기체이다. 또한 이상적인 국가는 전 세계의 영토를 포함하고, 현실의 국가는 지구표면의 일부분만을 포함한다. 이상적인 국가는 전 인류의 성질에 기초하고, 현실의 국가는 인류 일부분의 특별한 성질에 기초한다. 그러므로 전자는 먼 미래의 황금시대에 존재할 국가를 말하고, 후자는 과거와 현재에 존재하고, 가까운 미래에 성립하게 될 국가를 지칭한다. 따라서 정치학에서 국가에 대해 논의할 때에는 후자의 현실적인 국가를 대상으로 삼지 않을 수 없다. 이 점에서 국가의 개념을 다음과 같이 정의할 수 있다. 즉 국가는 어떤 특정한 영토 위에 존재하는 지배자와 피지배자의 관계로 결합한 인간들의 유기적 단체이다. 간단히 말해 국가란 인간을 부분으로 삼아 성립한 유기체라 할 수 있다.

제4장 국가의 기원

국가의 기원은 정치학자들 사이에서도 항상 논란이 많아 오늘날까지도 하나로 정해지지 못한 문제이다. 오늘날 이에 관한 학자들의 견해를 살펴보면 견해마다 상당한 차이가 있는 세 가지로 구별한다. 첫째는 신학적 이론이고, 둘째는 사회적 이론이며, 셋째는 역사적 이론이다.

신학자들은 국가가 신의 창조에 의해 탄생했다고 한다. 이 이론은 오늘날보다는 고대와 중세에最盛ᄒᆞ얏스나今尙此說을唱道ᄒᆞᄂᆞᆫ者ㅣ不無ᄒᆞ야此說을各種意味로解ᄒᆞ건ᄃᆡ或은曰國家ᄂᆞᆫ神이直接으로作ᄒᆞᆫ者오神의政治를此土地上에現出ᄒᆞᆫ者라ᄒᆞ니此說은猶太國의國體를基礎로爲ᄒᆞᆫ者오其論理上結果ᄂᆞᆫ諸種政治의內實을彼神主政이라稱ᄒᆞᄂᆞᆫ者에不過ᄒᆞᆷ이나若神이直接으로國家를造成ᄒᆞ얏다ᄒᆞ면又直接으로此를維持ᄒᆞ고此를支配ᄒᆞᄂᆞᆫ者라稱ᄒᆞᆯ것이오又曰國家ᄂᆞᆫ神을依ᄒᆞ야間接으로作ᄒᆞᆫ者ㅣ則亦間接으로其支配를受ᄒᆞᄂᆞᆫ者라ᄒᆞ니此說은希臘人及羅馬人이往往所唱ᄒᆞᄂᆞᆫ바라盖希臘羅馬人은國家로써神定에셔出ᄒᆞᆷ이아니오全혀人爲的으로出ᄒᆞ얏다ᄒᆞᄂᆞᆫ故로彼等의所信은神政主義가아니로ᄃᆡ彼等이重大ᄒᆞᆫ政務를處理ᄒᆞᆷ에當ᄒᆞ야ᄂᆞᆫ반다시神에게祈願ᄒᆞ며此에犧牲을供ᄒᆞ야神託을受ᄒᆞᆷ과如ᄒᆞᆫ事가往往有之ᄒᆞ니由是觀之컨ᄃᆡ「삭리스」人及羅馬人은神으로써間接人事를指揮ᄒᆞᄂᆞᆫ者ㅣ라信ᄒᆞᆷ이오其後基督敎의勢力이盛ᄒᆞᆷ에及ᄒᆞ야神의勢力이間接으로國家에及ᄒᆞᆷ을說ᄒᆞᄂᆞᆫ者ㅣ亦不少ᄒᆞ얏고中古基督敎國에至ᄒᆞ야君主의權力은上帝의게得ᄒᆞᆫ者라ᄒᆞ야드ᄃᆡ여帝王神權論者가生ᄒᆞᆷ에至ᄒᆞ얏고近世에至ᄒᆞ야도帝王神權說을唱ᄒᆞᄂᆞᆫ者ㅣ亦不無ᄒᆞ니曰政權을行ᄒᆞᄂᆞᆫ

에 가장 융성했지만, 오늘날에도 이 학설을 주창하는 학자가 있다. 즉 신학적 이론을 여러 가지 의미로 해석해 어떤 학자는 신이 국가를 직접 만들었고, 따라서 국가는 신의 정치가 지구상에 발현한 것이라고 한다. 이 이론은 유대인 국가의 국체를 기초로 삼기 위한 것이고, 그 이론적 결론은 여러 가지 정치의 실질적 내용은 신주정(神主政)*이라 부르지 않을 수 없다는 것이다. 만일 신이 직접 국가를 창조했다면 국가를 신이 직접 유지하고 지배한다는 것이라 해야 할 것이다. 이와는 달리 국가가 신에 의해 간접적으로 만들어진 것이어서 간접적으로 신의 지배를 받는다고도 한다. 이러한 견해는 그리스인과 로마인들이 주창했던 것이다. 그리스인과 로마인들은 국가가 신정이 아니라, 인위적으로 탄생했다고 생각했다. 따라서 이들의 신념은 결코 신주정이 아니었다. 다만 그리스인들과 로마인들도 중요한 정치적 문제를 처리할 때에는 반드시 신에게 기원했고 제물을 바치고 신탁을 받는 것과 같은 일이 자주 있었다. 이러한 점을 볼 때 그리스인들과 로마인들은 신이 간접적으로 사람의 일을 지휘한다고 믿었고, 그 이후 기독교 세력이 강화되면서 신의 힘이 간접적으로 국가에 영향을 미친다고 설명하는 경우가 자주 있었다. 또한 중세의 기독교 국가에서는 군주의 권력은 하느님으로부터 얻은 것이라고 했다. 이렇게 해서 마침내 왕권신수설이 탄생하게 되었고, 근대에 들어서도 왕권신수설을 주장하는 자가 있는데 이들은 정치적 권력을 행사하는

* 'Theokratie(또는 Ideokratie)'의 번역어

人은人類로ᄃᆡ其權은神權이라ᄒᆞ고獨逸人「스다ㅣ루」氏ᄂᆞᆫ云호ᄃᆡ國家ᄂᆞᆫ神의名으로써支配ᄒᆞᄂᆞᆫ者ㅣ니故로國家ᄂᆞᆫ神權이有ᄒᆞ다ᄒᆞ얏스니按컨ᄃᆡ國家의起源을神에게歸ᄒᆞᆷ은高尙ᄒᆞᆫ說이오其道德上影響이或社會에益케ᄒᆞᆷ이有ᄒᆞ다ᄒᆞ나是ᄂᆞᆫ但宗教上의說이오政治上의說이아니라彼神學者의所唱ᄒᆞᄂᆞᆫ國家神造說이니造物主가國家的性質의萌芽을人性中에播植ᄒᆞᆫ意義라ᄒᆞ면是ᄂᆞᆫ可히異議를挾ᄒᆞᆯ것이無ᄒᆞ고且國家가當初其困難ᄒᆞᆫ發達을遂ᄒᆞᆷ을際ᄒᆞ야宗教力을賴ᄒᆞᆷ이多大ᄒᆞᆷ은亦疑貳ᄒᆞᆯ바아니오盖如何ᄒᆞᆫ國家던지其當初에ᄂᆞᆫ宗教的國家라云ᄒᆞᆷ이近理ᄒᆞᆫ지라想컨ᄃᆡ國家의發達에가장緊要ᄒᆞᆷ은敬信으로出ᄒᆞᄂᆞᆫ服從이卽是니盖人民多數의性質이先此敬信主義를由ᄒᆞ야陶冶치아니ᄒᆞ면法治를決코行치못ᄒᆞᆯ것이나然이나若此神學說의意味를擴張ᄒᆞ야直接或間接으로神으로써國家에關係가有ᄒᆞ다ᄒᆞ면特히政治上一說로此를論ᄒᆞᆷ에至ᄒᆞ야ᄂᆞᆫ但荒唐無稽의說뿐아니라其實際의弊害가多生ᄒᆞᆷ으로써「ᄲᅮ룬지류리」氏ᄂᆞᆫ神學說을批評ᄒᆞ야如左히斷案ᄒᆞ얏스니

第一　神은此人類를政治上動物이라ᄒᆞᆷ이相違가無ᄒᆞ나然이나此와同時에國

자가 인간이긴 하지만, 그 권력은 곧 신의 권력이라고 한다. 독일의 슈타알*은 국가가 신의 이름으로 지배하는 것이고, 그 때문에 국가는 신권을 갖고 있다고 한다. 그리하여 국가의 기원이 신이라고 보는 것은 고귀한 학설이고, 이 학설의 도덕적 영향이 어떤 사회에게는 유익하다고 한다. 그러나 이는 종교적 학설일 뿐이고 정치적 학설이 아니라, 국가는 신이 창조했다는 신학자가 주장하는 학설이다. 조물주가 국가적 성질의 맹아를 인간의 본성에 심어놓았다는 의미라면 얼마든지 이의를 제기할 필요가 없고 또한 국가가 초기의 발달과정에서 겪었던 난관을 극복하기 위해 종교의 힘을 빌리지 않을 수 없다는 점에 대해서는 의문을 제기할 이유가 없다. 무릇 어떤 국가든지 처음에는 종교적 국가였다고 말해도 좋을 것이다. 즉 국가의 발달에 가장 필요한 것은 신에 대한 경배로부터 나오는 복종이었다. 따라서 인민 다수의 성질이 먼저 이처럼 신에 대한 경배를 통해 연마되지 않으면 결코 법치를 행할 수 없을 것이다. 그러나 이러한 신학적 이론의 의미를 확장해 직접 또는 간접적으로 신에 의해 국가의 관계가 존재한다고 하게 되면, 이 이론을 특히 정치에 관한 한 가지 이론으로 논의할 때에는 황당무계한 이론이 될 뿐만 아니라, 이 이론의 실제적 폐해가 많이 발생하기 때문에 블룬츨리도 신학적 이론을 다음과 같이 단호하게 비판한다.

첫째, 신은 인간이 정치적 동물이라는 사실에 배치되지는 않지만, 이와 동시에 국가의

---

* Friedrich Julius Stahl(1802-1861). 독일의 법철학자이자 정치가. 독일 낭만주의로부터 강한 영향을 받아 독일의 역사적 특수성을 옹호하는 반계몽적-보수적 이론을 펼치면서 왕정을 옹호했다.

家의組織事業을其自由에任케ᄒᆞᆫ者ㅣ니如何ᄒᆞᆫ政體下에棲息ᄒᆞᆷ도人類의自由라若神을世界王이라云ᄒᆞᄂᆞᆫ說을取ᄒᆞ야共和政體ᄂᆞᆫ神意를違背ᄒᆞᆫ政體라云ᄒᆞ면是ᄂᆞᆫ但誤謬ᄒᆞᆯᄲᅮᆫ아니라其弊害가亦頗大ᄒᆞᆯ지니라

第二　政治上權力은神으로셔來ᄒᆞᆫ者라ᄒᆞ되神이或特別ᄒᆞᆫ人을人類全體上에置ᄒᆞ고自己에昵近케ᄒᆞ야此를半神이라代理者라解釋ᄒᆞᆷ은不當ᄒᆞ니何오ᄒᆞ면如斯ᄒᆞᆫ說은事實上에相違ᄒᆞᆯᄲᅮᆫ아니라反히神에對ᄒᆞ야無禮ᄒᆞᆫ說이라謂ᄒᆞᆯ지라

第三　國家ᄂᆞᆫ神權이有ᄒᆞ다云ᄒᆞᄂᆞᆫ說과又君主로써神의代理人이라ᄒᆞᆷ이殊異ᄒᆞ니「그리스도」曾言曰「시ㅣ싸루」(皇帝)에對ᄒᆞᆫ義務ᄂᆞᆫ「시ㅣ싸루」에盡ᄒᆞ고神에盡ᄒᆞᆯ義務ᄂᆞᆫ神에盡ᄒᆞ라ᄒᆞ얏스니此ㅣ國家의神權이不有ᄒᆞᆫ證言이아니리요

第四　一國의制度와其國의王統을不變ᄒᆞᆫ所以를說ᄒᆞ야現在ᄒᆞᆫ權力은神의權力이라ᄒᆞ니是ᄂᆞᆫ「센도샵ㅣ루」氏가現存ᄒᆞᆫ權力이라云ᄒᆞᆫ語를用ᄒᆞᆷ은王統의制度變更을認ᄒᆞᆫ證據오其變更치못ᄒᆞᆷ을證ᄒᆞᆷ이아니니라

조직이라는 문제를 인간의 자유에 맡겨놓은 것이기 때문에 어떠한 정체를 갖든 그것은 인간의 자유에 속한다. 만일 신이 세계의 왕이라고 말하는 이론을 취해 공화정은 신의 의지에 위배되는 정체라고 한다면, 그것은 오류일 뿐만 아니라, 폐해 또한 막대할 것이다.

둘째, 정치적 권력이 신으로부터 유래한 것이라고 하면서도 특정한 인간을 다른 인간 전체의 상위에 위치시켜 신 자체와 유사하게 만들어 이 인간을 반쯤의 신으로서 신을 대리하는 자로 해석하는 것은 부당하다. 이와 유사한 이론은 사실에 반할 뿐만 아니라, 오히려 신에게도 무례하기 짝이 없는 이론이다.

셋째, 국가에게 신권이 있다고 말하는 이론과 군주를 신의 대리인이라고 말하는 이론은 이상한 이론이다. 그리스도는 케사르(황제)에 대한 의무는 케사르에게 다하고, 신에 대한 의무는 신에게 다하라고 말씀하셨다. 바로 이 말씀이 국가에게 신권이 있지 않다는 증거이다.

넷째, 한 국가의 제도와 이 국가의 왕조가 변하지 않는 이유는 현재의 권력이 곧 신의 권력이기 때문이라고 한다. 하지만 사도 바울이 현존하는 권력에 복종하라고 말한 것은 곧 왕조의 제도 변경을 인정한 증거이지, 결코 왕조의 변경이 불가능하다는 증거가 아니다.

第五　政權은神에서出홈이라云ᄒᆞᄂᆞᆫ說을布衍ᄒᆞ야帝王無責任說을唱ᄒᆞᄂᆞᆫ者ㅣ有ᄒᆞ나此說도亦不當ᄒᆞᆫ것이憲法學者의帝王無責任論은帝王의權은最高權이라云ᄒᆞᄂᆞᆫ法理로셔出ᄒᆞᆫ說이오神權이라홈은無責任이라云홈이아니니라

契約說은社會의原始ᄂᆞᆫ契約이라云ᄒᆞᄂᆞᆫ說로彼佛蘭西「루ㅣ소」氏以來로世間에勢力을得ᄒᆞ얏스나「루ㅣ소」氏以前에英國「홉샤스」又「롯구」氏等도亦論述ᄒᆞ든說이라「루ㅣ소」氏의說을依ᄒᆞ면人類ᄂᆞᆫ其自然的狀態로社會的狀態를變홈이자못社會契約을依ᄒᆞᆫ者ㅣ오其契約의結果로各人이其權利를人民全體에獻ᄒᆞ얏다ᄂᆞᆫ說을依ᄒᆞᆯ時에ᄂᆞᆫ民主政治外에正當ᄒᆞᆫ政治가無ᄒᆞ다ᄒᆞ얏스되此社會契約說을同唱ᄒᆞ던「홉샤스」의論과全異ᄒᆞ니「홉샤스」ᄂᆞᆫ「루ㅣ소」와갓치人類ᄂᆞᆫ自然ᄒᆞᆫ狀態로社會的狀態에變홈이社會契約의結果를依홈이라云ᄒᆞ나各人이其權利를君主에게奉獻ᄒᆞ고其保護를受ᄒᆞᄂᆞᆫ以上에ᄂᆞᆫ主權者其人의命令을逆ᄒᆞ기不能ᄒᆞᆫ者라ᄒᆞ며「루ㅣ소」ᄂᆞᆫ各人이隨意로써其契約을行ᄒᆞ고其權利를束縛ᄒᆞᆫ者ㅣ故로各人이又隨意로其契約을解홈을得ᄒᆞᆫ다ᄒᆞ되「홉샤스」ᄂᆞᆫ契

다섯째, 정치적 권력이 신으로부터 나온다고 하는 이론에 덧붙여 국왕은 책임을 부담하지 않는다는 이론까지 주장하는 사람이 있지만, 이 이론 역시 부당하다. 왜냐하면 헌법학자들이 국왕은 책임을 부담하지 않는다고 말할 때에는 국왕의 권력이 최고의 권력이라는 법적 원리로부터 도출되는 결론일 뿐, 국왕의 권리가 신적 권리여서 책임을 부담하지 않는다는 뜻은 아니기 때문이다.

계약이론은 사회의 시원이 계약이라고 보는 이론으로서 프랑스의 루소 이후 많은 학자들이 지지하는 이론이지만, 루소 이전에 이미 영국의 로크와 홉스도 계약론을 주장했다. 루소의 이론에 따르면 인간이 자연상태로부터 사회상태로 전환한 것은 사회계약에 의한 것이라 하고, 이러한 계약의 결과 각자가 자신의 권리를 인민 전체에게 이양한 것이라고 한다. 이러한 이론에 따른다면 민주정치 이외의 다른 정치는 정당성이 없다고 한다. 그러나 루소의 이 이론은 루소와 마찬가지로 사회계약론을 주장했던 홉스의 이론과는 완전히 다르다. 홉스는 루소와 마찬가지로 인간이 자연상태로부터 사회상태로 전환한 것이 사회계약에 따른 것이라고 보긴 하지만, 각자가 자신의 권리를 군주에게 이양하고 군주의 보호를 받게 되는 한, 주권자인 군주의 명령에 반해서는 안 된다고 한다. 이에 반해 루소는 각자가 자신의 의지에 따라 계약을 체결하고 자신의 권리를 스스로 구속하는 자이기 때문에 각자가 자신의 의지에 따라 계약을 해지할 수 있다고 한다. 그러나 홉스는 계

約의結果로一次奉呈혼權利는更히恢復홈을不得ᄒᆞ는者ㅣ라ᄒᆞ니故로「루ㅣ소」ㅣ는革命의左袒ᄒᆞ야此을辯護ᄒᆞ고「홉쓰스」는反히君主의專制를辯護ᄒᆞ얏스나此等契約說이其議論의歸着홈이殊異ᄒᆞ며其結論의如何를不拘ᄒᆞ고大抵契約說이實로社會의原始와國家의起原을說明혼者ㅣ아니라何오ᄒᆞ면此說이第一歷史上의事實을反혼者라云홈지니歷史를按컨딕各人이契約을依ᄒᆞ야國家를起혼例가殆無ᄒᆞ고又特히會社原始의時에는如此혼事가有ᄒᆞ다云홈을不得홀지라近時二三州가契約을因ᄒᆞ야結合혼新國家를起혼例가有ᄒᆞ며又國家의元首가人民과契約ᄒᆞ야憲法을出혼例가有ᄒᆞ나然이나國家는社會又組合과如히同等人民의契約을依ᄒᆞ야興起혼例가不有ᄒᆞ며且契約說이論理의不適혼것이所謂原始契約者는自由平等으로各個人의契約이라云ᄒᆞ나夫自由는國家가起ᄒᆞ야始乃確保홈을得ᄒᆞ니國家가不起ᄒᆞ면自由의存홀理가無ᄒᆞ고國家가不起혼時에는弱肉强食의世ㅣ니엇지其間에自由가存홈을得ᄒᆞ며且平等혼者는國家와兩立치못ᄒᆞᄂᆞ니若各個人이平等혼時에는國家가決코不起ᄒᆞ고國家가一次起혼時에는治者被治者의差別이生ᄒᆞ야不平等의實像이顯出홈을不免

약을 통해 일단 이양한 권리는 다시 회복할 수 없다는 결론에 도달한다. 그렇기 때문에 루소는 혁명에 동조해 혁명을 옹호하는 반면, 홉스는 전제군주정을 옹호했다. 그렇긴 하지만 계약이론에 관한 이들의 논의가 귀결되는 결론이 서로 다르다거나 그 내용이 어떠하든 관계없이 계약이론은 사회의 시원과 국가의 기원을 설명할 수 없다. 그 이유는 다음과 같다. 첫째, 이 이론은 역사적 사실에 반한다고 말할 수 있다. 즉 역사를 살펴보면 각자가 계약을 통해 국가를 설립한 실례가 없고, 특히 원시사회 때 이와 비슷한 사례가 있다고 말할 수는 없을 것이다. 최근 들어 두세 개의 주가 서로 결합해 새로운 국가를 설립한 사례가 있고, 국가원수가 인민과 계약을 체결해 헌법을 제정한 사례가 있긴 하지만, 국가가 사회나 조합과 같이 평등한 인민들 사이의 계약을 통해 성립한 사례는 없다. 둘째, 이른바 시원적 계약이라는 것은 자유롭고 평등한 각 개인의 계약이라고 말하지만, 무릇 자유라는 것은 국가가 성립한 이후에야 확보될 수 있는 것이지, 국가가 성립하지 않았다면 자유가 존재할 수 없다는 점에서 계약이론의 논리는 타당성이 없다. 셋째, 평등한 자는 국가와 양립할 수 없다. 따라서 만일 각 개인이 평등할 때에는 국가가 성립할 수 없고, 국가가 일단 성립한 때에는 지배자와 피지배자의 구별이 생겨 불평등이라는 현실이 나타나지 않을 수

ᄒᆞᆯ더이오又契約說이實際上危險ᄒᆞᆫ것이有ᄒᆞ니國家及制度가一個人의所望을依ᄒᆞ야起ᄒᆞᆫ者ㅣ則又一個人의所望을依ᄒᆞ야變更ᄒᆞᆷ을得ᄒᆞ리니如斯ᄒᆞᆫ時에ᄂᆞᆫ憲法法律이永히其不安固ᄒᆞᆫ地位에立ᄒᆞ야即國家의基礎가不固ᄒᆞ고其動亂이層生ᄒᆞ리니是以로此契約說은政治上의說이라云ᄒᆞᆷ보다차라리無政府說이라稱ᄒᆞᆷ이可ᄒᆞ도다且社會契約說은國家의觀念及其他性質이總히國家를組成코져ᄒᆞᄂᆞᆫ各個人의心中에自覺ᄒᆞ고又各個人이法律에服從ᄒᆞᄂᆞᆫ習性이임의一般으로有ᄒᆞᆷ은假定ᄒᆞᄂᆞᆫ者ㅣ나然이나此等假定은但空想에不過ᄒᆞ니何오ᄒᆞ면如此ᄒᆞᆫ自覺과如此ᄒᆞᆫ習性은人類ㅣ其政治的進步의初期에決코不有ᄒᆞᆫ者ㅣ요惟人民이數世의時期를經過ᄒᆞᆫ後에歷史上發達를因ᄒᆞ야始乃存在ᄒᆞᆫ者ㅣ니要컨딘契約說은國家의起原을說明ᄒᆞᆷ을不得ᄒᆞ고惟國家가數段의進步를經ᄒᆞᆫ後에可히適用ᄒᆞᆯ者ㅣ니即契約說은임의發達ᄒᆞᆫ國家가其形體를變更ᄒᆞ며又或政治上教育이有ᄒᆞᆫ人民이新開地에國家를創立ᄒᆞᆯ境遇에應用ᄒᆞᆯ者ㅣ요國家原始의時代에ᄂᆞᆫ決코應用ᄒᆞᆯ者ㅣ아니라但政治歷史家가社會의契約으로써人民의革命과或殖民을由ᄒᆞ야國家를起코져ᄒᆞᄂᆞᆫ境遇의一事件이라認ᄒᆞᆷ에不過ᄒᆞ니라

없을 것이다. 계약이론은 현실적으로 위험한 측면을 갖고 있다. 즉 국가와 국가제도가 한 개인의 의욕을 통해 성립한다면 이는 곧 한 개인의 의욕을 통해 변경될 수 있기 때문에 이와 같은 경우에는 헌법과 법률이 영원히 불안정한 상태에 놓여 있게 된다. 국가의 기초가 고정되어 있지 않고, 변동이 자주 발생할 수 있다. 이 때문에 계약이론은 정치이론이라기 보다는 무정부이론이라고 부를 수 있다. 넷째, 사회계약이론은 국가의 개념과 여타의 성격을 모두 국가를 설립하고자 하는 각 개인이 심리적으로 자각하고 있고 또한 각 개인이 법률에 복종하려는 습성이 존재한다는 가정에서 출발하지만, 이와 같은 가정은 단순한 상상에 불과할 따름이다. 이러한 자각과 습성은 인류가 정치적으로 발전하게 된 초기 단계에서는 결코 존재하지 않았다. 어떠한 인민이든지 여러 세대의 시간을 거친 이후에야 비로소 역사적 발달을 거쳐 존재하게 되는 상태에 도달한 것이다. 그러므로 계약이론은 국가의 기원을 설명할 수 없으며, 어떤 국가가 여러 단계의 진보를 거친 이후에야 적용될 수 있는 이론이다. 즉 계약이론은 이미 발달해 있는 국가가 그 형태를 변경하거나 정치적 교육을 받은 인민이 새롭게 개척한 땅에 국가를 창설하는 경우에나 적용될 수 있는 이론일 뿐, 원시적인 국가의 시대에는 결코 적용될 수 없다. 단지 정치의 역사를 탐구하는 학자가 인민의 혁명이나 식민지 개척에 따른 국가성립의 경우를 사회계약에 해당하는 사건으로 파악한 것에 불과하다.

國家起原에關ᄒᆞᆫ諸說中에最히可取ᄒᆞᆯ者ᄂᆞᆫ惟歷史說이니歷史說은人類의天性으로써國家의基礎及起點을삼아人類의天性을普通性과特別性으로區別ᄒᆞ야其普通性으로써主觀的國家라ᄒᆞᄂᆞᆫ者ㅣ니國家ᄂᆞᆫ歷史의產物이라ᄒᆞᆷ은國家가甚히不完全ᄒᆞᆫ起原으로漸次發達ᄒᆞ야드듸여完全ᄒᆞᆫ宇宙的機關으로爲코져ᄒᆞᆷ을主張ᄒᆞᆷ이오更히一步를進ᄒᆞ야心理學的으로此를解釋ᄒᆞ면國家ᄂᆞᆫ人類의宇宙的性質이法律的制度를依ᄒᆞ야漸次發達ᄒᆞᄂᆞᆫ者ㅣ니換言ᄒᆞ면國家ᄂᆞᆫ人性中個人的性質이其宇宙的性質에漸次服從ᄒᆞᄂᆞᆫ者ㅣ라夫人類ᄂᆞᆫ其天性으로團結一致ᄒᆞᆫ傾向이有ᄒᆞᆫ者ㅣ니此傾向이漸次發達ᄒᆞᆷ을從ᄒᆞ야國民되고져ᄒᆞᄂᆞᆫ觀念이止키不能ᄒᆞ야畢竟國家를組織ᄒᆞᆷ에至ᄒᆞᆫ者ㅣ라云치아니치못ᄒᆞᄂᆞ니要컨ᄃᆡ人類의胸中에一致를求ᄒᆞᄂᆞᆫ心念이有ᄒᆞ미此心念을依ᄒᆞ야드듸여國家라云ᄒᆞᄂᆞᆫ外形을生出ᄒᆞᆷ에至ᄒᆞ얏스니然則國家의眞原因은人類天性에在ᄒᆞ야其天性의漸次發達ᄒᆞ야國家를成立ᄒᆞᆫ者로認ᄒᆞᆯ지라想컨ᄃᆡ人類ᄂᆞᆫ自初로國家를組織코져ᄒᆞᄂᆞᆫ意를十分顯著ᄒᆞᆷ이아니오其初也에ᄂᆞᆫ不知不識ᄒᆞᄂᆞᆫ間에智勇이優勝ᄒᆞᆫ指揮者의誘導를從ᄒᆞ야其命令을守ᄒᆞ되歲月과共히經驗이漸次發達ᄒᆞ고文

국가의 기원에 관한 여러 가지 이론들 가운데 취할 수 있는 가장 유력한 이론은 역사이론이다. 역사이론은 인간의 자연적 본성을 국가의 기초와 기점으로 삼아, 인간의 자연적 본성을 보편적 측면과 특수한 측면으로 구별한다. 그리하여 보편성의 측면에서 주관적 국가*를 인정한다. 그리고 국가가 역사의 산물이라고 함으로써 국가의 성립이 처음에는 매우 불완전했지만 점차적인 발달을 거쳐 마침내 포괄적인 기관이 되었다고 주장한다. 여기서 한 걸음 더 나아가 이 주장을 심리학적으로 해석한다면, 국가는 인간이 갖는 보편적 속성이 법률적 제도를 통해 점차 발달한 것이라고 볼 수 있다. 다시 말해 국가는 인간의 본성에 내재하는 개별적 속성이 인간의 보편적 속성에 점차 복종한 것이다. 인간은 본성적으로 단결하고 결합하는 성향을 갖고 있어서, 이러한 성향이 점차 발달함에 따라 국민이 되고자 하는 의식이 끊임없이 발현되어 결국 국가를 조직하는 상태에 도달하는 것이라고 말할 수 있다. 따라서 인간의 심리에 서로 결합하는 본능이 내재해 있고, 이 본능을 통해 마침내 국가라고 부를 수 있는 형태에 도달하는 것이다. 그러므로 국가의 진정한 원인은 인간의 본성에 내재하는 것이고, 이러한 본성이 점차 발달해 국가가 성립한다고 보아야 한다. 생각건대 인간은 국가를 조직하려는 의지를 스스로 완벽하게 발현시키는 것이 아니라, 처음에는 부지불식간에 지혜와 용맹을 갖춘 우월한 지도자가 인도하는 대로 명령을 받지만, 세월이 지나고 경험이 점차 발달하며 문

* '주관적 국가'는 버지스의 《정치학과 비교헌법》 제1권, 63쪽에 등장하는 'state subjective'의 번역이다. 버지스의 서술에서 '주관적'은 국가의 정신적, 이념적인 측면을 뜻한다. 이에 반해 역사적 발전을 통해 형성된 제도와 법률은 국가의 '객관적' 측면에 해당한다.

明이漸次進步ᄒᆞ야其胸中에一個團結ᄒᆞᄂᆞᆫ念이次第發生ᄒᆞ야곳國家의知覺意思가顯出홈에至ᄒᆞᆫ者ㅣ니然則彼神學說과如히神은此團結을爲ᄒᆞᄂᆞᆫ天性을人類의게與ᄒᆞ얏다ᄒᆞ면敢히此歷史說과支梧치아니ᄒᆞ되其以上에至ᄒᆞ야ᄂᆞᆫ可取ᄒᆞᆯ者ㅣ無ᄒᆞ니若契約說과如히人類가其天性의發達과共히或一時期에如斯ᄒᆞᆫ手段을取ᄒᆞ야團結을謀홈이有ᄒᆞ얏다云홈은近理ᄒᆞᆫ說이로ᄃᆡ此ᄅᆞᆯ國家起原의說이라홈은到底히其謬見을不免ᄒᆞᆯ지니라

第五章　人民과國民의差別

通俗의用法을從ᄒᆞᆯ時에ᄂᆞᆫ人民과國民間에差別이無ᄒᆞ되學問上에ᄂᆞᆫ十分其用法ᄋᆞᆯ區別치아니ᄒᆞ면不可ᄒᆞ나然이나學問上에도國을據ᄒᆞ야其用法이大異ᄒᆞᆫ故로混雜의弊가亦不少ᄒᆞᄂᆞ니假令英語에所謂「쎄ㅣ쁘루」의文字ᄂᆞᆫ開明의觀念을包含ᄒᆞᆫ者로ᄃᆡ日耳曼人은反히「네ㅣ숀」의文字로써此意味ᄅᆞᆯ用ᄒᆞ니英語「네ㅣ숀」의文字意味ᄂᆞᆫ日耳曼人의用ᄒᆞᄂᆞᆫ「호루구」文字의意味와相當ᄒᆞᆫ지라今에國民과人民의差別의例ᄅᆞᆯ示ᄒᆞᆯ진ᄃᆡ中古日耳曼人은人民으로서國民이라ᄒᆞ되其後에一國民된日耳曼人民이分ᄒᆞ야數國民이되얏ᄉᆞ니卽日耳曼人民은

명이 점차 진보하면서 인간의 심리에 하나로 단결하려는 이념이 발생함으로써 곧 국가에 대한 개념과 의지가 등장하게 된 것이다. 따라서 앞에서 말한 신학적 이론에서처럼 신이 인간에게 단결하는 본성을 부여했다고 하더라도 역사적 이론으로서는 특별히 반대할 이유가 없지만, 이 이상의 내용을 신학적 이론으로부터 받아들일 필요는 없다. 또한 계약이론과 같이 인간이 자연적 본성의 발달과 함께 특정한 시기에 계약과 비슷한 수단을 통해 단결을 도모했다고 말하는 것은 이치에 가까운 이론일지는 모르지만, 국가의 기원을 설명하는 이론으로 보기에는 명백히 오류가 있는 이론이다.

제5장 인민과 국민의 구별

일반적인 언어사용법에 따르면 인민과 국민을 구별하지 않지만, 학문적으로는 두 용어의 사용을 구별해야 한다. 그러나 학문적으로도 나라마다 언어사용법이 크게 달라서 혼란을 불러일으키는 폐단이 없지 않다. 예컨대 영어에서 이른바 '피플(people)'이라는 용어는 문명적 관점까지 포함하고 있는 반면, 독일인들은 '나치온(Nation)'이라는 용어를 이 의미로 사용하고, 영어의 '네이션(nation)'의 의미는 독일인들에게는 '폴크(Volk)'라는 표현에 해당한다. 오늘날 인민과 국민을 구별하는 사례를 살펴보면, 중세의 독일인들은 인민을 국민이라고 했지만, 그 후 하나의 국민이 된 독일 인민들이 나뉘어져 다수의 국민이 되었다. 즉 독일의 인민들은

人民으로는一이나國民으로는數個에分ᄒᆞ얏더니今日에至ᄒᆞ야一次分裂ᄒᆞᆫ日耳曼人이再次結合ᄒᆞ야一國民을成ᄒᆞ얏는지라

人民과國民이擧皆歷史의生産物로써人民은元來心理上의變遷을依ᄒᆞ야起ᄒᆞᆫ者라謂ᄒᆞ나니玆에一種人類가集合ᄒᆞ야其他集合體와相異ᄒᆞᆫ生活의狀態와社交의風氣가發達ᄒᆞ야漸次其子孫에게傳ᄒᆞᆷ에至ᄒᆞ야始乃人民이生出ᄒᆞ니此를復言ᄒᆞ면人類는偶然히結合ᄒᆞᆷ을由ᄒᆞ야곳人民되기不能ᄒᆞ고其人民되는形을造ᄒᆞ기ᄭᆞ지는數時代의實驗과變遷을要ᄒᆞ야人類가永久ᄒᆞᆫ結合을依ᄒᆞ야生ᄒᆞ는特質과文化를子子孫孫에게傳ᄒᆞᆷ에至ᄒᆞᆫ後에비로소人民이란者ㅣ成ᄒᆞᆷ을得ᄒᆞ되彼國民은此를反ᄒᆞ야人民과如히心理上의變遷으로由來ᄒᆞᆷ이아니오全혀政治上變遷을依ᄒᆞ야起ᄒᆞᆫ者ㅣ니即國民은國家의起因과共히生ᄒᆞ고國權의制定과共히成立ᄒᆞᆫ者ㅣ라要컨ᄃᆡ國民은國家的團結이오人民은開化的團結이라然이나玆에注意ᄒᆞᆯ者는此國人民의其成立ᄒᆞ는基礎가殊異ᄒᆞᆷ을不拘ᄒᆞ고實로國民이라稱ᄒᆞᆯ者는반다시人民이라云ᄒᆞ는性質即「나소나리다ㅣ」되는根據를依치아니ᄒᆞ면不可ᄒᆞᆷ을了知ᄒᆞᆯ지니라

인민으로서는 하나이지만, 국민으로서는 다수로 나뉘었다. 그러다가 오늘날에 와서야 예전에 분열되었던 독일인들이 다시 결합해 하나의 국민을 이루게 되었다.

인민과 국민은 대부분 역사의 산물로서 인민은 원래 심리적 변화를 통해 성립한다고 말한다. 이에 대해 한 종족에 속하는 인간들이 결합해 다른 집단의 인간들과는 다른 생활 상태와 사회적 풍습이 발달하면서 점차 후손에게까지 전해지면 마침내 인민이 탄생하게 된다. 다시 말해 인간들이 우연적으로 결합하는 것만으로는 인민이 성립할 수 없으며, 인민의 형태를 갖추게 될 때까지는 여러 세대에 걸친 실험과 변화를 필요로 한다. 즉 인간 사이의 영구적인 결합을 통해 발생하는 특성과 문화를 자손에게 전승하는 단계에 도달한 이후에야 비로소 인민이라는 것이 성립할 수 있다. 이에 반해 국민은 인민처럼 심리적 변화에 기인하는 것이 아니라, 전적으로 정치적 변화를 통해 성립한다. 즉 국민은 국가의 성립과 함께 그리고 국가권력의 정립과 함께 성립한다. 따라서 국민은 국가를 통한 결합이고, 인민은 문화를 통한 결합이다. 하지만 여기서 주의해야 할 것은 국민과 인민이 성립하는 기초가 서로 다름에도 불구하고 현실에서는 국민이라고 부르는 것도 반드시 인민의 성질, 즉 '네셔널리티(nationality)'를 근거로 삼아야만 한다는 사실을 명심해야 한다.

人民되ᄂᆞᆫ一體를造形ᄒᆞ기爲ᄒᆞ야各種의勢力이有ᄒᆞᆫ要素가有ᄒᆞ니此要素를依ᄒᆞ야各人이共同의精神이生ᄒᆞ며共同의利弊가起ᄒᆞ며普通의習慣等이生ᄒᆞ야드듸여人類의偶然ᄒᆞᆫ結合体와全히區別이有ᄒᆞᆫ一體를構成ᄒᆞᄂᆞᆫ者ㅣ니今에其要素의二三을左에枚擧ᄒᆞ건ᄃᆡ

第一宗教ᄂᆞᆫ人民組織ᄒᆞᆷ에一大要素니宗教上信仰은中古歐羅巴와古代亞細亞에至ᄒᆞ야人人의思想뿐아니라其生活上에도非常ᄒᆞᆫ影響이及ᄒᆞ야「나소나리디ㅣ」의根據됨을容疑ᄒᆞᆯ바無ᄒᆞ니卽當時에在ᄒᆞ야ᄂᆞᆫ同一宗教를奉ᄒᆞᄂᆞᆫ者ᄂᆞᆫ一社會를成ᄒᆞ고其社會ᄂᆞᆫ「나소나리디ㅣ」의根據가成ᄒᆞ야信仰이異ᄒᆞᆫ者ᄂᆞᆫ外國人으로認做ᄒᆞ야其社會에拒絶ᄒᆞᄂᆞ니思컨ᄃᆡ印度及뻬루샤의人種은元來同人種을不拘ᄒᆞ고信仰이相異ᄒᆞᆷ을因ᄒᆞ야互相分裂ᄒᆞ얏스니彼빠라만教徒及佛教徒ᄂᆞᆫ其住國이同ᄒᆞ고言語가同ᄒᆞ며人種이同ᄒᆞᆷ을不關ᄒᆞ고互相敵視ᄒᆞ야全혀個個獨立의人民을作ᄒᆞᆷ은畢竟其宗教가殊異ᄒᆞᆫ故ㅣ요又彼猶太人民이其本國에在ᄒᆞᆯ時ᄂᆞᆫ勿論ᄒᆞ고及其빠삐론에囚徒가된時나羅馬帝國의支配를受ᄒᆞᆯ時나又其本國이滅亡ᄒᆞ야世界에散在ᄒᆞᆫ境遇를當ᄒᆞ야도終乃一人民된特質을維

인민이 되는 한 단체를 구성하기 위해서는 여러 가지 힘이 작용하는 요소가 있어야 한다. 이러한 요소들을 통해 각자에게 공통의 정신이 발생하고 공통의 이익과 불이익이 성립하며 공통의 관습이 형성되어 마침내 인간들 사이의 우연한 결합과는 완전히 구별되는 단체를 구성하는 것이다. 이러한 요소들 몇몇을 아래에서 열거해보기로 한다.

첫째, 종교는 인민을 조직할 때 중요한 요소가 된다. 종교적 신앙은 중세 유럽과 고대 아시아에서 인간의 사상뿐만 아니라, 생활에도 커다란 영향을 미쳐 '네셔널리티'의 근거가 된다는 점에 대해서는 의문이 있을 수 없다. 즉 각 시대에 존재하는 동일한 종교를 믿는 자들은 한 사회를 형성하고, 이러한 사회는 '네셔널리티'의 근거가 된다. 그리하여 신앙이 다른 자는 외국인으로 간주되고, 이 사회로부터 거부된다. 이 점에서 인도와 페르시아의 종족은 원래 동일한 종족이었음에도 불구하고 신앙이 달라 서로 분열하게 되었다고 볼 수 있다. 또한 브라만교도와 불교도는 거주하는 나라가 같고 언어가 같으며 인종이 동일함에도 불구하고 서로가 서로를 적대시해서 별개의 독립된 인민이 되었는데, 이는 분명 종교가 다른 탓일 것이다. 또한 유대인들이 자신들의 국가에서 살 때에는 물론이고 바빌론으로 유폐된 때나 로마제국의 지배를 받을 때에도 그들의 국가가 멸망해 전 세계로 흩어지는 상태에 처했는데도 하나의 인민이라는 성질을 유

持不變홈은此ㅣ全然信仰心의堅固홈을因홈이라然이나今日에至ᄒᆞ야信仰自由의說이社會의勢力을得홈으로써人民을組成홈에至ᄒᆞ야宗教上의勢力이자못微弱ᄒᆞ야同一의宗教를奉ᄒᆞᄂᆞᆫ者라도一人民이되지아니ᄒᆞᆫ者ㅣ有ᄒᆞ며或은同一의宗教를不奉ᄒᆞᄂᆞᆫ者라도互相히集合ᄒᆞ야一人民을組織ᄒᆞᆫ者ㅣ有ᄒᆞ니譬컨ᄃᆡ日耳曼人中에舊教徒도有ᄒᆞ며新教徒도有ᄒᆞ며猶太教를奉ᄒᆞᄂᆞᆫ者도有ᄒᆞ며萬有神教를信ᄒᆞᄂᆞᆫ者도有호ᄃᆡ其日耳曼人民의結合홈을見ᄒᆞ면反히其信仰이同一ᄒᆞᆫ人民보다特殊ᄒᆞᆫ性質이有ᄒᆞ니라

第二國語ㅣ니　此ᄂᆞᆫ民人을區別ᄒᆞᄂᆞᆫ一要素로其勢力이宗教보다更大ᄒᆞᆫ지라蓋言語를同一홈은可히一種人民된證據가確明ᄒᆞᆫ것이各國의人民이元來同一ᄒᆞᆫ言語를使用ᄒᆞ다가漸次로特殊ᄒᆞᆫ言語를爲ᄒᆞ야終乃互相히理解치못ᄒᆞᄂᆞᆫ境遇에至ᄒᆞᆫ故로自然其同一ᄒᆞᆫ言語를用ᄒᆞᄂᆞᆫ者ᄂᆞᆫ同一의結合을作ᄒᆞ고此와言語가不同ᄒᆞᆫ者ᄂᆞᆫ指斥ᄒᆞ야外國人이라稱홈에至ᄒᆞᆫ지라

夫國語者ᄂᆞᆫ智識을交換ᄒᆞᄂᆞᆫ機關이오其共通의精神을現出ᄒᆞᄂᆞᆫ要具인故로自然其나소ㅣ나리ᄃᆡ의精神을喚起ᄒᆞ며且此를日日使用ᄒᆞᄂᆞᆫ故로其精神을養成

지하고 이 성질이 변하지 않은 것은 전적으로 견고한 신앙에 기초한 것이다. 그러나 오늘날에는 신앙의 자유에 관한 사고가 사회에서 힘을 얻게 됨으로써 인민의 형성에서 종교가 갖는 비중이 약해졌다. 그리하여 동일한 종교를 신봉하는 사람들일지라도 하나의 인민이 되지 못하는 경우가 있고, 거꾸로 동일한 종교를 신봉하지 않는 사람들일지라도 서로 결합해 하나의 인민을 조직하는 경우가 있다. 예컨대 독일인들 가운데는 구교도도 있고 신교도도 있으며 유대교를 신봉하는 자들도 있고 범신론자도 있다. 하지만 독일 인민의 결합을 살펴보면 동일한 신앙을 갖고 있는 인민과는 다른 특수한 성질을 갖고 있다는 것을 알게 된다.

둘째, 같은 언어를 사용한다는 점이다. 이 점은 인민의 존재를 식별하는 한 요소로서 그 비중이 종교보다 더 크다. 즉 언어가 같다는 것은 하나의 인민이라는 사실에 대한 명확한 근거이다. 각국의 인민이 원래 동일한 언어를 사용하다 점차 다른 언어를 사용하게 되어 마침내는 서로 이해하지 못하게 된 경우 자연스럽게 동일한 언어를 사용하는 자들이 동일한 결합관계를 형성하고, 이들과는 다른 언어를 사용하는 자들을 가리켜 외국인이라 칭하게 된다.

이처럼 동일한 언어로서의 국어는 지식을 교환하는 매체이고, 공통의 정신을 발현시키는 데 필요한 도구이기 때문에 자연스럽게 '네셔널리티'의 정신을 불러일으킨다. 또한 매일매일 국어를 사용하기 때문에 이러한 정신을 길러내는

ᄒᆞᄂᆞ니是以로元來人種이不同ᄒᆞᆫ者라도漸次必要에切迫ᄒᆞ야新語를使用ᄒᆞᆯ時에ᄂᆞᆫ不知不識之間에其精神이混化ᄒᆞ야一人民이되ᄂᆞᆫ것이니譬컨ᄃᆡ伊太利의오스도로쪼쓰와론빠ㅣ도의二人種이드ᄃᆡ여伊太利人이되얏고佛蘭西의세루도와후란구스及빠루간데안의三人種이佛蘭西人이되얏고普魯西의스라우及우엔도의二人種이日耳曼人이되얏스니是ᄂᆞᆫ皆國語에依ᄒᆞ야混和ᄒᆞᆷ에不外ᄒᆞᆷ이니라

第三國土、住所、生活、職業、習慣、及政治上의結合을同一ᄒᆞᆫ者ㅣ니 上述과如히國語에依ᄒᆞ야自然異種의人民이混和ᄒᆞᄂᆞᆫ事가有ᄒᆞ나然이나同人民과同言語가반다시相伴ᄒᆞᆫ다고斷言키不能ᄒᆞᆫ것이譬컨ᄃᆡ셔리돈人과빠스구人이共히佛蘭西人民의一部分이로ᄃᆡ其日用의談話ᄂᆞᆫ佛語를不用ᄒᆞ고佛語ᄂᆞᆫ오즉外國語라ᄒᆞ야此를使用ᄒᆞᆷ에不過ᄒᆞ나及其一國民이되야能히政治上의團結을同ᄒᆞ며從ᄒᆞ야利害得失及教育習慣等이同一ᄒᆞᆷ을因ᄒᆞ야自然佛蘭西人民된感覺이發生ᄒᆞ얏스되此를反ᄒᆞ야英國人과米國人은其言語가同一ᄒᆞᆷ을不拘ᄒᆞ고其나소ㅣ나리디가全히殊異ᄒᆞ다謂치아니치못ᄒᆞᆯ지니是ᄂᆞᆫ自然의情況이差異ᄒᆞ

것이다. 그렇기 때문에 원래는 다른 종족일지라도 점차 절박한 필요성 때문에 새로운 언어를 사용할 때에는 부지불식간에 그 정신까지 합해져서 하나의 인민이 되는 것이다. 예컨대 이탈리아의 동고트족과 랑고바르드족 두 종족은 이탈리아인이 되었고, 프랑스의 켈트족, 프랑크족 및 부르군드족 등 세 종족은 프랑스인이 되었으며, 프로이센의 슬라브족과 벤덴족 두 종족은 독일인이 되었는데, 이는 모두 국어를 통해 인민으로 통합된 것에 기인한다.

셋째, 동일한 영토, 동일한 거주지, 동일한 생활과 직업, 동일한 풍속 및 동일한 정치적 결합 역시 인민이 성립하기 위한 요소가 된다.

앞에서 서술한 것과 같이 국어를 통해 자연스럽게 다른 종족이 인민에 통합되는 경우가 있긴 하지만 같은 인민과 같은 언어가 반드시 합치한다고 단정할 수 없다. 예컨대 브르타뉴 지방에 거주하는 사람들과 바스크족이 모두 프랑스 인민의 일부분이긴 하지만, 이들의 일상적인 대화에서는 프랑스어를 사용하지 않고, 프랑스어를 외국어로 사용할 뿐이지만, 이들이 한 국민이 되어 얼마든지 정치적 단결을 함께하고 이에 따라 공동의 이익, 공동의 교육 및 공동의 관습 등을 통해 자연스럽게 프랑스 인민으로서의 감각이 발달하게 되었다. 이에 반해 영국인들과 미국인들은 언어가 동일함에도 불구하고 '네셔널리티가' 완전히 다르다고 보아야 한다. 이는 자연적 상황이 서로 다르고

고歷史上社交上政治上의條件이殊異홈으로써元來一人民된者ㅣ分裂ᄒᆞ야二人民이된것이니라

第四人種의合同이亦新人民을組成ᄒᆞᄂᆞᆫ一原因이되ᄂᆞ니 大抵나소ㅣ나리디가殊異ᄒᆞᆫ者ㅣ相集홈으로써特別ᄒᆞᆫ新人民을生成ᄒᆞᄂᆞᆫ境遇가又不少ᄒᆞ니是ᄂᆞᆫ歐羅巴及亞米利加의歷史를觀ᄒᆞ면其例가多有ᄒᆞ니라

是로由ᄒᆞ야觀컨ᄃᆡ人民된要點卽各人이互相團結ᄒᆞ야他의人民과分裂ᄒᆞᄂᆞᆫ要點은專혀文明의發達에基因홈이分明ᄒᆞᆫ지라何오ᄒᆞ면凡一人民된性質을現出홈은人種의骨格과言語習慣等에由홈은勿論이어니와其最要ᄒᆞᆫ者ᄂᆞᆫ其人民의普通精神이普通性質上에顯著ᄒᆞᆫ者ㅣ라然이나此人民이他人民에比ᄒᆞ야骨格、言語、風俗等이殊異ᄒᆞᆫ點으로觀察ᄒᆞᆯ時에ᄂᆞᆫ此人民을指ᄒᆞ야一個有機体라稱ᄒᆞᆯ더이로ᄃᆡ彼國民과如히高等의有機体가아니라人民은一致結合의感覺이有ᄒᆞ되國民과如히반다시其意志及動作의一致가無ᄒᆞ니意志及動作의一致ᄂᆞᆫ國民된後에始乃現出ᄒᆞᄂᆞᆫ者ㅣ요人民의有機体라홈은人的의有機体가아니오其人心及人力이人民을作爲홈에對ᄒᆞ야宏大ᄒᆞᆫ勢力을有ᄒᆞᆫ故로是ᄂᆞᆫ大概自然의

역사적, 사회적 및 정치적 조건이 달라서 원래 한 인민이었던 것이 분열해 두 인민이 된 것이다.

넷째, 종족의 결합 또한 새로운 인민을 형성하는 한 가지 원인이 된다.

전반적으로 네셔널리티가 서로 다른 종족들이 결합함으로써 특수한 새로운 인민을 생성하는 경우도 있다. 유럽이나 아메리카의 역사를 살펴보면 이러한 사례가 상당히 많다.

이와 같은 점들을 살펴볼 때 인민의 성립을 규정하는 요소, 즉 개인들이 서로 결합해 다른 인민으로부터 분리되게 만드는 요소는 전적으로 문명의 발달에 기인함에 틀림없다. 그렇다면 하나의 인민이라는 성질이 발현하는 것은 종족의 신체적 속성, 언어, 관습에 기인할 뿐만 아니라, 무엇보다 중요한 요소는 인민의 공통된 정신과 공통의 성격에서 인민의 본질이 드러난다는 사실이다. 그러나 한 인민이 다른 인민과 비교해볼 때 신체적 특성, 언어, 관습이 다르다는 것을 파악함으로써 이 인민이 하나의 유기체라고 말할 수 있을지 모르지만, 이러한 의미의 유기체는 국민과 똑같은 의미의 고도의 유기체는 아니다. 인민에게도 서로 단결한다는 감정이 존재하긴 하지만, 국민에서처럼 의지와 행동의 일치가 반드시 존재하는 것은 아니다. 의지와 행동의 일치는 국민이 성립한 이후에 비로소 실현되는 것이다. 따라서 인민을 유기체라고 부르는 것은 인격적 유기체를 뜻하지 않는다. 인간의 정신과 노동이 인민의 성립에서도 매우 중요한 역할을 하기도 한다. 그럼에도 불구하고 인민은 일반적으로 자연의

結果로成ᄒᆞᆫ者ㅣ多有ᄒᆞᄂᆞ니此人類가數多의人民에區別이生ᄒᆞᆷ은元來其國進步의階梯로人類ㅣ各各人民的小團結을爲ᄒᆞ야互相其間에競爭이起ᄒᆞ야固有ᄒᆞᆫ力으로써크게發達ᄒᆞᆷ이必然의勢라故로人民된者의其成長과發達이世界歷史에重要ᄒᆞᆫ原素로써人類의發達進步에利益을與ᄒᆞᄂᆞᆫ功이又多大ᄒᆞ다可謂ᄒᆞᆯ지니라

右와如히說明ᄒᆞᆫ後에始乃人民及國民의定義를可得ᄒᆞᆯ지니曰人民者ᄂᆞᆫ共通의精神과同一의感覺이有ᄒᆞᆫ人種으로써起ᄒᆞ야世襲의社會에其職業이不同ᄒᆞ며地位가殊異ᄒᆞᆫ人人의結合이라然이나言語風俗及開明의力이此를團結케ᄒᆞᄂᆞᆫ故로國家的一致團結과差異ᄒᆞᆫ一種特異의感覺이生ᄒᆞ야他社會卽外人과區別을感知ᄒᆞᆷ에至ᄒᆞᆷ이오其次에又人民된者의範圍를一言ᄒᆞ면或은擴充ᄒᆞ며或은縮少ᄒᆞ야動搖가無常ᄒᆞᆫ者라謂ᄒᆞᆯ지니何오ᄒᆞ면一人民의其言語風俗文明을他社會人民에擴進ᄒᆞ야此를其內에抱合ᄒᆞ야其範圍를擴大ᄒᆞᄂᆞᆫ事가有ᄒᆞ며或은他社會의文明이其內에侵入ᄒᆞ야此와互相混和ᄒᆞᆷ으로써次第其範圍를縮少ᄒᆞᆯ뿐아니라其極度에至ᄒᆞ야ᄂᆞᆫ或消滅의境遇가不無ᄒᆞᄂᆞ니是ᄂᆞᆫ高等의文明을有

결과로 성립하는 경우가 대부분이다. 인류가 다수의 인민으로 분할된 것은 본래 인류가 국가로 진보하기 위해 거치게 되는 한 단계이다. 인류가 개개의 인민이라는 작은 단체들 사이의 상호경쟁을 통해 인류 고유의 힘을 크게 발전시키는 것이 필연적이다. 그렇기 때문에 인민의 성장과 발달이 세계사에서 중요한 요소가 되고, 인류의 발전과 진보에 기여하는 바가 매우 크다고 할 수 있다.

이상의 설명을 통해 마침내 인민과 국민의 개념을 정의할 수 있게 된다. 즉 인민이란 공통의 정신과 공통의 심정을 가진 종족으로 성립해, 이 상태가 후대로 세습되면서 다양한 직업과 신분을 가진 다수의 사람들의 결합을 말한다. 하지만 언어, 풍속 및 문화의 힘이 인민을 단결시키는 까닭에 국가를 통한 일치단결에서와는 달리 일종의 특수한 심정이 형성되어 다른 사회, 즉 외국인들과 구별되는 감각을 갖게 된다. 여기서 인민의 범위에 대해서도 짧게 언급한다면, 한 인민이 자신들의 언어, 풍속, 문화를 다른 사회의 인민들에게 전파해서 확대함으로써 이들을 자신들에게 포함시켜 인민의 범위를 확대하는 경우도 있다. 또는 다른 사회의 문화가 한 인민에 침투해 그 문화와 서로 뒤섞임으로써 이 인민의 범위가 축소되는 경우도 있고, 극단적인 경우에는 이 인민이 소멸하는 경우도 있다. 즉 고등문화를 갖고 있는 커다란

ᄒᆞᆫ大人民이劣等의小人民의文明을破壞ᄒᆞᄂᆞᆫ事가亦往往有之ᄒᆞᆷ이니라
又一步ᄅᆞᆯ進ᄒᆞ야國民의定義ᄅᆞᆯ述ᄒᆞ면國民者ᄂᆞᆫ一國家內에團結ᄒᆞᆫ바社會ᄅᆞᆯ云ᄒᆞᆷ이라凡人民으로써國民이되랴면能히政治的團結에關ᄒᆞᆫ知覺의發達을要ᄒᆞᆯ지오又國民者ᄂᆞᆫ其國土ᄅᆞᆯ離ᄒᆞ야도尙且國民이라稱ᄒᆞ나是ᄂᆞᆫ假稱ᄒᆞᄂᆞᆫ國民에不過ᄒᆞ고新領土에新國家ᄅᆞᆯ組織ᄒᆞᆷ에不至ᄒᆞᆫ則眞實ᄒᆞᆫ國民이라稱치못ᄒᆞᄂᆞ니今에國民된者ㅣ國家보다先起ᄒᆞᆫ者ᄅᆞᆯ擧ᄒᆞᆯ진ᄃᆡ모세스가引率ᄒᆞ던猶太國民이其猶太國家ᄅᆞᆯ組織ᄒᆞ기前에이믜國民된者와如ᄒᆞ얏스나然이나此ᄂᆞᆫ特別ᄒᆞᆫ境遇로서猶太人이國民되ᄂᆞᆫ感覺이强大ᄒᆞᆫ故라如此ᄒᆞᆫ例外ᄂᆞᆫ姑置ᄒᆞ고其一般國民된者ᄅᆞᆯ考察ᄒᆞᆯ진ᄃᆡ先述ᄒᆞᆷ과如히國家의興起와共히國民이亦生ᄒᆞᆫ者ㅣ故로國民된觀念은반다시國家의關係ᄅᆞᆯ有ᄒᆞ야國家가無ᄒᆞᆫ者ᄂᆞᆫ國民이無ᄒᆞᄂᆞ니是以로政權이無ᄒᆞᆫ人民의게向ᄒᆞ야國民의名稱을與치못ᄒᆞᆫ다ᄒᆞᆷ은一般政治學者間의公論이됨으로써國民이無ᄒᆞᆫ時에ᄂᆞᆫ國家가無ᄒᆞ다云ᄒᆞᆷ이니盖專制國에在ᄒᆞ야ᄂᆞᆫ其國民된者ㅣ無ᄒᆞ고오직其君主에從屬ᄒᆞᆫ人民이라稱ᄒᆞᄂᆞ니라
國民의仝體가同一ᄒᆞᆫ人民에屬ᄒᆞᆫ時에ᄂᆞᆫ其國民이共通ᄒᆞᆫ精神性質言語習慣을

인민이 열등한 문화를 가진 작은 인민의 문화를 파괴하는 경우 또한 자주 있다.

더 나아가 국민의 개념을 정의한다면, 국민이란 한 국가 내에 결합되어 있는 공동체를 말한다. 인민이 국민이 되기 위해서는 정치적 결합에 관한 감각의 발전이 필요하다. 또한 어떤 국민 전체가 자신들이 살던 국토를 떠났을 때에도 여전히 국민이라고 부른다. 하지만 이는 임시적으로 국민이라 부르는 것일 뿐이며, 이들이 새로운 영토에 새로운 국가를 설립하는 단계에 도달하지 못한다면 진정으로 국민이라 부를 수 없다. 또한 국민이 국가보다 먼저 성립할 수도 있다. 예컨대 모세가 인솔하던 유대인 국민은 유대인 국가를 조직하기 전에 이미 국민과 유사한 상태였다. 그러나 이는 특별한 경우로서 유대인들이 갖고 있는 국민으로서의 심정이 매우 강한 탓이다. 이와 같은 예외를 제외하고 일반적으로 국민을 고찰해보면 앞에서 서술한 것처럼 국가의 성립과 함께 비로소 국민도 성립한다. 따라서 국민이라는 개념은 반드시 국가상태가 존재해야 하고, 국가가 존재하지 않으면 국민도 존재하지 않는다. 또한 정치적 권력이 없는 인민에 대해서는 국민이라는 명칭을 부여할 수 없다는 점은 모든 정치학자들의 공통된 견해로서 국민이 존재하지 않으면 국가도 존재하지 않는다고 말한다. 그리하여 전제국가에서는 국민이 존재하는 것이 아니라, 오로지 군주에게 종속된 인민만이 존재할 따름이다.

국민 전체가 동일한 인민에 속할 때에는 이 국민은 공통의 정신과 성격, 공통의 언어와 관습을

有ᄒᆞᆫ者ㅣ故로其團結의力이亦更히强盛ᄒᆞᄂᆞᆫ것이오是ᄅᆞᆯ反ᄒᆞ야若一國民이多種의人民으로組織된時에ᄂᆞᆫ其團結力이前者에比ᄒᆞ야多少薄弱의差가有ᄒᆞᄂᆞ니是以로國民과人民의殊異ᄒᆞᆫ要點은權利의觀念이其間에發達ᄒᆞ며其意志의實行ᄒᆞᄂᆞᆫ方法等이亦完備ᄒᆞᆷ에在ᄒᆞᆫ故로國民은國民의精神과國民의意志ᄅᆞᆯ得有ᄒᆞ되人民은人民의精神과人民의意志가有ᄒᆞ다謂치못ᄒᆞ며且國民은有機體인故로能히他의有機物ᄅᆞᆯ支配ᄒᆞᄂᆞᆫ自然의法則이有ᄒᆞᆫ者ㅣ니今에暫且國民의發達順序ᄅᆞᆯ注目ᄒᆞ건ᄃᆡ恰然히一個人의生活과同一ᄒᆞ야各種의階段이有ᄒᆞᆷ을可知ᄒᆞᆯ지라國民의力과國民의情況과國民의精神意志와幷其需用等의現象이幼者의時代(國民創生의時代)와老衰의時代(國民衰弱의時代)가大異ᄒᆞᆫ것을可히容易히得知ᄒᆞᆯ지니國民은實로一個人과如히壯年에ᄂᆞᆫ가장精神과力量의發達이迅速ᄒᆞ며又國民의壽命이一個人의壽命과如히十年으로써計筭키不可ᄒᆞ되其終末의運命은一個人과殊異ᄒᆞᆯ것이無ᄒᆞ고오직國民은世紀로써其計筭을立ᄒᆞᄂᆞᆫ差異가有ᄒᆞᆷ을推知ᄒᆞᆯ지니라

第六章　社會와種族

갖고 있기 때문에 결속력이 매우 강하다. 이에 반해 어떤 국민이 여러 종류의 인민으로 구성되어 있을 때에는 전자에 비해 결속력이 상당히 약하다는 차이가 있다. 그렇기 때문에 국민과 인민의 차이의 핵심은 권리 개념이 발달해 의지를 표현하는 방법 등이 완비되어 있는지에 달려 있다. 즉 국민은 국민정신과 국민의지를 갖고 있음에 반해, 인민은 인민정신과 인민의지를 갖고 있다고 말할 수 없다. 또한 국민은 유기체이기 때문에 얼마든지 다른 모든 유기체를 지배하는 자연법칙에 구속된다. 그 때문에 국민이 발달하는 과정의 순서에 주목해보면, 국민은 한 개인의 삶과 마찬가지로 여러 가지 단계를 거친다는 것을 알 수 있다. 즉 국민의 힘과 소질, 국민의 사고와 의지 및 국민의 욕구 등의 현상이 유아기(국민이 탄생하는 시기)와 노쇠기(국민이 쇠약해지는 시기)에 따라 커다란 차이가 있다는 것을 쉽게 알 수 있다. 따라서 국민은 실제로 한 개인과 마찬가지로 장년기에는 정신과 역량의 발전이 가장 신속하게 이루어진다. 다만 국민의 수명은 한 개인의 수명처럼 10년 단위로 계산할 수 없다. 하지만 국민의 종말이라는 운명은 개인과 다를 바 없고, 단지 국민은 한 세기를 단위로 계산한다는 차이가 있을 뿐이다.

第6장 사회와 종족

佛蘭西政治學者中特히루ㅣ소氏以來로國家와社會를同一히視ᄒᆞ야國民人民과幷其社會의差別觀念이無ᄒᆞᆷ으로써國家學上의不尠ᄒᆞᆫ混雜을惹起ᄒᆞᆯ뿐아니라實際政治上에도亦弊害가不尠ᄒᆞ나然이나白耳義의政治學者ᄂᆞᆫ此諸種의觀念에劃然ᄒᆞᆫ差別이有ᄒᆞᆷ을認識ᄒᆞ야크게其誤謬를匡正ᄒᆞ며從ᄒᆞ야實際上國家의基因을삼아社會로ᄒᆞ야곰國家의虐政을免케ᄒᆞ기로銳意黽勉ᄒᆞ얏스니今에國民과人民及社會의區別을說明ᄒᆞᆷ에當ᄒᆞ야先次其國民과社會間에如何ᄒᆞᆫ差別이有ᄒᆞᆷ을說明ᄒᆞᆯ지라國民은必要的의結合이오社會ᄂᆞᆫ各個人의偶然ᄒᆞᆫ結合이며國民은頭部와四肢가有ᄒᆞᆫ有機的의結合이오社會ᄂᆞᆫ各個人의無機的結合이며國民은法律上의無形人이로ᄃᆡ社會ᄂᆞᆫ오쟉私人의集合ᄒᆞᆯ뿐이며國民은國民의意思가有ᄒᆞ야國家上에其意思를實行ᄒᆞᆷ을得ᄒᆞ되社會ᄂᆞᆫ其意思가不有ᄒᆞ며又意思를實行ᄒᆞᆯ能力이無ᄒᆞᆫ者ㅣ라故로社會ᄂᆞᆫ國民과如히能히法을不立ᄒᆞ며政을不行ᄒᆞ며裁判을不能ᄒᆞ고但其所有ᄒᆞᆫ바ᄂᆞᆫ오직空漠의輿論으로國家機關上에間接의勢力을波及ᄒᆞᆷ에不過ᄒᆞᆷ이니要컨ᄃᆡ國民의觀念은政治上에觀念이라ᄒᆞ되社會ᄂᆞᆫ國家領域內의一私人의偶然ᄒᆞᆫ結合에不過ᄒᆞ다ᄒᆞ야如斯히國

프랑스의 정치학자들 가운데 특히 루소 이후에 국가와 사회를 동일시함으로써 국민과 사회 및 인민과 사회를 개념적으로 구별하지 않아 국가학에 커다란 혼란을 야기할 뿐만 아니라, 현실 정치에서도 폐해가 매우 심한 경우가 있다. 그러나 독일의 정치학자들은 이 여러 가지 개념 사이에 뚜렷한 구별이 있음을 인식해 그 오류를 바로잡았고, 이에 따라 현실의 국가에 대해 확고한 토대를 부여하고 사회를 국가의 폭정으로부터 벗어나게 만들기 위해 커다란 노력을 기울였다. 그리하여 국민과 사회의 구별 그리고 인민과 사회의 구별을 설명할 때에는 먼저 국민과 사회 사이에 어떠한 차이가 있는지를 설명한다. 국민은 필요에 따른 결합이고, 사회는 각 개인이 우연히 결합한 것이며, 국민은 머리와 사지가 있는 유기적 결합이고, 사회는 각 개인의 무기적 결합이다. 국민은 법적 인격이지만 사회는 단지 사인들의 집합일 뿐이다. 국민은 의지를 갖고 있어서 국가에 대해 의지를 실행할 수 있는 반면, 사회는 의지를 갖고 있지 않기 때문에 의지를 실행할 능력이 없다. 따라서 사회는 국민처럼 법을 제정할 수 없고, 통치활동을 수행할 수 없으며 판결을 선고할 수 없다. 사회가 갖고 있는 것은 단지 막연한 여론뿐이고, 이 여론을 통해 국가기관에게 간접적으로 영향을 미칠 수 있을 뿐이다. 그렇기 때문에 국민이라는 개념은 정치적 개념임에 반해, 사회는 국가의 영역 내에서 사인들이 우연히 결합한 것에 불과하다. 이와 같이 국

民과社會를區別ᄒᆞ얏스되此二者가原來同一의人으로써組織ᄒᆞᆫ者ㅣ故로二者間에交涉ᄒᆞᄂᆞᆫ事件이亦不少ᄒᆞᄂᆞ니國家ᄂᆞᆫ社會를爲ᄒᆞ야法律을定ᄒᆞ야此를保護ᄒᆞ며利益을增進ᄒᆞᆷ을計劃ᄒᆞ고社會ᄂᆞᆫ其經濟的智力的의財産으로써國家를維持ᄒᆞᄂᆞᆫ者ㅣ라故로若社會로ᄒᆞ야곰萎靡不振ᄒᆞᄂᆞᆫ域에沈淪ᄒᆞᆯ진ᄃᆡ國家도亦自薄弱ᄒᆞᆷ에至ᄒᆞᆯ것이오又社會로ᄒᆞ야곰敎育이普及ᄒᆞ며智識이發達ᄒᆞᆯ진ᄃᆡ國家가亦富强隆盛을致ᄒᆞᆯ지니是로由ᄒᆞ야觀컨ᄃᆡ社會와國家가互相一致의物이라謂ᄒᆞᆯ지라然이나又境遇를依ᄒᆞ야兩者의企望이相爲牴觸ᄒᆞᄂᆞᆫ事가有ᄒᆞ니社會ᄂᆞᆫ或利益을爲ᄒᆞ야國家에向ᄒᆞ야要求ᄒᆞᆷ이有호ᄃᆡ國家ᄂᆞᆫ其要求를不正으로認ᄒᆞ야排斥ᄒᆞᄂᆞᆫ事가有ᄒᆞ며國家가又社會로ᄒᆞ야곰强하義務를盡케ᄒᆞ야社會의利益으로써犧牲을숨ᄂᆞᆫ事가不無ᄒᆞ니此ᄂᆞᆫ國家永久의安固를保持ᄒᆞ기爲ᄒᆞ야社會一時의企圖를妨礙ᄒᆞᆷ도有ᄒᆞ며或社會가紊亂ᄒᆞᆫ時를當ᄒᆞ야國家가此를救濟ᄒᆞᆷ도有ᄒᆞ며又或國家의制度가紊亂ᄒᆞᆷ을因ᄒᆞ야社會가亦紊亂ᄒᆞᆫ事가有ᄒᆞᄂᆞ니夫國法學政治學의重要ᄒᆞᆫ問題의一은此二者의關係如何를考究ᄒᆞᆷ에在ᄒᆞ다謂ᄒᆞᄂᆞ니라

민과 사회를 구별하지만, 양자는 원래 동일한 사람들로 조직되는 것이기에 양자가 서로 관계를 맺는 경우도 자주 있다. 즉 국가는 사회를 위해 법률을 제정하고, 사회를 보호하며 사회의 이익을 증진하고자 한다. 사회는 경제적 및 정신적 수단을 통해 국가를 유지한다. 따라서 사회가 위축되고 활력이 없는 지경에 빠지면 국가 역시 박약하게 되고, 사회에서 교육이 보급되고 지식이 발달하면 국가 역시 부강하고 융성하게 된다. 이러한 이유 때문에 사회와 국가가 서로 일치하는 것이라고 볼 수 있을지도 모른다. 그러나 경우에 따라서는 양자가 성취하고자 하는 것이 서로 배치되는 때도 있다. 사회는 때로는 사회의 이익을 위해 국가에 대해 무언가를 요구하고, 국가는 이 요구가 옳지 못하기 때문에 거부하기도 한다. 또는 국가가 사회에 대해 강력하게 의무를 이행하도록 요구하면서 사회의 이익을 희생하도록 하는 경우도 있다. 그리고 국가의 지속적인 안정성을 보존하기 위해 사회의 순간적인 이익을 방해하기도 한다. 사회가 문란할 때에는 국가가 이를 치유하는 경우도 있고, 국가의 제도가 문란해서 사회 역시 문란하게 되는 경우도 있다. 이 점에서 국가법학과 정치학의 중요한 문제 가운데 하나는 국가와 사회 사이의 관계가 어떠한 것인지를 탐구하는 데 있다.

第二人民과社會의差別를述ᄒᆞ면此二者의關係가甚히密接ᄒᆞᆫ者ㅣ로ᄃᆡ又此가同一ᄒᆞᆫ者라謂치못ᄒᆞᄂᆞ니今社會를世襲的人民에比較ᄒᆞᆯ時에ᄂᆞᆫ社會ᄂᆞᆫ各個人의一時暫且의集合이라謂ᄒᆞᆷ이可ᄒᆞ고人民은互相間言語로써共通의精神을現出ᄒᆞᆷ이有ᄒᆞ나然이나社會ᄂᆞᆫ오직便利ᄒᆞᆫ境遇에此言語를利用ᄒᆞᆯᄲᅮᆫ이오社會의特有ᄒᆞᆫ言語가아니며又一人民이種種의國家로分岐ᄒᆞᆷ이有ᄒᆞᄃᆡ社會ᄂᆞᆫ其狹義로言ᄒᆞ면一國家의住民만指ᄒᆞᆫ者ㅣ요廣義로論ᄒᆞ면歐羅巴諸國의住民을總括ᄒᆞ야歐洲社會라稱ᄒᆞᆷ과如ᄒᆞᆷ은其人民의異同을不問ᄒᆞᆷ이니라

國家와社會의差別及二者의關係를가장詳細히說明ᄒᆞᆫ者ᄂᆞᆫ구나이스氏ㅣ라然이나氏가近世의社會를稱ᄒᆞ야實業의社會라稱ᄒᆞᆷ이實로穩當치못ᄒᆞ도다大抵富를穫收ᄒᆞᄂᆞᆫ것은其社會의最大ᄒᆞᆫ目的이나社會ᄂᆞᆫ富를收取ᄒᆞᄂᆞᆫ同時에又富를嗜樂코ᄌᆞᄒᆞᄂᆞᆫ者ㅣ니一家團欒의樂과社交의快樂과文藝美術의快樂等이皆社會의가장慾望ᄒᆞᄂᆞᆫ바요又社會ᄂᆞᆫ貧民을憫ᄒᆞ며病者를救ᄒᆞᄂᆞᆫ學問를奬勵ᄒᆞᄂᆞᆫ種種의事業을爲ᄒᆞᄂᆞᆫ目的이有ᄒᆞᆫ者ㅣ니엇지但實業의社會라稱ᄒᆞᆯᄲᅮᆫ이리요若此를輕忽히實業의社會라斷定ᄒᆞᄂᆞᆫ것은其社會로ᄒᆞ야곰利己에汲汲ᄒᆞᆯ恐懼

둘째, 인민과 사회의 구별을 설명하면서 이미 양자가 매우 밀접한 관련을 맺고 있긴 하지만, 양자가 같은 것은 아니라는 점을 언급했다. 이제 사회를 전통에 의해 성립한 인민과 비교해보면 사회는 각 개인들의 일시적인 결합이라고 할 수 있는 반면, 인민은 언어를 통해 이들의 공통의 정신을 표현한다는 차이가 있다. 그러나 사회는 오로지 편리한 경우에 인민의 언어를 사용할 뿐이고, 사회의 고유한 언어를 갖고 있지 않다. 또한 하나의 인민이 여러 국가로 분화하는 경우도 있다. 따라서 좁은 의미의 사회는 한 국가의 거주자들을 뜻하고, 넓은 의미에서 유럽 여러 국가의 거주자들을 총괄해 유럽 사회라고 부를 때에는 이들이 어떠한 인민에 속하는지는 중요하지 않다.

국가와 사회의 구별 및 양자의 관계를 가장 자세하게 설명한 학자는 그나이스트*이다. 그러나 그나이스트가 근대 사회를 취득사회라고 부른 것은 결코 타당하지 않다. 일반적으로 재산을 취득하는 것은 사회의 최상의 목표이긴 하지만, 사회는 재산을 취득함과 동시에 재산을 향유하기도 한다. 그러므로 단란한 가족의 기쁨, 사교의 기쁨, 문화예술의 향유를 통한 기쁨 등도 사회가 욕망하는 대상이다. 또한 사회는 빈민과 병자를 구제하고, 학문을 장려하는 등 여러 가지 사업을 목적으로 삼는다. 그렇기 때문에 사회를 전적으로 취득사회라고만 부르는 것은 옳지 않다. 만일 경솔하게 사회를 취득사회로 단정하게 되면, 사회가 오로지 이기심에 급급한 것으로만 볼 우려

---

* Rudolf von Gneist(1816-1895). 독일의 법학자이자 정치가. 베를린 대학 교수였고 오랜 기간 프로이센 의회와 독일 제국의회 의원이었다. 법학의 영역에서는 특히 독립된 행정법원의 설치를 주장한 것으로 유명하다.

가不無ᄒᆞ니라

人類의諸人種이數多의人民으로分홈과如히人民이又分ᄒᆞ야數多의種族을成ᄒᆞ얏스니哲學的思想에富ᄒᆞᆫ視察者ᄂᆞᆫ諸種人民間에言語習慣法律等의類同ᄒᆞᆫ諸點을指摘ᄒᆞ야其本元의緣故를探索ᄒᆞ며或은其祖先이同一ᄒᆞ야元來同一ᄒᆞᆫ人種에屬ᄒᆞᆫ者로ᄃᆡ殆히外國人과如ᄒᆞᆫ觀念이有ᄒᆞ야互相의言語를理解치못ᄒᆞᄂᆞᆫ것이亦往往히有ᄒᆞ나然이나一人民의各種族이言語가同ᄒᆞ고習慣이同홈으로써互相間의緣故가有ᄒᆞᆫ所以를深感ᄒᆞ며又其多少의結合感覺을維持홈을得ᄒᆞᄂᆞ니想컨ᄃᆡ彼의方言은人民的의一致와種族的의差異가現出ᄒᆞᄂᆞᆫ者로써方言과國語의關係가恰然히種族의法律과人民의法律關係와如ᄒᆞᆫ지라種族은人民과如히歷史의生產物이오歷史ᄂᆞᆫ其種族間의差異를發達ᄒᆞ며明瞭케ᄒᆞᄂᆞᆫ者라然이나原來種族은人民의一部分됨에不過ᄒᆞᆫ者ㅣ故로全혀獨立의性質을現出홈이無ᄒᆞ고人民的精神中에小差別을現出홈에不過ᄒᆞᆯ뿐이니라

凡種族은人民的生活에變化를與ᄒᆞ야漸次發達ᄒᆞᄂᆞᆫ者로ᄃᆡ或時에ᄂᆞᆫ國家의一致結合을妨害ᄒᆞᄂᆞᆫ境遇가不少ᄒᆞᆫ것이昔日羅馬ᄂᆞᆫ種族의競爭으로써隆盛을致

가 있다.

인류의 여러 인종들이 다수의 인민으로 분할되는 것과 마찬가지로 인민도 분할되어 다수의 종족으로 형성된다. 철학적 사상을 풍부하게 갖춘 관찰자는 여러 인민들 사이에 언어, 관습, 법률 등의 유사한 측면을 지적함으로써 인민들의 본래적 근원이 같다는 것을 탐구하거나 인민들의 선조가 동일하기에 원래는 동일한 인종에 속한다고 한다. 그러나 동일한 인종에 속할지라도 여러 인민들이 서로를 외국인처럼 생각하고 서로 언어적으로 이해하지 못하는 경우도 자주 있다. 이와는 달리 한 인민에 속하는 다른 종족들이 언어와 관습이 같아서 서로 결합되어 있는 공동체로 느끼고 어느 정도 유대감을 유지할 수도 있다. 생각건대 방언(사투리)은 인민의 동일성과 종족의 차이를 표현하고 있는 것이다. 따라서 방언과 표준어의 관계는 종족의 법률과 인민 전체의 법률의 관계와 비슷하다. 종족은 인민과 마찬가지로 역사적 산물이며, 역사를 통해 종족들 사이의 차이가 발전하고 더욱 명확하게 된다. 그러나 원래 있던 종족이 인민의 한 부분이 되는 것일 따름이기 때문에 종족의 독자적인 성질을 표현하는 것이 아니라, 인민의 정신 속에서 약간의 차이를 드러내는 것에 불과하다.

모든 종족은 인민의 삶에 변화를 불러일으키고 점차 발달하는 것이지만, 어떤 때에는 국가의 일치단결을 방해하는 경우도 있다. 고대 로마는 종족들 사이의 경쟁을 통해 융성

호얏고是를反호야希臘은同一훈種族의競爭이激甚홈으로써一致結合의力이衰호야能히大强國을組成치못호얏고近世歐羅巴에在호야는其種族의競爭이甚혼者는日耳曼과伊太利等國이是也라

第七章　國家와家族

古代學者와近代識者間에家族으로써國家의雛形이라云호는者ㅣ甚多호야其說에曰國家는家族의擴張혼者라故로國家의元首는父요人民은子라호노니想컨딕此比較가全然誤謬홈이라斷言키難호며又全혀是認키不能호도다何오호면此比較는所謂君父政治의一種國家에適當호되其高等혼國家에對호야는可히恰當혼說이라謂치못홀지라蓋大國家는決코單純혼家族의擴張이라云키不能호미彼日本으로觀홀지라도蝦夷人도有호며朝鮮人도有호며又支那人도有호니今에國家와家族間에存在혼區別를指摘호건딕

第一　家族은婚姻에依호야結合혼者ㅣ며又家族의各員은婚姻或血統에依호야團結혼者ㅣ故로婚姻及血統이란概念은可히家族과相離치못홀지라然이나國家의各員은반다시相婚홈도아니오又血統을同一홈도아니니是는家族

하게 된 반면, 그리스는 같은 종족인데도 경쟁이 극심해 일치단결하는 힘이 쇠퇴한 탓에 강대국을 결성하지 못했다. 근대 유럽에서 여러 종족들 사이의 경쟁이 심한 것은 독일과 이탈리아이다.

제7장 국가와 가족

고대의 학자와 근대의 지식인들 가운데는 가족이 국가의 원형이라고 말하는 사람들이 매우 많다. 이러한 견해에 따르면 국가는 가족이 확장된 것이라고 한다. 따라서 국가원수는 아버지이고, 인민은 자식이라고 한다. 생각건대 이러한 비유가 완전히 틀린 것이라고 단언하기는 어렵지만 그렇다고 해서 완전히 인정할 수도 없다. 그렇다면 이 비유는 이른바 가부장적 정치형태를 갖고 있는 국가에게는 타당할지 모르지만, 이보다 더 고등한 형태의 국가에 대해서는 타당한 견해라고 볼 수 없다. 무릇 거대한 국가는 결코 단순히 가족의 확장이라고 할 수 없다. 일본만 보더라도 북해도인도 있고 조선인도 있으며 중국인도 있다. 여기서 국가와 가족 사이에 존재하는 차이점을 지적하면 다음과 같다.

첫째, 가족은 혼인을 통해 결합한 것이고 또한 가족 구성원은 혼인 또는 혈연에 의해 결합한 것이기 때문에 혼인과 혈연이라는 개념은 가족이라는 개념과 동일한 것이다. 하지만 국가의 구성원이 반드시 혼인을 하는 것은 아니고 혈연이 동일한 것도 아니기 때문에 이는 가족

과國家의其根據가相異ᄒᆞᆫ處ㅣ요

第二　國家ᄂᆞᆫ國民的의組織으로且土地와密接의關係가有ᄒᆞᄃᆡ家族은是等觀念이存在ᄒᆞᆯ理가無ᄒᆞᆫ者ㅣ라　國家ᄂᆞᆫ一個人又一階級으로集合成立ᄒᆞᆫ者로ᄃᆡ家族은오직間接의關係가有ᄒᆞᆯ뿐이오且家族이毫髮도其土地의關係가不有ᄒᆞᆫ者ㅣ니라

第三　國家와家族은元來性質이不同ᄒᆞᄂᆞ니　家族의主張은父요其職務와勢力은處生을保存ᄒᆞ기로써其目的을爲ᄒᆞᄂᆞᆫ者ㅣ故로純然ᄒᆞᆫ保護的의性質이有ᄒᆞᄃᆡ是를反ᄒᆞ야國家의性質된各階級과其元首된君主ᄂᆞᆫ互相利害가不同ᄒᆞ야其家族이君主의家族이아니오其各員이君主의子孫이아니오即國家ᄂᆞᆫ全然政治的의物이니라

是로由ᄒᆞ야觀컨ᄃᆡᆫ家族이란것은國家의雛形이아니오即君父政治라稱ᄒᆞᆯ뿐에止ᄒᆞᆫ者ㅣ라然이나아리안種族의國民은其國家의原始가家族又種族과密接ᄒᆞᆫ關係가有ᄒᆞᆷ을可記ᄒᆞᆯ지니國家의創設에際ᄒᆞ야主長된者ᄂᆞᆫ家族或種族의長者됨으로써權力을有ᄒᆞᆫ者ㅣ니國家가全혀家族과殊別ᄒᆞᆷ을認知ᄒᆞᆷ도實로一朝一

과 국가의 근거가 다른 이유이다.

둘째, 국가는 국민의 조직으로서 영토와 밀접한 관계를 맺지만, 가족에게는 이와 같은 개념이 존재할 이유가 없다. 국가는 개인 또는 계급으로 구성되어 성립하는 것이지만, 가족은 오로지 간접적으로만 국가와 관계를 맺을 뿐이다. 또한 가족은 토지와 관계가 없다.

셋째, 국가와 가족은 원래부터 성질이 다르다. 가장은 아버지이고, 아버지가 행하는 일과 아버지가 갖는 힘은 삶을 보존하기 위한 목적을 갖고 있으므로 오로지 보호의 성질만을 갖고 있다. 이에 반해 국가의 성질에 속하는 각 계급과 국가의 원수인 군주는 각자 이해관계가 다르기 때문에 가족은 군주의 가족이 아니고, 국가의 구성원이 군주의 자손인 것도 아니다. 즉 국가는 전적으로 정치적 산물이다.

이러한 측면에 비추어 볼 때 가족이란 국가의 원형이 아니다. 가부장적 정치에 해당하는 경우에만 가족이 국가의 원형이 될 수 있을 뿐이다. 하지만 아리아 종족의 국민의 경우 국가의 기원이 가족 및 종족과 밀접한 관련이 있다고 볼 수 있다. 즉 국가를 설립할 때 지도자가 가족 또는 종족의 수장으로서 권력을 가진 자였다. 그리하여 국가가 가족과는 완전히 다르다는 점을 인식한 것이 하루아침

夕의事가아니니라

今에歷史上으로觀察컨ᄃᆡᆫ彼種族의組織은國家와家族間에存在ᄒᆞᆫ者로家族이國家에至ᄒᆞ는階級이라謂ᄒᆞᆯ지니即種族中에最强ᄒᆞᆫ酋長이數多ᄒᆞᆫ種族으로一大團體를成ᄒᆞ야一國家를組成ᄒᆞᆫ것인故로國家의組織이漸次整備ᄒᆞᆷ을從ᄒᆞ야種族의組織이遂亡ᄒᆞᆫ事實이亦希臘羅馬等歷史에徵明ᄒᆞ얏고亞剌伯의種族과蘇格蘭의種族이亦然ᄒᆞ얏스며又日耳曼人種間에도種族時代라稱ᄒᆞ는時代가有ᄒᆞ니此를要ᄒᆞ면元來種族은家族의組織으로基因ᄒᆞᆫ者로血統上의緣故가有ᄒᆞ며數家族을結合ᄒᆞ야成立ᄒᆞᆫ者ㅣ니種族의主長은所謂氏의長者ㅣ요家族中에도亦主長의地位를有ᄒᆞᆷ을勿論ᄒᆞᆷ이니라

旣述ᄒᆞᆷ과如히家族을標準ᄒᆞ야組織된國家는但君父政治의國家에止ᄒᆞ며此等國家의主長은全혀人民의父라承認ᄒᆞᆷ으로써常例라ᄒᆞ니譬컨ᄃᆡᆫ支那帝國과如히數千年間을此觀念으로써組織ᄒᆞ야支那의天子는即天의子이오人民의父라稱ᄒᆞ는故로其人民은父된君主의專制에自甘ᄒᆞ야彼아리안人種의國民과如히毫髮도其自由를何等物인지未知ᄒᆞ는者ㅣ니如斯히君主와人民間에全然父子

에 이루어진 일은 아니다.

역사적으로 고찰해보면 아리아 종족의 조직은 가족적 결합이 국가로 발전하는 중간단계에 해당했다고 할 수 있다. 즉 여러 종족들 가운데 가장 강한 종족의 수장이 다수의 종족을 하나의 단체로 결합해 국가를 형성한 것이다. 그 이후 국가의 조직이 점차 정비됨에 따라 종족의 조직이 사라지게 되었다. 이 사실은 그리스와 로마의 역사에 의해 증명되었고, 아랍의 종족과 스코틀랜드의 종족도 그러했다. 그리고 게르만족에서도 종족시대라고 부르는 시대가 있었다. 결론적으로 원래 종족의 기원은 가족의 조직으로서 혈연적 관계를 맺는 다수의 가족이 결합해 성립한 것이다. 그 때문에 종족의 수장은 이른바 씨족의 수장인 자였고, 가족 가운데서도 가장의 지위를 갖고 있었다.

이미 서술한 것처럼 가족을 중심으로 조직된 국가는 가부장적 정치의 국가에만 국한된다. 이와 같은 국가의 수장은 전적으로 인민의 아버지로 인정되는 것이 일반적이다. 예컨대 중국제국과 같은 경우에는 수천 년 동안 이러한 관념을 통해 조직되었기에 중국의 천자(天子)는 곧 하늘의 자식이고 인민의 아버지로 불린다. 그리하여 중국의 인민은 아버지인 군주의 전제정에 스스로 만족하고, 아리아 종족의 국민과 마찬가지로 자유가 무엇인지를 조금도 알지 못한다. 이와 같이 군주와 인민 사이가 완전히 아버지와 자식

의關係로써組織ᄒᆞ야維持ᄒᆞᆫ國家에ᄂᆞᆫ其國民의開明發達을到底히企圖치못ᄒᆞᆯ지니라

家族의擴張으로國家가된者ᄂᆞᆫ君父政治以外에决코不有ᄒᆞ되此家族이國家의安寧幸福上에實로多大ᄒᆞᆫ關係가有ᄒᆞᆷ을明知ᄒᆞᆯ지니盖家族이國家에及ᄒᆞᄂᆞᆫ바勢力이間接ᄒᆞᆷ을不拘ᄒᆞ고其影響이가장著大ᄒᆞᆷ으로써家族에關ᄒᆞᆫ法律을私法의一部라ᄒᆞ야規定ᄒᆞᆯ뿐아니라又家族의幸福을增進ᄒᆞ며且維持ᄒᆞᆷ에對ᄒᆞ야크게注意치아니치못ᄒᆞᄂᆞ니家族은元來政治的의組織이아닌故로國家가此에及ᄒᆞᄂᆞᆫ勢力이亦少ᄒᆞ나且間接된者가不無ᄒᆞᆫ則國家가特히自進ᄒᆞ야可히干涉制限치아니치못ᄒᆞᆯ지오就中彼婚姻과如ᄒᆞᆷ은가장其重要ᄒᆞᆷ을推知ᄒᆞᆯ지니라

大概進步ᄒᆞᆫ國民은皆一夫一婦의制度를維持ᄒᆞ기로勉勵ᄒᆞᄂᆞᆫ것이是實로適當ᄒᆞᆫ事이오數夫一妻ᄂᆞᆫ系統을紊亂ᄒᆞ며一夫多妻ᄂᆞᆫ紛擾를惹起ᄒᆞᄂᆞᆫ것인則婚姻의充實ᄒᆞᆫ目的으로男女兩性의完全ᄒᆞᆫ者ᄂᆞᆫ一夫一婦의制에至ᄒᆞ야始乃完美ᄒᆞᆫ바라人의天性과道德의標準이擧皆一夫一婦를要求ᄒᆞᄂᆞᆫ者ㅣ故로一夫一婦ᄂᆞᆫ妻로ᄒᆞ야곰夫와完全ᄒᆞᆫ交情을保有케ᄒᆞ며其結果로夫된者를高尙히仰見ᄒᆞᆷ을

의 관계로 조직되어 유지되는 국가에서는 국민의 문화적 발달을 도저히 시도할 수 없다.

가족의 확장을 통해 국가가 성립하는 일은 가부장적 정치 이외에는 있을 수 없다. 하지만 가족이 국가의 안녕과 복지와 커다란 관련을 맺는다는 사실을 명확히 인식해야 한다. 즉 가족은 국가가 성립하는 데 간접적으로만 영향을 미침에도 불구하고 가족이 국가에 대해 커다란 영향을 미치기 때문에 가족에 관한 법률을 사법(私法)의 일부로 규정할 뿐만 아니라, 가족의 복리를 증진하고 가족을 유지하는 것에 대해 커다란 주의를 기울여야 한다. 하지만 가족은 본래 정치적 조직이 아니기 때문에 국가가 가족에게 미치는 영향은 크지 않고 또한 간접적으로만 영향을 미칠 뿐이다. 다만 혼인과 같은 것은 국가 스스로 가족에 간섭하고 제한하지 않을 수 없는 중요한 문제에 해당한다는 것을 알 수 있다.

일반적으로 볼 때 진보한 국민은 모두 일부일처제를 유지하기 위해 노력하고, 이는 실제로 타당한 일이다. 다부일처제는 혈연을 문란하게 만들고, 일부다처제는 분란을 야기한다. 혼인에 충실할 목적으로 남녀 양성이 완전하게 되는 것은 일부일처제에 도달한 경우에야 비로소 가능하게 된다. 인간의 자연적 본성과 도덕의 표준이 거의 모두 일부일처제를 요구하기 때문에 일부일처제는 부인으로 하여금 남편과 완벽한 연대성을 갖도록 만들고, 그 결과 남편의 고상함을 더욱 높일

得ᄒᆞᆯ지니即妻의勢力과夫의地位를昇進홈에크게有力ᄒᆞᆫ者ㅣ로ᄃᆡ是를反ᄒᆞ야一夫多妻ᄂᆞᆫ妻의勢力이薄弱ᄒᆞᆫ同時에其地位가亦卑賤ᄒᆞᆫ故로其影響이夫의地位에及ᄒᆞ야亦此를野鄙케ᄒᆞᄂᆞᆫ弊가有ᄒᆞ니一夫一婦ᄂᆞᆫ歐羅巴基督敎國人民의利益이오一夫多妻ᄂᆞᆫ東方人民의不幸이라謂홈이라

夫와妻의法律上關係가又最重ᄒᆞᄂᆞ니彼羅馬人은婚姻으로써生涯에가장完全ᄒᆞ고가장親密ᄒᆞᆫ結合으로思惟호ᄃᆡ羅馬古法에ᄂᆞᆫ妻의資格을人의娘과同一ᄒᆞᆫ者라ᄒᆞ야其夫의意思에依ᄒᆞ야妻의權利를左右홈을得홈이恰然히父母가娘에對홈과主人이奴隷에對ᄒᆞᆫ關係와同一히視ᄒᆞ더니其後에羅馬法律이婚姻으로써單히二個獨立人의普通結合이라解釋ᄒᆞ야毫髮도神聖ᄒᆞᆫ性質을帶有ᄒᆞᆫ바아니라ᄒᆞ얏스니是ᄂᆞᆫ即羅馬의道德이腐敗ᄒᆞ야羅馬의共和政治로ᄒᆞ야곰早速히衰頹케홈은皆此에由홈이오是를反ᄒᆞ야日耳曼法律은初也에夫婦ᄂᆞᆫ各財産을所有홈을得ᄒᆞᆫ다規定ᄒᆞ고夫ᄂᆞᆫ妻의保護人이라ᄒᆞ얏다가其後에更히夫婦ᄂᆞᆫ財産을共有ᄒᆞᆫ者ㅣ라ᄒᆞ니此法律이擧皆彼基督敎聖書中에所載ᄒᆞᆫ主義를合ᄒᆞᆫ者ㅣ니라

수 있다. 즉 부인의 힘과 남편의 지위를 더욱 고양시킬 수 있는 것이 곧 일부일처제이다. 이에 반해 일부다처제는 부인의 힘이 약함과 동시에 부인의 지위도 비천하게 되기 때문에 남편의 지위에까지 영향을 미쳐 남편까지도 비천하게 만드는 폐단이 있다. 따라서 일부일처제는 유럽 기독교 국가 인민들의 행복이고 일부다처제는 동방 인민들의 불행이라 말할 수 있다.

남편과 부인의 법적 관계는 매우 중요하다. 로마인들은 혼인을 삶에서 가장 완전하고 가장 친밀한 결합으로 생각했지만, 초기 로마법은 부인의 지위를 딸과 같은 것으로 취급했다. 즉 남편의 의사가 부인의 권리를 좌우할 수 있다고 함으로써 남편과 부인의 관계를 부모와 자식의 관계 및 주인과 노예의 관계와 동일한 것으로 보았다. 후기 로마법에서는 혼인을 오로지 두 명의 독립된 인간 사이의 통상적인 결합으로 해석함으로써 혼인에 수반되는 신성한 성질을 완전히 해소해버렸고, 이로 인해 로마의 도덕이 부패하게 되어 로마의 공화정이 급속히 쇠퇴하고 말았다. 이에 반해 게르만법은 처음부터 부부가 각자 재산을 소유할 수 있도록 규정하고 남편을 부인의 보호자로 규정했다가, 나중에는 부부재산을 공유재산으로 규정했다. 이러한 게르만법은 대부분 기독교 성서에 있는 이념을 포함하고 있다.

次에婚姻禮式도亦輕忽히看過치못홀者ㅣ니夫婦의親密을維持ᄒᆞ며且其關係의鄭重을說ᄒᆞᄂᆞᆫ儀式이此를通常의契約으로同一히視ᄒᆞ지못홀바라羅馬人은雙方의合意로써곳婚姻이라認ᄒᆞᄃᆡ是ᄂᆞᆫ가장危險ᄒᆞᆫ主義로婚姻은但便宜上에出ᄒᆞᆷ이오互相間에完全ᄒᆞᆫ親密情交ᄂᆞᆫ存홀理가無ᄒᆞᆫ바ㅣ니是以로近代의國民은婚姻으로써宗敎上에儀式에依據홀것이오但人事의契約으로認홀바아니라卽全然히神聖ᄒᆞᆫ者ㅣ니此ㅣ國政上에其宜를得홀ᄲᅮᆫ아니라元來可然ᄒᆞᆫ道理가有ᄒᆞᆷ이니何오ᄒᆞ면婚姻上에宗敎의關係로ᄒᆞ야곰人民이此를神聖ᄒᆞᆫ結合으로信ᄒᆞ야輕忽히婚姻을不行ᄒᆞ며又旣婚者가妄히移婚을不許ᄒᆞᄂᆞ니假令夫妻가不得已ᄒᆞᆫ事情이有ᄒᆞ야離別코자홀지라도互相의交通을遮斷ᄒᆞ야別居홀ᄲᅮᆫ에止ᄒᆞ고戶籍上에能히銷却치못ᄒᆞᄂᆞᆫ것인故로此ㅣ社會의秩序를完整ᄒᆞᄂᆞᆫᄃᆡ至ᄒᆞ야크게必要ᄒᆞᆫ者ㅣ요又特히基督敎에셔ᄂᆞᆫ銳氣熱心으로此點을主張ᄒᆞᄂᆞᆫᄃᆡ反히其弊害가드ᄃᆡ여宗敎家의專橫이되야人民의自由를妨害ᄒᆞᆷ이多ᄒᆞᆫ故로今日에ᄂᆞᆫ官吏卽村役人의前에셔婚姻을行ᄒᆞ고其證據를書類에記錄ᄒᆞᄂᆞᆫ것이實로正當ᄒᆞᆫ婚姻이오必要ᄒᆞᆫ條件이되며僧侶의前에셔行ᄒᆞᄂᆞᆫ儀式은實로其儀式

혼인의 형식 역시 중요하지 않은 문제로 취급해서는 안 된다. 부부 사이의 친밀한 관계를 유지하고 이 관계의 신성함을 보여주는 예식은 혼인을 통상의 계약과는 다른 것으로 보게 만든다. 로마인들은 부부 쌍방의 합의를 곧 혼인으로 파악했는데, 이는 가장 위험한 사고로서 혼인이 단순히 편의상의 관계일 뿐이고, 부부 상호간의 완전한 친밀성과 심정적 교류가 존재할 필요가 없다고 보는 것이다. 근대의 국민들은 혼인을 종교적 의식(儀式)에 의거하도록 함으로써 혼인을 단순히 사람 사이의 계약이 아니라, 고도로 신성한 것으로 본다. 그리하여 혼인은 국가의 정치에서도 타당성을 가질 뿐만 아니라, 혼인의 당연한 도리도 있는 것이다. 그 때문에 혼인을 종교적 관계로 만들어 인민들이 혼인을 신성한 결합으로 믿게 해서 경솔하게 혼인을 하지 못하도록 해야 한다. 또한 이미 혼인한 자에 대해서는 이혼을 허용하지 말아야 한다. 예컨대 남편과 부인이 부득이한 사정으로 결별하고자 할지라도 서로간의 교류를 단절하는 별거에 그쳐야 하고, 호적상으로는 혼인관계를 말소할 수 없다. 이는 사회의 질서를 완전히 정비할 때 반드시 필요한 것이다. 특히 기독교에서는 이 점을 열정적으로 주장한다. 하지만 이것이 오히려 폐해를 불러일으켜 종교적 전횡이 인민의 자유를 저해하는 경우가 많아 오늘날에는 관청의 공무원 앞에서 혼인식을 거행하고 그 증거를 기록하는 것만으로 정당한 혼인이 되기 위한 조건이 충족된다. 사제 앞에서 행하는 의식은 사실상 의식

에止ᄒᆞ고其効力이甚히薄弱홈으로써此等의禮式은자못隨意의形式이라云ᄒᆞᄂᆞ니라

又國家가政治上의便宜를依ᄒᆞ야或婚姻을奬勵ᄒᆞᄂᆞᆫ事가有ᄒᆞ며或此를制限ᄒᆞᄂᆞᆫ事가有ᄒᆞ니昔에羅馬王오ㅣ가수다수가人口繁殖을計ᄒᆞ기爲ᄒᆞ야法律로써婚姻을奬勵ᄒᆞ얏스니勿論如斯ᄒᆞᆫ方策은通常ᄒᆞᆫ境遇에行치못ᄒᆯ것이오其羅馬當時의形勢와如히特別ᄒᆞᆫ事情이有ᄒᆞᆫ時期에비로소實行홈을得ᄒᆞᆫ者ㅣ라假令婚姻을奬勵코자ᄒᆞ야도此를到底히强迫치못ᄒᆯ지니何오ᄒᆞ면婚姻코자ᄒᆞᄂᆞᆫ意思ᄂᆞᆫ卽婚姻에가장必要ᄒᆞᆫ原素라然이나此婚姻을强迫홈이極甚ᄒᆞᆫ境遇에ᄂᆞᆫ政府收入의一部分으로定ᄒᆞᄂᆞᆫ事가有ᄒᆞ니此ᄂᆞᆫ卽不適當ᄒᆞᆫ夫妻로ᄒᆞ야곰婚姻을强行케ᄒᆞ야若此强迫을拒絕ᄒᆯ時에ᄂᆞᆫ政府의幾許의償金을納ᄒᆞ야써其婚姻을得免케ᄒᆞᄂᆞᆫ方法으로收入의一部를爲ᄒᆞᆫ事實이有ᄒᆞᆫ故로此等弊端을匡正ᄒᆞ기爲ᄒᆞ야一法典에明記ᄒᆞ야此事를禁止홈에至ᄒᆞ얏스니蓋此等事ᄂᆞᆫ可히嫌忌ᄒᆯ것으로國家의意思로써一個人의權利를侵入ᄒᆞ며人民의自由를破홈이元來正當ᄒᆞᆫ處置라云ᄒᆞ기不可ᄒᆞ고又一國의君主도其國政略上에婚姻을强行홈이往

에 그칠 뿐이어서 종교적 예식은 임의적인 형식에 불과하다고 말한다.

국가가 정치적 이유에서 혼인을 장려하거나 혼인을 제한하는 경우가 있다. 로마의 아우구스투스 황제는 인구증가를 위해 법률을 통해 혼인을 장려한 적이 있다. 물론 이와 같은 방법은 통상의 경우에는 수행하지 못할 것이지만, 아우구스투스 황제 집권 당시 로마의 상황과 같은 특별한 사정이 있는 시기에는 수행할 수도 있을 것이다. 설령 혼인을 장려하고자 할지라도 혼인을 강제할 수는 없기 때문에 혼인의 의사는 혼인의 가장 필수적 요소이다. 그러나 혼인을 강제하는 것이 극심한 경우에는 이 강제를 이용해 정부수입의 일부분을 충당하려는 경우도 있다. 즉 부적절한 관계에 있는 남녀로 하여금 혼인을 하도록 강제하고, 만일 이 강제를 거부할 때에는 정부에 일정한 금액을 납부해야 하며, 따라서 혼인을 피할 수 있는 방법으로 정부의 수입을 늘리는 일도 있었다. 이러한 폐단을 척결하기 위해 어떤 법전은 이를 금지하는 규정을 명시하기도 했다. 이와 같은 일은 당연히 혐오하고 기피해야 한다. 국가의 의지가 개인의 권리를 침해해 인민의 자유를 파괴하는 것은 결코 정당한 조치라고 할 수 없다. 또한 한 국가의 군주도 정략결혼을 하지 않을 수 없는 경우가

往有之ᄒᆞᄃᆡ是亦前述과如히人民의婚姻을强迫홈이不道理ᄒᆞᆫ事오又正當ᄒᆞᆫ方策이라認ᄒᆞ기不能ᄒᆞᆫ지라

近世諸國은國家의利益을主眼으로삼아婚姻을制限ᄒᆞᄂᆞᆫ事가往往히有ᄒᆞ야其方法의二種이有ᄒᆞ니曰年齡의制限이오曰財産의制限이라年齡에制限을加ᄒᆞ야男女가共히何歲以上에不達ᄒᆞ면婚姻을許可치못ᄒᆞᆫ다ᄂᆞᆫ旨趣ᄂᆞᆫ其道理가有ᄒᆞᆫ制限이오若體格이充實히發達치못ᄒᆞᆫ幼者를濫히婚姻홈에至ᄒᆞᄂᆞᆫ것은其子孫이亦不完全ᄒᆞᆯ것이오從ᄒᆞ야國民의元氣가甚히薄弱홈에至ᄒᆞ리라云홈이오又財産上에制限을立ᄒᆞᆫ趣旨ᄂᆞᆫ人民이若財産도無ᄒᆞ고職業도無ᄒᆞ면서妄히婚姻을行ᄒᆞ기로愈益貧困者의數를增加ᄒᆞᆯ가恐懼ᄒᆞᄂᆞᆫ바ㅣ니此制限의旨趣가暫見ᄒᆞ면其一理가有ᄒᆞᆫ듯ᄒᆞᄃᆡ此를반다시是認ᄒᆞ기不能ᄒᆞ니凡社會란것은其利益을守ᄒᆞ기爲ᄒᆞ야人民의婚姻을爲ᄒᆞ며家族의基礎를立ᄒᆞᄂᆞᆫ者가果是社會의負擔으로스사로其家族을可히維持ᄒᆞ고否홈을知ᄒᆞᄂᆞᆫ權能이有ᄒᆞᆫ者ㅣ어ᄂᆞᆯ此範圍를超ᄒᆞ야國家의承諾을不經ᄒᆞ면婚姻을不得ᄒᆞᆫ다홈에至ᄒᆞ야ᄂᆞᆫ此를可히一個人의權利를侵害ᄒᆞᄂᆞᆫ者라謂ᄒᆞᆯ지오且法律로써財産上婚姻을嚴制ᄒᆞᆯ時에

자주 있는데, 이 또한 앞에서 말했듯이 인민에 대한 혼인의 강제가 부당한 것과 마찬가지로 정당한 방법이라고 말할 수는 없다.

근대의 여러 국가에서도 국가의 이익을 위해 혼인을 제한하는 사례가 자주 있다. 그 방법은 두 가지가 있는데, 하나는 연령의 제한이고, 다른 하나는 재산의 제한이다. 연령을 제한하는 경우에는 남녀가 모두 일정한 연령에 도달하지 않으면 혼인을 허가하지 않는 것으로 그 취지가 충분한 타당성을 갖고 있는 제한이다. 만일 신체적 발달이 충분히 이루어지지 않은 유아에게 혼인을 하도록 허용하게 되면, 그 후손 역시 불완전할 것이고, 그로 인해 국민의 기력이 박약하게 될 것이기 때문이다. 또한 재산상의 제한을 가하는 취지는 인민이 만일 재산도 없고 직업도 없으면서 무모하게 혼인을 하면 빈곤한 자의 숫자가 더욱 증가할 우려가 있기 때문이다. 이러한 제한의 취지를 감안하면 일리가 있는 것처럼 보이기도 하지만, 이 취지를 반드시 인정해야 한다고 볼 수는 없다. 모든 사회는 사회의 이익을 지키기 위해 혼인을 통해 가족의 기초를 수립하는 자가 사회에게 부담을 주지 않으면서 스스로 자신의 가족의 생계를 유지할 능력을 갖추고 있는 자에게만 혼인을 허용할 수도 있다. 그러나 이 범위를 뛰어넘어 국가의 허가를 얻지 못하면 혼인이 불가능한 상태에 도달한다면 이는 한 개인의 권리를 침해하는 것이라 하지 않을 수 없다. 또한 법을 통해 재산의 측면에서 혼인을 엄격히 제한할 때에는其弊가私生子를增加ᄒᆞ는傾向이有ᄒᆞᆷ을免치못ᄒᆞᆯ터이오又此私生의子는即社會上의迷惑ᄒᆞᆫ物이라云ᄒᆞᆷ이어놀是를反ᄒᆞ야相愛ᄒᆞ는者가妻도되고夫도됨을得ᄒᆞ면其夫된者의奮發心이增進ᄒᆞ야經濟上의其利益이頗多ᄒᆞ다謂ᄒᆞᆯ지니라

國家는夫妻間私交上에干涉ᄒᆞᆷ이不可ᄒᆞ나然이나이믜夫妻가된後에或操行을破ᄒᆞ는境遇를當ᄒᆞ야其被害者가呈訴ᄒᆞ는時에는其節操를破ᄒᆞᆫ者를罰ᄒᆞ는權利가有ᄒᆞᆯᄲᅮᆫ아니라차라리一步를進ᄒᆞ야此를罰ᄒᆞ지아니치못ᄒᆞᆯ지니是는婚姻을潔白케ᄒᆞᆷ에就ᄒᆞ야大段必要ᄒᆞᆫ事ㅣ라昔에ᄲᅮ라도는妻를共有ᄒᆞ자는說（此說의本旨는國民自身을爲ᄒᆞ야汲汲ᄒᆞᆫ것이아니오但國을思ᄒᆞ는念이厚ᄒᆞᆷ으로써唱道ᄒᆞᆷ에不外ᄒᆞᆷ이니）를唱ᄒᆞ얏스되是는家族을破壞ᄒᆞ는說이라謂ᄒᆞᆯ지오又수ᄲᅡᆯ다는妻로ᄒᆞ야곰色을鬻ᄒᆞᆫ事가有ᄒᆞ니是는元來野蠻의惡習ᄲᅮᆫ이오又或過激ᄒᆞᆫ社會黨은婚姻의制를廢ᄒᆞᆷ으로써人類自由의境界에進ᄒᆞ는方策이라稱ᄒᆞ나然이나是는實로人類特有의道德的自由를代ᄒᆞ야下等動物의情慾的自由를達케ᄒᆞᆷ에不過ᄒᆞ다謂ᄒᆞᆯ지오

는 사생아가 증가하는 경향이 발생하는 폐단을 벗어나기 어렵다. 사생아는 사회적 현혹의 산물이라 할 수 있다. 이에 반해 서로 사랑하는 자가 부인이 되고 남편이 될 수 있다면, 남편이 된 자가 더욱 분발하는 마음을 지니게 되어 더 높은 경제적 이익을 얻게 될 것이다.

국가는 부부 사이의 성관계에 개입할 수 없다. 그러나 부부가 된 이후 부부 사이의 신뢰를 파괴한 경우에는 피해자의 고소가 있으면 국가는 정조를 파괴한 자에 대해 형벌을 부과할 권리가 있을 뿐만 아니라, 더 나아가 반드시 형벌을 부과해야 할 의무도 있다. 이는 혼인의 순결을 위해 반드시 필요한 일이다. 옛날에 플라톤은 부인을 공유하자는 이론(이 이론의 원래 취지는 국민들을 위한 것이 아니라, 국가를 위한 사상이 지나치게 강한 나머지 주장한 것이다)을 주장했지만, 이는 야만인의 악습일 뿐이다. 또한 과격한 사회주의자들은 혼인제도를 폐지하는 것이 인간의 자유를 최대한 실현하는 방법이라고 한다. 그러나 인간 특유의 도덕적 자유를 고려해 볼 때 이는 하등 동물의 정욕의 자유에 도달하는 방법일 뿐이다.

又國家가婚姻의永續及離緣의制限에關ᄒᆞ야如何ᄒᆞᆫ處置ᄅᆞᆯ爲ᄒᆞᆷ을考察ᄒᆞᆯ진ᄃᆡ古代耶蘇紀元前에ᄂᆞᆫ大槪夫가妻의離緣ᄒᆞᆷ을許容ᄒᆞ얏스나然이나此ᄂᆞᆫ반다시男女의隨意에任ᄒᆞ야正當ᄒᆞᆫ道德을示치아니치못ᄒᆞᆯ지니若此ᄅᆞᆯ不示ᄒᆞᆫ時에ᄂᆞᆫ離緣을不許ᄒᆞᄂᆞᆫ制度라此ᄅᆞᆯ反ᄒᆞ야假令如何ᄒᆞᆫ理由가存在ᄒᆞ던지妻方으로ᄂᆞᆫ婚姻을解ᄒᆞᄂᆞᆫ事ᄅᆞᆯ到底히行치못ᄒᆞᆫ다ᄒᆞ되羅馬時代에至ᄒᆞ야漸漸自由婚姻은雙方의意思ᄅᆞᆯ隨ᄒᆞ야何時던지婚姻을解ᄒᆞᆷ을得ᄒᆞᆫ다ᄒᆞ얏스니是ᄂᆞᆫ羅馬의道德의衰頹ᄒᆞᆫ徵候라謂ᄒᆞᆯ지오耶蘇宗이起ᄒᆞᆷ에及ᄒᆞ야此問題에關ᄒᆞᆫ完全의法律을制定ᄒᆞᄂᆞᆫ氣運에達ᄒᆞ야離婚에對ᄒᆞᆫ基督自身에語도亦極히强勢에至ᄒᆞᆫ故로耶蘇敎國이此에關ᄒᆞᆫ法律上의槪念이次第發達ᄒᆞᆷ에至ᄒᆞ고特히舊敎에ᄂᆞᆫ가장嚴重ᄒᆞᆫ婚姻法을規定ᄒᆞ야基督自身이姦淫으로ᄡᅥ離婚의理由라認ᄒᆞᆷ을不拘ᄒᆞ며其事情의如何ᄒᆞᆷ을不關ᄒᆞ고全혀離婚을嚴禁ᄒᆞ야僅히別居ᄒᆞᆷ을許ᄒᆞᄂᆞᆫᄃᆡ不過ᄒᆞ고且別居라도오히려容易치못ᄒᆞᆫ것이라ᄒᆞ야當時各國의皇后라도能히離婚을不得ᄒᆞ고羅馬法王에게非常ᄒᆞᆫ贈與ᄅᆞᆯ行ᄒᆞ야承諾을不得ᄒᆞ면其目的을達치못ᄒᆞ얏고大英國의新敎國이라도全혀羅馬法王의離婚을許允치아니ᄒᆞ면不得

또한 국가가 혼인의 지속 및 이혼의 제한과 관련해 취하게 되는 조치를 고찰해보자. 기원전 시기인 고대에는 대개 남편에게만 부인과 이혼하는 것을 허용했다. 그러나 이 제도도 반드시 남녀의 의사에 비추어 올바른 도덕에 부합하는 것이야 했고, 만일 그러지 않을 경우에는 이혼을 허용하지 않았다. 이에 반해 어떤 이유에서든 부인이 혼인을 해소하는 것은 결코 용납하지 않았다. 로마시대에 들어 점차 자유로운 혼인은 쌍방의 의사에 따라 언제든지 해소될 수 있게 되었다. 이는 로마의 도덕적 타락의 징후라 할 수 있다. 기독교가 발생하면서 이 문제에 관한 완전한 법률을 제정하게 되면서 이혼에 관한 그리스도의 말씀 자체가 가장 강한 힘을 얻게 되었다. 그리하여 그리스도교 국가에서는 이혼에 관한 법적 개념이 발달하게 되었고, 특히 구교는 가장 엄격한 혼인법을 규정했다. 그리스도 자신은 간음을 이혼의 사유로 인정했음에도 불구하고 구교의 혼인법에서는 사정이 어떠한지에 관계없이 이혼을 엄격히 금지하고, 다만 별거만을 허용했다. 더욱이 별거마저도 용이하지 못하게 만들었다. 그 당시 한 나라의 황후일지라도 이혼을 할 수 없었고, 로마 교황에게 엄청난 재물을 증여하고서도 교황의 승낙을 얻지 못하면 목적을 달성하지 못했다. 대영제국은 신교국가임에도 교황이 허용하지 않으면 이혼을 할 수 없

ᄒᆞ얏스니此ᄅᆞᆯ要컨ᄃᆡ中古時代에ᄂᆞᆫ離緣에關ᄒᆞᆫ問題ᄅᆞᆯ全혀僧侶의處置로認ᄒᆞ다가近世에至ᄒᆞ야始乃國家가此問題에關係ᄒᆞᆷ을可知ᄒᆞᆯ지로다爾來로天賦權利의說이漸盛ᄒᆞᆷ을當ᄒᆞ야自主自由의議論이亦其勢力을占有ᄒᆞ며法律이漸次로離婚의理由ᄅᆞᆯ擴大ᄒᆞ야此ᄅᆞᆯ古代에比ᄒᆞ면離婚으로ᄒᆞ야곰生ᄒᆞ던困難이크게減少ᄒᆞ얏스나然이나左의二主義ᄂᆞᆫ今日에至ᄒᆞ도록法律上正當의干涉이라是認ᄒᆞᄂᆞ니

第一　婚姻은一方의意思와幷雙方의一致로만解得ᄒᆞᆯ者ㅣ아니오반다시法廷의許可ᄅᆞᆯ不可不要ᄒᆞᆯ것이니라

第二　法廷의許可가至當ᄒᆞᆫ理由가아니면可與치못ᄒᆞᄂᆞᆫ것이니라

蓋宗敎ᄂᆞᆫ元來人의道德과精神에關係된者로써婚姻은決코不可解라ᄒᆞᄂᆞᆫ主張을敢히非難ᄒᆞᆯ것이아니라此ㅣ實로宗敎的婚姻을標準ᄒᆞᄂᆞᆫ바ㅣ나然이나國家ᄂᆞᆫ外部에現出ᄒᆞᄂᆞᆫ所爲如何ᄒᆞᆷ에關ᄒᆞᄂᆞᆫ者ㅣ則或其境遇ᄅᆞᆯ依ᄒᆞ야離婚을承諾치아니치못ᄒᆞᆯ者도有ᄒᆞ미國家가離婚에關ᄒᆞᆫ究意目的은오직偕老同穴ᄒᆞᆷ으로써其標準을ᄉᆞᆷᄂᆞᆫ故로容易히離婚을許可치아니ᄒᆞᄂᆞᆫ所以니라

었다. 이처럼 중세에 이혼에 관한 문제는 전적으로 사제의 처분 대상이었다가, 근대에 들어 마침내 국가가 이 문제와 관계를 맺게 되었다.

그 이후 천부인권설이 점차 왕성해지고 개인의 자유라는 이념이 강화되면서 법률도 점차 이혼사유의 범위를 확대하게 되었다. 그리하여 고대에 비하면 이혼으로 인해 발생하는 곤란한 상황이 크게 감소하게 되었다. 그러나 다음과 같은 두 가지 원칙은 오늘날에도 법률이 이혼에 개입하는 정당한 근거로 인정되고 있다.

첫째, 혼인은 일방의 의사 또는 쌍방의 의사의 합치만으로 해소될 수 있는 것이 아니라, 반드시 법원의 허가를 받아야 한다.

둘째, 법원의 허가는 타당한 근거가 있어야 한다. 그렇지 않으면 혼인을 해소할 수 없다.

종교는 원래 인간의 도덕과 정신에 관련된 것으로서, 혼인은 결코 해소될 수 없다는 주장을 비난할 수는 없고, 현실에서도 종교적 혼인을 표준으로 삼고 있다. 그러나 국가는 도덕이나 정신이 아니라, 외부에서 발생하는 것과 관련을 맺기 때문에 외적인 사정이 있는 경우에는 이혼을 승낙해야 할 수도 있다. 국가에게 이혼을 규율하는 목적은 단지 부부가 해로하는 것을 표준으로 삼아 이혼을 쉽게 허가하지 않는 것일 따름이다.

婦人으로써一個財産이나又男子의玩弄的附屬物로認做ᄒᆞ던古代ᄂᆞᆫ勿論ᄋᆞ고中古士人의制度가行ᄒᆞᆷ에至ᄒᆞ야크게婦人의地位를崇高히認知ᄒᆞ얏스나是ᄂᆞᆫ오직當時에士人이婦人의歡心과愛嬌를買ᄒᆞ기爲ᄒᆞ야其一顰一笑로써重히思ᄒᆞᆯ샏이오可히一國의政權에參與ᄒᆞᆫ者라稱치못ᄒᆞᆯ지라故로婦人은古來브터直接으로國家에關係ᄒᆞᆫ者가아니오其夫나若父에依ᄒᆞ야其權利를代表ᄒᆞᆫ者로認知ᄒᆞ얏더니近世에至ᄒᆞ야婦人에對ᄒᆞᆫ國家의觀念이크게其面目을改ᄒᆞᆷ을從ᄒᆞ야國家의對ᄒᆞᆫ婦人의地位가ᄯᅩᄒᆞᆫ顯著ᄒᆞᆫ進步에至ᄒᆞ니即千七百八十九年에佛國大革命이初起ᄒᆞᆷ을當ᄒᆞ야男子와同一히婦人의게도政權을與ᄒᆞᆯ事로國王에게請求ᄒᆞᆷ이有ᄒᆞᆫ것이其確實ᄒᆞᆫ證例라當時學者곤ᄯᅩ루셰ㅣ氏가亦議院에셔此議論을主張ᄒᆞ얏스나當時議員의多數가此에反對ᄒᆞ야氏의意見이드ᄃᆡ여行치못ᄒᆞ얏스되爾後此思想이滔滔ᄒᆞ야歐洲諸國에傳播되야同一의請願을提起ᄒᆞᆫ者ㅣ亦踵을接ᄒᆞ야起ᄒᆞ며學者가此에唱和賛成ᄒᆞᆫ者가亦不少ᄒᆞ야就中지욘슈쥬아ㅣ도밀氏의其著述이던지國會議場의辯論이던지頻數히婦人의게選擧權을與ᄒᆞ자ᄂᆞᆫ議論을主張ᄒᆞ얏고佛國에도와ᄯᅩ라샏네氏도亦同一ᄒᆞᆫ所說을固持

여성을 재산이나 남성의 부속물로 여기던 고대에는 물론이고 중세의 기사제도가 실행될 때에도 여성의 지위를 높게 인정했다. 이는 오로지 당시의 기사들이 여성의 환심과 애교를 사기 위한 것이고 여성의 기분을 중요하게 생각한 탓이었을 뿐, 여성들이 한 국가의 정권에 참여한 자들이라 볼 수는 없다. 따라서 여성은 오래전부터 직접 국가와 관련을 맺는 사람이 아니라, 남편이나 아버지에 의해 권리를 대리하게 하는 사람으로 여겨졌다. 근대에 들어 여성에 대한 국가의 관점이 크게 바뀌게 되어 국가에 대한 여성의 지위가 현저하게 발전하게 되었다. 1789년의 프랑스 대혁명이 발생하면서 여성도 남성과 마찬가지로 정치적 권력을 부여받아 국왕에게 청원을 할 수 있게 된 것은 그 확실한 증거이다. 프랑스 혁명 당시에 콩도르세*도 의회에서 여성의 청원권을 주장했다. 당시의 의원들 다수가 콩도르세에 반대했기 때문에 콩도르세의 의견이 관철되지 못했다. 그 이후 여성의 권리에 대한 사상이 크게 성장해 유럽의 여러 나라에 전파되었고, 프랑스 혁명 때와 같은 내용의 청원을 제기하는 자가 뒤따르고 학자들도 상당수가 이에 찬성하게 되었다. 이 학자들 가운데 특히 존 스튜어트 밀**은 자신의 저술과 국회에서의 발언을 통해 여성에게 선거권을 부여하자는 견해를 자주 주장했고, 프랑스에서도 에두아르 라불레***가 이러한 견해를 지지

* Marquis de Condorcet(1743-1794). 프랑스의 계몽철학자이자 정치가. 프랑스혁명 직후 여성과 흑인에게도 인권과 시민권을 부여할 것을 주장했고, 노예제의 폐지를 역설했다.

** John Stuart Mill(1806-1873). 영국의 철학자이자 정치가. 1869년에 출간한 《여성의 예속(Subjection of Women)》은 여성의 선거권에 관한 혁명적 전환을 주장했다.

*** Édouard Laboulaye(1811-1883). 프랑스의 법률가이자 정치가.

ᄒᆞ고米國某州에서ᄂᆞᆫ其州治에叅與ᄒᆞᄂᆞᆫ權利를婦人에게與ᄒᆞ자ᄒᆞᆷ이有ᄒᆞ얏스니今에婦人에게選擧權을與ᄒᆞ야國政에叅與ᄒᆞ자ᄂᆞᆫ論旨를分析ᄒᆞ면即左와如ᄒᆞ니

(一) 選擧權은天賦權인故로男女性의殊異를從ᄒᆞ야此를區別ᄒᆞᆯ것이아니니宜乎其男子와女子를勿論ᄒᆞ고共히許與ᄒᆞᆷ이可ᄒᆞᆫ것이오

(二) 代議制度의要ᄂᆞᆫ被治者의承諾을得ᄒᆞ야政治를行ᄒᆞᄂᆞᆫ것이니所謂被治者란것은財産所有者를云ᄒᆞᆫ意味가아니오又男子를云ᄒᆞᆫ意味도아니오맛당이男女兩性을含蓄ᄒᆞᆫ者ㅣ故로政治ᄂᆞᆫ宜乎男女의承諾을得ᄒᆞᆫ然後에可히此를行ᄒᆞᆯ것이오

(三) 女子의選擧權을與치아니ᄒᆞ고此에租稅를賦課ᄒᆞᄂᆞᆫ것은虐政이오

(四) 男子가選擧權을有ᄒᆞᆷ은徵兵義務가有ᄒᆞᆷ을爲ᄒᆞᆫ것이아니오

(五) 利益의安全ᄒᆞᆫ保護者ᄂᆞᆫ本人이니他人에게保護를委托ᄒᆞᄂᆞᆫ것은危險ᄒᆞᆫ事이오

(六) 婦人은婦人의利益을守ᄒᆞ며且此를進就ᄒᆞ기爲ᄒᆞ야選擧權을要ᄒᆞᆷ이라

하고 있으며, 미국의 어떤 주에서는 여성에게 주의 정치에 참여할 권리를 부여하고 있다. 오늘날 여성에게 선거권을 부여해 국정에 참여할 수 있도록 하자는 논거를 분석해보면 다음과 같다.

(1) 선거권은 천부적인 권리이기 때문에 남성과 여성의 차이에 따라 구별할 것이 아니며, 남자 여자를 가리지 않고 똑같이 허용되어야 마땅하다.
(2) 대의제의 핵심은 피지배자의 승낙을 얻어 정치를 수행하는 것이고, 이른바 피지배자는 재산을 소유한 자를 의미하는 것도 아니며 남자를 의미하는 것도 아니고 당연히 남녀 양성을 모두 포함하는 것이므로 정치는 마땅히 남녀의 승낙을 얻은 이후에 수행할 수 있다.
(3) 여성에게 선거권을 부여하지 않으면서 조세를 부과하는 것은 폭정이다.
(4) 남성이 선거권을 갖는 것은 병역의무가 있기 때문이 아니다.
(5) 이익을 안전하게 보호하는 것은 본인의 일이지, 타인에게 보호를 위임하는 것은 위험한 일이다.
(6) 여성은 자신의 이익을 지키고 자신의 이익을 신장시키기 위해 선거권을 필요로 한다.

以上論旨에對ᄒᆞ야反駁을試ᄒᆞᆫ者ㅣ有ᄒᆞ니即婦人에게選擧權을與ᄒᆞᆷ이不可ᄒᆞ다고主張ᄒᆞᄂᆞᆫ者의要旨를摘載ᄒᆞᆯ진ᄃᆡ左와如ᄒᆞ니

(一) 選擧權은天賦權이아니오叅政의技倆이有ᄒᆞᆫ者의與ᄒᆞᄂᆞᆫ것인故로如何ᄒᆞᆫ時代에如何ᄒᆞᆫ國이던지多少의斟酌을行치아니치못ᄒᆞᆷ이오

(二) 婦人의多數ᄂᆞᆫ嫁ᄒᆞ야男子의妻가되ᄂᆞᆫ故로其利益은實際上男子가代表ᄒᆞᆷ이오

(三) 男子가業을分ᄒᆞᆷ은國家의利益이라故로婦人으로ᄒᆞ야곰徵兵의義務를免케ᄒᆞ야써政治에關係치아니케ᄒᆞᆷ이오

(四) 婦人은男子와殊異ᄒᆞᆫ利害가不有ᄒᆞᄃᆡ若或多少間此가有ᄒᆞᆯ진ᄃᆡ男子가此를代表ᄒᆞ면裕足ᄒᆞᆯ지라

以上은婦人의叅政權을許否ᄒᆞᆷ에就ᄒᆞ야一般唱遺ᄒᆞᆫ者ㅣ로ᄃᆡ今에一個學者의所說에對ᄒᆞ야觀察컨ᄃᆡ英國의大儒미루의說과獨逸의碩學ᄲᅮ룬지류ㅣ리의說이全혀五相反對ᄒᆞ야一은選擧權을與ᄒᆞᆷ이可ᄒᆞ다ᄒᆞ고他ᄂᆞᆫ此를可히與치못ᄒᆞᆯ것이라ᄒᆞ니今此에二者의論旨를對照ᄒᆞ야先次로此를與ᄒᆞᆷ이可ᄒᆞ다ᄂᆞᆫ미루氏

이러한 논거를 반박하려고 시도하는 자가 있다. 여성에게 선거권을 부여할 수 없다고 주장하는 자의 논거는 다음과 같다.

(1) 선거권은 천부적 권리가 아니라, 정치에 참여할 능력이 있는 자에게 부여되는 것이기 때문에 시대나 국가에 따라 구체적 상황을 참작할 여지가 있다.
(2) 여성의 다수는 혼인을 해서 남성의 부인이 되기 때문에 여성의 이익은 남성이 대표하게 된다.
(3) 남성이 일을 담당하는 것은 국가에게 이익이 된다. 따라서 여성들에게는 병역의무에서 벗어나게 해서 정치에 관여하지 못하게 해야 한다.
(4) 여성은 남성과 달라서 이해관계가 없고, 만일 어느 정도 이해관계가 있을 때에는 이를 남자가 대리하면 충분하다.

이상의 내용은 여성의 참정권을 허용 또는 거부하는 것과 관련해 일반적으로 주장되는 내용이다. 이와 관련된 개별 학자들의 견해를 살펴보면 영국의 대학자 밀의 견해와 독일의 석학 블룬츨리의 견해가 완전히 상반된다는 것을 알 수 있다. 전자는 여성에게 선거권을 부여할 수 있다고 하고, 후자는 그럴 수 없다고 한다. 따라서 여기서는 이 두 학자의 견해를 비교해보기로 한다. 우선 선거권을 부여하는 것이 가능하다는 밀

의所說을擧ᄒᆞ고次에其反對者ㅣ색부룬지류ㅣ리氏의議論을揭示코자ᄒᆞ노라

(一) 女子ᄂᆞᆫ男子와同一히善良ᄒᆞᆫ支配ᄅᆞᆯ受ᄒᆞᄂᆞᆫ權利가有ᄒᆞ나此善良ᄒᆞᆫ支配ᄂᆞᆫ即代議政治의目的이오

(二) 私法에ᄂᆞᆫ漸次로女子에게獨立權을與ᄒᆞ면셔公法에ᄂᆞᆫ此ᄅᆞᆯ認許치아니ᄒᆞᆷ이不可ᄒᆞᆷ이오

(三) 英國과如히國家의大權을女子에게授與ᄒᆞᆫ國에셔特히參政權을與ᄒᆞᆷ을吝惜ᄒᆞᄂᆞᆫ것은實로怪訝ᄒᆞᆯ事이오

(四) 女子ᄂᆞᆫ其家長과共히選擧權을使用ᄒᆞᆯ者ᅵᆫ故로(妻ᄂᆞᆫ其夫와共히娘은其父와共히) 女子에게選擧權을與ᄒᆞᆯ時에ᄂᆞᆫ國家의柱石이라稱ᄒᆞᄂᆞᆫ家長의權利가通常一個人의無妻者와或無娘者의比ᄒᆞ면幾分重要ᄒᆞᆫ地位에在ᄒᆞᆫ者ㅣ라稱ᄒᆞᆯ것이오

(五) 婦人의勢力이政治의波及ᄒᆞᆷ은可히避치못ᄒᆞᆯ事이요且其勢力이間接된時에ᄂᆞᆫ無責任이됨으로써弊害가多有ᄒᆞᆫ故로此에參政權을與ᄒᆞ야其勢力으로ᄒᆞ야곰直接이되게ᄒᆞ야써其無責任의弊害ᄅᆞᆯ防禦ᄒᆞᆷ이可ᄒᆞᆫ지라

의 견해를 언급하고, 그 다음에 이에 반대하는 블룬츨리의 논거를 제시하겠다.

(1) 여성은 남성과 똑같이 좋은 지배를 받을 권리가 있다. 이 좋은 지배는 곧 대의정치의 목적이다.
(2) 사법(私法)에서는 점차 여성에게 독립적인 권리를 부여하면서 공법에서는 이러한 권리를 허용하지 않는 것은 불가능하다.
(3) 영국과 같이 최고 권력을 여성(여왕)에게 부여한 국가에서 특히 참정권을 여성에게 거부하는 것은 괴이한 일이다.
(4) 여성은 가장과 함께 선거권을 행사할 것이기 때문에 (부인은 남편과 함께, 딸은 아버지와 함께) 여성에게 선거권을 부여할 때에는 국가의 초석이라고 부르는 가장의 권리가 부인이 없거나 딸이 없는 다른 개인들에 비해 더욱 중요하게 될 것이다.
(5) 여성의 힘이 정치에 영향을 미치는 것은 피할 수 없는 일이다. 만일 여성의 영향력이 간접적으로만 행사된다면 책임을 부담하지 않는 폐단이 발생할 것이다. 따라서 여성에게 참정권을 부여해 여성의 영향력이 직접적으로 발생하게 만들어 이에 대한 책임을 부담하지 않는 폐해를 방지해야 한다.

以上미루氏의論旨에對ᄒᆞ야ᄲᅳ룬지류ㅣ리氏ᄂᆞᆫ右最後의理由即婦人의間接으로持ᄒᆞᆫ無責任의勢力을直接으로有ᄒᆞᆫ責任의勢力으로作成케ᄒᆞᆷ이可ᄒᆞ다ᄂᆞᆫ議論은婦人의選擧權을主張ᄒᆞᄂᆞᆫᄃᆡ가장有力ᄒᆞᆫ者ㅣ나然이나오히려其大體上으로觀ᄒᆞ면婦人에게選擧權을與ᄒᆞᆷ이不可ᄒᆞᆫ理由가亦夥多ᄒᆞ니此를列擧ᄒᆞ건ᄃᆡ

(一) 凡開明諸國이從來로婦人에게選擧權을不與ᄒᆞᆷ에對ᄒᆞ야其揆가如一ᄒᆞᆫ것은此를與ᄒᆞᄂᆞᆫ것이人類의感情에反對되ᄂᆞᆫ證據로認知ᄒᆞᆯ것이오

(二) 婦人의働作ᄒᆞᄂᆞᆫ適當의範圍ᄂᆞᆫ家內가是也라然이나若公務에從事ᄒᆞ며政治上競爭에立ᄒᆞᆫ時에ᄂᆞᆫ自然其本務를怠ᄒᆞᆷ에至ᄒᆞᆯ터이니若玆에其本務를怠ᄒᆞᆯ진ᄃᆡ婦人의道德을損傷ᄒᆞ며母와妻된愛情을減ᄒᆞ며齊家의技倆을減ᄒᆞ야特有ᄒᆞᆫ愛嬌를薄ᄒᆞᆷ에至ᄒᆞᆯ것은自然의勢ㅣ니此等數多의損失을償充ᄒᆞᄂᆞᆫ好道理ᄂᆞᆫ即政治에參與치아니케ᄒᆞᆷ에不過ᄒᆞᆷ이오

(三) 元來國家ᄂᆞᆫ男子的性質이有ᄒᆞᆫ者ㅣ어ᄂᆞᆯ婦人의柔弱으로ᄡᅥ且精神經驗的의分子를添加ᄒᆞᆯ時에ᄂᆞᆫ自然國家의元氣를沮喪ᄒᆞᆷ이不尠ᄒᆞᆯ것이오

(四) 婦人으로ᄡᅥ政治에參與케ᄒᆞᆷ으로生ᄒᆞᄂᆞᆫ最大의危險ᄒᆞᆫ事ᄂᆞᆫ是로由ᄒᆞ야

이와 같은 밀의 논거에 대해 블룬츨리는 앞에서 말한 밀의 마지막 논거, 즉 부인이 간접적으로 영향력을 행사해 이에 대해 책임을 부담하지 않기 때문에 직접적으로 영향력을 행사하도록 만들어 책임을 부담하도록 해야 한다는 논거가 여성의 참정권을 주장할 때 가장 강력한 논거라고 본다. 그러나 전반적으로 살펴볼 때 여성에게 참정권을 부여할 수 없는 근거가 더 많다고 하면서, 다음과 같은 근거들을 열거한다.

(1) 모든 문화국가들이 예전부터 여성에게 선거권을 부여하지 않았다는 점에서 모두 동일하다는 것은 이를 부여하는 것이 인간의 감정에 반한다는 증거로 볼 수 있다.
(2) 여성이 활동하는 영역은 가족 내부가 적당하다. 그러나 만일 여성이 공무에 종사하고 정치적 경쟁을 하게 될 때에는 여성의 본래 업무에 태만하게 되는 상황에 도달할 것이고, 본래의 업무를 태만히 하게 되면 여성의 도덕을 손상하게 될 것이며, 어머니와 아내로서의 애정이 감소되고 살림할 능력도 감소될 것이며 자연스럽게 여성의 섬세한 감각과 사랑스러움도 약해지는 상태에 도달하고 말 것이다. 이러한 여러 가지 손실을 상쇄하기 위해 가장 좋은 원칙은 곧 여성이 정치에 참여하지 못하게 하는 것이다.
(3) 원래 국가는 남성적 성격을 갖고 있는데 여기에 여성의 유약함이라는 정신적 및 경험적 요소가 첨가될 때에는 자연히 국가의 기력이 감소하고 상실될 수 있다.
(4) 여성에게 정치 참여를 가능하게 만들 경우 발생하는 가장 커다란 위험은 이로 말미암아

政治海에情의分子가跋扈ᄒᆞ며道理의勢力이衰頹홈에至ᄒᆞᆯ지니라

此外셰룬지류ㅣ리氏ᄂᆞᆫ미루氏가婦人에게選擧權을與홈이可ᄒᆞ다ᄂᆞᆫ第一의理由卽女子ᄂᆞᆫ男子와同一히善良ᄒᆞᆫ支配ᄅᆞᆯ受ᄒᆞᄂᆞᆫ權利가有ᄒᆞ다ᄂᆞᆫ論議ᄅᆞᆯ評ᄒᆞ야曰若此論議로써推究ᄒᆞᆯ時에ᄂᆞᆫ小兒라도亦選擧權을不可不與ᄒᆞᆯ지라何오ᄒᆞ면小兒로셔善良ᄒᆞᆫ支配ᄅᆞᆯ受ᄒᆞᄂᆞᆫ事가決코婦人과差異ᄒᆞᆯ것이無ᄒᆞᆫ故ㅣ오又曰善良ᄒᆞᆫ支配의權利中에ᄂᆞᆫ政治에參與ᄒᆞ라ᄂᆞᆫ權利ᄅᆞᆯ含有ᄒᆞᆫ바아니라盖前者ᄂᆞᆫ受動的의權利에屬홈이오後者ᄂᆞᆫ自動的의權利에屬ᄒᆞᆫ것으로此에參與ᄒᆞᆯ技倆이有ᄒᆞᆫ者ㅣ아니면決코可得지못ᄒᆞᄂᆞᆫ者라ᄒᆞ고氏가又女帝ᄅᆞᆯ推戴ᄒᆞ면서政權을婦人에게不與홈은事理에乖當ᄒᆞ다ᄂᆞᆫ說을評ᄒᆞ야曰是ᄂᆞᆫ畢竟女帝ᄅᆞᆯ奉戴ᄒᆞᆫ理由ᄅᆞᆯ不知ᄒᆞᄂᆞᆫ듸에셔出ᄒᆞᆫ疑問이니古昔時代에ᄂᆞᆫ一國元首의地位와其領土ᄅᆞᆯ恒常相伴ᄒᆞᆫ者로認知ᄒᆞᆫ故로古來元首의地位ᄅᆞᆯ一家의財産과如히推認ᄒᆞ야或父帝가死ᄒᆞ고男子가其祚ᄅᆞᆯ踐有ᄒᆞᆯ者ㅣ無ᄒᆞᆫ時에ᄂᆞᆫ其領土ᄅᆞᆯ相續ᄒᆞᄂᆞᆫ意로써婦人이라도其帝位ᄅᆞᆯ繼承ᄒᆞᄂᆞᆫ習慣이生홈이오決코其政權統括의理由로셔起ᄒᆞᆫ바아니라然이나近世國家에至ᄒᆞ야ᄂᆞᆫ封建的國家의觀念을脫却ᄒᆞ야公法과

> 정치의 영역에 감정적 요소가 난무하고 이성의 힘이 쇠퇴하게 되는 것이다.

이밖에도 블룬츨리는 밀이 여성에게 선거권을 부여해야 한다는 첫 번째 근거로 삼은 내용, 즉 여성은 남성과 마찬가지로 좋은 지배를 받을 권리가 있다는 논거를 다음과 같이 비판한다. 만일 이 논거에 따른다면 어린 아이에게도 선거권을 부여해야 하는 결론에 도달해야 한다. 왜냐하면 어린 아이 역시 좋은 지배를 받아야 한다는 점에서는 여성과 아무런 차이가 없기 때문이다. 또한 좋은 지배를 받을 권리에는 정치에 참여할 권리가 포함되어 있는 것이 아니다. 전자는 소극적 권리에 속하고, 후자는 적극적 권리에 속한다. 따라서 정치에 참여할 능력이 있는 자가 아니면 결코 이 권리를 획득할 수 없다고 한다. 그리고 여왕을 추대하면서도 여성에게는 정치적 권력을 허용하지 않는 것은 논리에 반한다는 밀의 논거에 대해서도 블룬츨리는 다음과 같이 비판한다. 밀의 이 논거는 여왕을 추대하는 이유를 제대로 이해하지 못한 데 기인한 것 같다고 하면서 다음과 같은 점을 지적한다. 옛날에는 국가원수의 지위와 국가의 영토가 서로 밀접하게 맞물려 있는 것으로 생각했다. 그 때문에 국가원수의 지위를 한 가족의 재산과 동일한 것으로 여겼고, 만일 왕이 사망한 이후 왕위를 계승할 남자가 없을 때에는 영토를 상속한다는 의미에서 여성일지라도 왕위를 계승하는 관습이 형성되었을 뿐이다. 이 관습은 결코 정치권력의 승계라는 의미로 성립한 것은 아니다. 다만 근대국가에 들어서 봉건국가적 사고에서 벗어나 공법과

私法의區別을嚴守ᄒᆞᆷ에至ᄒᆞ미帝位繼承의一事에對ᄒᆞ야國家의性質이其婦人의本分等을依ᄒᆞᄂᆞᆫ것보다차라리其系統을重ᄒᆞᆷ에至ᄒᆞᆫ것이니라

第八章　國家와個人

一個人은家族의一員이나或階級의一員으로其國家에關係가有ᄒᆞᆯ뿐아니라又一個人으로直接의關係가有ᄒᆞᆫ者ㅣ니是ᄂᆞᆫ近代의政理及憲法에此等直接의關係를說ᄒᆞᆫ者ㅣ最多ᄒᆞᆫ지라故로國家學講究의序次로此를論述ᄒᆞᆷ은即不得已ᄒᆞᆫ形勢라云ᄒᆞᆯ지니今此를論述ᄒᆞᆷ에在ᄒᆞ야先次其本國人과外國人이라ᄂᆞᆫ差別을說코져ᄒᆞ노라

本國人과外國人의差別은專혀人種의區別을據ᄒᆞᆷ이오其住居等은第二의區別이라ᄒᆞᆷ이可ᄒᆞ나此를別論ᄒᆞ면人이國家에對ᄒᆞᆫ第一의關係ᄂᆞᆫ即國民된關係ㅣ요土地의關係ᄂᆞᆫ第二의關係라稱ᄒᆞᆯ지라然이나如何ᄒᆞᆫ者를指ᄒᆞ야本國人이라云ᄒᆞᄂᆞ뇨ᄒᆞᄂᆞᆫ問題에對ᄒᆞ야大體로論ᄒᆞ면系統은左의條件을依ᄒᆞ야定ᄒᆞᄂᆞᆫ者라謂ᄒᆞᆯ지로다

(甲)出生ᄒᆞᆫ場所　出生ᄒᆞᆫ場所에依ᄒᆞ야本國人이라否라ᄒᆞᄂᆞᆫ區別의制ᄂᆞᆫ專혀

사법의 구별을 엄격히 준수하게 되었지만, 왕위승계의 문제와 관련해 국가의 성격을 여성의 본분 따위보다는 차라리 혈통을 중시하는 방향으로 발전하게 되어 여왕이 존재하게 되었을 뿐이다.

제8장 국가와 개인

한 개인은 가족의 일원이나 계급의 일원으로서 국가와 관계를 맺을 뿐만 아니라, 개인으로서 직접 국가와 관계를 맺기도 한다. 근대의 정치이론과 헌법에서는 이와 같은 직접적 관계를 서술하는 내용이 가장 많이 등장한다. 따라서 국가학 연구가 이 관계를 서술하지 않을 수 없는 상황에 도달했다. 이제부터 국가와 개인의 관계를 서술하면서 먼저 내국인과 외국인의 구별을 설명하겠다.

내국인과 외국인의 구별에서는 무엇보다 인종의 구별이 중요하고, 거주하는 장소 등은 이차적인 구별일 따름이다. 이와는 별개로 사람이 국가와 맺는 첫 번째 관계는 국민으로서의 관계이고, 영토와의 관계는 이차적인 의미를 갖는 관계이다. 그러나 누구를 내국인으로 볼 것인지의 문제와 관련해서는 일반적으로 혈통을 중심으로 다음과 같은 조건을 통해 정하게 된다.

(1) 출생지: 출생지를 통해 내국인 여부를 구별하는 제도는 전적으로

中古時代에行ᄒᆞ던者인ᄃᆡ英國에ᄂᆞᆫ今尙此制ᄅᆞᆯ用ᄒᆞ야其法律에本國人이라否라ᄒᆞᄂᆞᆫ區別이出生ᄒᆞᆫ場所가英國인가否ᄒᆞᆫ가ᄒᆞᄂᆞᆫ區別과如ᄒᆞᆫ者ㅣ니故로英國法律에本國人이라認ᄒᆞᄂᆞᆫ者ᄂᆞᆫ其本土나幷其領地에서出生ᄒᆞᆫ者ᄂᆞᆫ勿論이오又其英國船舶中에서生ᄒᆞ거나英國公使館에서生ᄒᆞᆫ者以外에ᄂᆞᆫ英人이라認知치아니ᄒᆞ더니近年에至ᄒᆞ야是等法律의解釋이漸次로其範圍ᄅᆞᆯ擴大ᄒᆞ야비록外國에서生ᄒᆞᆫ者라도英國人의子인則亦英國人이라認ᄒᆞᄂᆞ니如斯히本國人에關ᄒᆞᆫ法律의解釋이其範圍가益廣ᄒᆞᆷ을從ᄒᆞ야歸化에關ᄒᆞᆫ法律도亦漸次寬大ᄒᆞᆷ에至ᄒᆞ얏다ᄒᆞ고其他合衆國의法律도亦英國法律과其主義ᄅᆞᆯ同一ᄒᆞᆫ者라謂ᄒᆞᄂᆞ니라

(乙)住居　住居에依ᄒᆞ야本國人과外國人의差別을立ᄒᆞᆷ은其出生地의如何ᄂᆞᆫ不問ᄒᆞ고但其兩親의永住地와本人의永住地에依ᄒᆞ야或은此ᄅᆞᆯ本國人이라ᄒᆞ며或은外國人이라ᄒᆞᆷ이니夫永住地의如何ᄅᆞᆯ依ᄒᆞ야區別ᄒᆞᄂᆞᆫ것은其交通이頻繁ᄒᆞ고移住가盛行ᄒᆞᄂᆞᆫ近代에至ᄒᆞ야ᄂᆞᆫ크게其觀念에適合ᄒᆞᆫ者ㅣ라墺太利에서ᄂᆞᆫ古昔時代ᄇᆞ터此主義에依ᄒᆞ야本國人이라否라ᄒᆞᆷ을區別ᄒᆞ얏고

중세에 행해진 것이다. 영국에서는 오늘날에도 이 제도를 사용해 법률에 내국인 여부를 출생지가 영국인지 여부에 따라 구별하도록 규정하고 있다. 따라서 영국의 법률은 영국 본토나 식민지에서 출생한 자, 영국의 선박에서 출생한 자 및 영국 대사관에서 출생한 자 이외에는 영국인으로 인정하지 않는다. 하지만 최근 들어 이 법률에 대한 해석의 범위를 점차 넓혀 비록 외국에서 출생했을지라도 영국인의 자녀인 경우에는 영국인으로 인정하고 있다. 이와 같이 내국인에 관한 법률해석의 범위가 확대됨에 따라 귀화에 관한 법률도 점차 관대해지고 있다. 또한 아메리카 합중국의 법률도 영국의 법률과 동일한 원칙에 기초하고 있다는 점을 밝혀둔다.

(2) 거주지: 거주지에 따라 내국인과 외국인을 구별한다는 것은 출생지에 관계없이 부모의 지속적 거주지와 본인의 지속적 거주지를 통해 구별하는 것이다. 이는 교통이 발달하고 이주가 활발해진 근대에 들어 상당히 높은 타당성을 갖는 사고라 할 수 있다. 오스트리아는 오래 전부터 거주지 중심의 원칙을 통해 내국인 여부를 구별했고

日耳曼聯邦內에도亦此主義를執ᄒᆞᆫ者ㅣ有ᄒᆞ니라

(丙)町村組合에加入ᄒᆞᆫ事 町村組合에加入홈으로써本國人의證據를爲홈은專혀瑞西에셔行ᄒᆞᄂᆞᆫ制度인ᄃᆡ同國法律을依ᄒᆞᆫ則町村組合에加入ᄒᆞᆫ者ᄂᆞᆫ府縣의一員으로瑞西聯邦의國民됨을得ᄒᆞᄂᆞ니此町村組合에列ᄒᆞᆫ權利ᄂᆞᆫ其出生地와或其住居에依홈이아니오專혀其系統에由ᄒᆞᆫ者ㅣ니故로外國에住居ᄒᆞ야도其町村組合의列에參入ᄒᆞᆫ者의子孫은擧皆瑞西人으로承認ᄒᆞᄂᆞ니라

(丁)一身上의關係 近代諸國에ᄂᆞᆫ本國人과外國人의區別홈을當ᄒᆞ야出生의場所나或住居의年限等뿐으로써標準을不爲ᄒᆞ고大概國民의子孫된것과國民內에加入ᄒᆞᆫ事實로써是를區別ᄒᆞᆫ것이니卽一身上의關係에依ᄒᆞ야本國人과外國人의區別을得홈이라然이나其出生ᄒᆞᆫ場所와住居의年限이全혀此制에關係가無ᄒᆞ다謂치못ᄒᆞᆯ지니間間此로써斟酌을合ᄂᆞᆫ要素가有홈은勿論이로ᄃᆡ오직其區別의標準ᄒᆞᄂᆞᆫ本位와補助의差異가有ᄒᆞᆯ뿐이라然이나一身上의關係로써本國人과外國人의區別을爲ᄒᆞᄂᆞᆫ制度ᄂᆞᆫ專혀佛蘭西普魯西日耳曼帝國等이是也라

독일연방 내에서도 이 원칙을 취하는 국가가 있다.

(3) 지역조합의 가입 여부: 지역조합*에 가입했는지를 내국인 여부의 근거로 삼는 것은 오로지 스위스에서만 행해지는 제도이다. 스위스의 법률에 따르면 지역조합에 가입한 자는 해당하는 지역민으로서 스위스 연방의 국민이 될 수 있다. 지역조합에 가입할 권리는 출생지와 거주지에 의해 결정되는 것이 아니라, 전적으로 혈연에 근거한다. 따라서 외국에 거주할지라도 지역조합의 구성원인 자의 자손은 대부분 스위스인으로 인정된다.

(4) 개인적 관련성: 여러 근대국가에서는 내국인과 외국인을 구별할 때 출생지 또는 거주 연한을 기준으로 삼기보다는 일반적으로 국민의 자녀라는 사실과 국민으로 가입한 사실을 기준으로 삼는다. 즉 개인적 관련성을 통해 내국인과 외국인을 구별할 수 있다고 본다. 그러나 출생지와 거주 연한이 이 제도와 아무런 관계가 없다고 볼 수는 없다. 즉 때로는 이러한 요소를 고려하는 경우도 있다. 다만 구별의 핵심적 기준인지 보조적 기준인지의 차이만 있을 뿐이다. 개인적 관련성에 따라 내국인과 외국인을 구별하는 제도를 따르는 경우로는 프랑스와 프로이센제국 등이 있다.

* 독일어 원어는 'Gemeindeverband'이다. '지역단체'라는 번역이 더 적절하다.

此를要컨ᄃᆡ系統과出生의場所와住居歸化及婚姻等의種種ᄒᆞᆫ條件으로結合ᄒᆞ야所謂本國人의資格을得ᄒᆞᆫ者ㅣ로ᄃᆡ今此를概括ᄒᆞ야論ᄒᆞ면本國人이라ᄂᆞᆫ資格은左의三條件의一에依ᄒᆞ야可得ᄒᆞᆯ者라云ᄒᆞ노니

第一　出生　父된者가一國의國民된時에ᄂᆞᆫ其出生ᄒᆞᆫ子가亦同一히其國民됨을得ᄒᆞᆯ지오私生子가된時에ᄂᆞᆫ母의本國에屬ᄒᆞ고棄子ᄂᆞᆫ其見出된國에屬ᄒᆞᄂᆞ니라

第二　婚姻　外國의婦人은其嫁出ᄒᆞᆫ夫의家族에加ᄒᆞᄂᆞᆫ同時에又夫의國의國民이되ᄂᆞᆫ것이니라

第三　歸化　外國人이라도此法에依ᄒᆞ야本國人으로承認ᄒᆞᄂᆞᆫ것이有ᄒᆞ나然이나歸化의條件이其國을從ᄒᆞ야各各不同ᄒᆞ니或國에ᄂᆞᆫ此를强히奬勵ᄒᆞ며或國에ᄂᆞᆫ此를아모죠록拒絕ᄒᆞᄂᆞ니大抵國家가永住ᄒᆞᄂᆞᆫ것으로써歸化의條件을삼으나特히行政部의許諾을得ᄒᆞ거나又立法部의認可를得ᄒᆞᄂᆞᆫ必要가有ᄒᆞ며或은又一國의官吏가되ᄂᆞᆫ同時에其國의國民되ᄂᆞᆫ權利를得ᄒᆞᄂᆞᆫ境遇가有ᄒᆞ니日本에ᄂᆞᆫ其外國人된者가自己本國의關係를解ᄒᆞᆷ으로써歸化의必

내국인의 자격에 관한 이러한 제도들은 혈통, 출생지, 거주지, 귀화 및 혼인 등 여러 가지 조건과 결부시키는 제도이다. 오늘날의 전반적인 경향에 비추어 볼 때 내국인의 자격은 다음의 세 가지 조건 가운데 어느 하나에 의해 취득된다고 볼 수 있다.

1. 출생: 아버지가 한 국가의 국민일 경우 그로부터 출생한 자녀 역시 이 국가의 국민이 된다. 다만 사생아인 경우에는 어머니의 국적에 속하고, 유기된 아동의 경우에는 발견된 국가에 속한다.
2. 혼인: 외국인인 부인은 혼인을 한 남편의 가족에 속하는 동시에 남편의 국가의 국민이 된다.
3. 귀화: 외국인일지라도 법률에 근거해 내국인으로 승인을 받을 수 있다. 하지만 귀화의 조건은 각 국가마다 다르다. 어떤 국가에서는 귀화를 강하게 장려하고, 어떤 국가에서는 귀화를 최대한 거부한다. 일반적으로 한 국가에 지속적으로 거주하는 것을 귀화의 조건으로 삼지만, 특히 행정부의 승인을 얻거나 입법부의 허가를 얻을 필요가 있다. 또는 한 국가의 공무원이 됨과 동시에 이 국가의 국민이 될 권리를 취득하는 경우도 있다. 일본에서는 외국인인 자가 본국과의 관계를 해소하는 것을 귀화의 필

要條件을定홈이니라

以上陳述ᄒᆞᆫ바ᄂᆞᆫ一國民된資格을得ᄒᆞᄂᆞᆫ順序에關ᄒᆞᆫ것으로人이國家에對ᄒᆞᆫ直接의關係를生ᄒᆞᆫ所以를叙述ᄒᆞᆫ바어니와是를反ᄒᆞ야今에人이一國民된資格을失ᄒᆞᄂᆞᆫ것으로國家에對ᄒᆞᆫ關係의絶斷됨이即左의三種이有ᄒᆞ니

第一 死去 凡人이毋論其所生ᄒᆞᆫ國籍에列ᄒᆞᆫ者가多ᄒᆞ나然이나一旦死去ᄒᆞᆫ時에ᄂᆞᆫ其死亡과共히其國家의關係가斷絶ᄒᆞᄂᆞᆫ것은반다시再論ᄒᆞᆯ것이無ᄒᆞᆷ이오

第二 婚姻 他國人에嫁ᄒᆞ야其國의國民이되ᄂᆞᆫ婦人은婚姻前에屬ᄒᆞ얏던國의關係ᄂᆞᆫ婚姻을依ᄒᆞ야此를失ᄒᆞᆷ이오

第三 解放 一國民이其國民籍에列ᄒᆞᆫ것은其人一身上의權利인故로雖外國에移住ᄒᆞ며又永住ᄒᆞᆯ지라도其權利를不失ᄒᆞ나然이나若其人이國民된權利를抛棄ᄒᆞ고國家가此를解放ᄒᆞᆯ時에ᄂᆞᆫ國과人의關係가斷絶ᄒᆞᆫ者라謂치아니치못ᄒᆞᄂᆞ니往時에ᄂᆞᆫ國民이外國에移住ᄒᆞᄂᆞᆫ것과又其外國의國民되ᄂᆞᆫ것을甚히妨礙ᄒᆞ얏스되近世에至ᄒᆞ야ᄂᆞᆫ此를自由에任ᄒᆞᆫ者ㅣ多矣라然이나若國

요조건으로 규정하고 있다.

앞에서 서술한 내용은 국민의 자격을 취득하는 과정에 관한 것으로서 개인이 국가와 직접적인 관계를 맺게 되는 이유를 설명하기 위한 것이었다. 이와는 달리 개인이 국민의 자격을 상실함으로써 국가와의 관계가 단절되기도 하는데, 여기에는 다음 같은 세 가지 경우가 있다.

1. 사망: 대부분의 사람은 자신이 출생한 국가의 국적을 갖지만, 일단 사망하면 사망과 함께 국가와의 관계가 단절된다. 이 점은 특별히 논의할 필요가 없다.
2. 혼인: 외국인과 혼인해 그 국가의 국민이 된 여성은 혼인 전에 속했던 국가와의 관계를 상실한다.
3. 국적취소: 국민이 자신이 속한 국가의 국적을 갖는다는 것은 그의 개인적 권리에 해당하기 때문에 설령 외국으로 이주해 그곳에서 지속적으로 거주할지라도 이 권리를 상실하지 않는다. 그러나 이 국민이 국민의 권리를 포기하고 국가가 그의 국적을 취소한 때에는 국가와 개인의 관계가 단절된다고 보아야 한다. 과거에는 국민이 외국으로 이주하고 이주한 국가의 국민이 되는 것을 억제했지만, 오늘날에는 이를 개인의 자유에 맡기는 경우가 더 많다. 하지만 만일 국

民이更히本國에不歸ᄒᆞᆯ目的으로써外國에殖民ᄒᆞᆫ境遇가有ᄒᆞ야ᄂᆞᆫ其從來의國民된權利ᄅᆞᆯ拋棄ᄒᆞᆫ者라解釋ᄒᆞᄂᆞᆫ故로其國民된權利가亦從ᄒᆞ야消滅되ᄂᆞᆫ것이오又近代에至ᄒᆞ야一人으로二國의國民된權利ᄅᆞᆯ得有ᄒᆞ며國家가此ᄅᆞᆯ妨礙치아니ᄒᆞᆷ이往往有之ᄒᆞ되若其兩方에對ᄒᆞ야其義務ᄅᆞᆯ不可不盡ᄒᆞᆯ境遇에ᄂᆞᆫ或混雜의弊가惹起ᄒᆞᆯ慮가有ᄒᆞᆫ則此等特例ᄂᆞᆫ아모조록廢止ᄒᆞᆷ이可ᄒᆞᆫ지라

國民된權利ᄅᆞᆯ得ᄒᆞ고失ᄒᆞᆷ에關ᄒᆞᆫ條件은其國을依ᄒᆞ야各各不同ᄒᆞᆫ故로往往混雜이生ᄒᆞᄂᆞ니即一人으로써互相其國의臣民이라ᄒᆞ야相爭ᄒᆞ거나又二國이共히自國의國民됨을不認ᄒᆞᄂᆞᆫ境遇가亦往往有之ᄒᆞ니然則此等의混雜을避ᄒᆞ기爲ᄒᆞ야北米合衆國과北獨逸聯邦卽今日獨逸帝國에서千八百六十八年에互相條約을締結ᄒᆞᆫ事가有ᄒᆞ니其條約을依ᄒᆞ면雙方의國民이他一方에歸化ᄒᆞ야五年以上을經過ᄒᆞᆫ時에ᄂᆞᆫ前의關係ᄂᆞᆫ此ᄅᆞᆯ因ᄒᆞ야斷絕되고其人民은歸化國의國民됨을示ᄒᆞ얏고此外英國과合衆國에도亦同年同一의主義ᄅᆞᆯ依ᄒᆞ야條約을結ᄒᆞᆫ以來로他國이亦此ᄅᆞᆯ贊成ᄒᆞᄂᆞᆫ傾向이多有ᄒᆞᆫ지라

민이 다시 본국으로 돌아오지 않을 목적으로 외국으로 이주하는 경우에는 기존의 국민으로서의 권리를 포기하는 것으로 해석하기 때문에 이 국민으로서의 권리 또한 소멸하게 된다. 또한 근대에 들어 한 개인이 두 국가의 국민으로서의 권리를 취득하더라도 국가가 이를 제한하지 않는 경우도 자주 있다. 하지만 두 국가 모두에 대해 국민으로서의 의무를 이행하지 못할 경우에는 혼란을 야기할 우려가 있기 때문에 이와 같은 특례는 폐지하는 것이 마땅하다.

국민의 권리를 취득하고 상실하는 조건은 각 국가마다 다르기 때문에 때로는 혼란이 발생한다. 즉 한 개인이 자기 국가의 국민이라고 서로 다투거나 두 국가 모두 자기 국민이 아니라고 부인하는 경우가 자주 있다. 이와 같은 혼란을 피하기 위해 미합중국과 북독일연방, 즉 현재의 독일제국이 1868년에 상호 조약을 체결한 사례가 있다. 이 조약에 따르면 양 국가의 국민이 상대방 국가에 귀화해 5년이 경과한 때에는 이로 인해 그 이전의 국적관계가 단절되고, 해당하는 인민은 귀화한 국가의 국민이 된다고 규정했다. 이밖에도 영국과 미합중국은 같은 해인 1868년에 동일한 내용의 조약을 체결했고, 다른 국가들도 이 조약에 찬성하는 경향이 강하다.

元來一國國民된關係ᄂᆞᆫ但其公法上部分에屬ᄒᆞᆯ뿐아니라又私法上部分에屬ᄒᆞᆫ者가有ᄒᆞᆫ故로往時에ᄂᆞᆫ國民과外國人의區別을但其公法上의關係로써足치아니ᄒᆞ고又私法上의關係ᄭᆞ지라도此ᄅᆞᆯ區別ᄒᆞᄂᆞᆫ것이極히肝要ᄒᆞᆫ事ㅣ라ᄒᆞ얏더니近代에至ᄒᆞ야私法上權利에內外區別을不立ᄒᆞᆷ에至ᄒᆞᆫ지라彼外國人의게土地所有ᄅᆞᆯ不許ᄒᆞᆷ과及其外國人은何商賣ᄅᆞᆯ不行ᄒᆞᆫ다ᄂᆞᆫ事가極稀ᄒᆞ야一般通常의例가아니로되是ᄅᆞᆯ反ᄒᆞ야公法上關係에至ᄒᆞ야ᄂᆞᆫ本國人과外國人의區別이而今判然ᄒᆞᆫ것이如左ᄒᆞᆫ公法上諸權利ᄅᆞᆯ特히附與치아니면其外國人된者가可히此ᄅᆞᆯ得有치못ᄒᆞᄂᆞᆫ것이니라

(甲) 國土에永住ᄒᆞᄂᆞᆫ權利　本國人은重大ᄒᆞᆫ政治上의理由가不有ᄒᆞ면決코外國에拿渡ᄒᆞ거나又放逐ᄒᆞᆷ을不得ᄒᆞᆷ이오

(乙) 國家의保護ᄅᆞᆯ享受ᄒᆞᄂᆞᆫ權利　本國人이縱令外國에住ᄒᆞ야도오히려國家의保護ᄅᆞᆯ享受ᄒᆞᄂᆞᆫ權利가有ᄒᆞᆷ이오

(丙) 叅政의權利及公民權

(丁) 官吏에任ᄒᆞᄂᆞᆫ權利

한 국가의 국민이라는 관련성은 공법의 영역에만 속하는 것이 아니라, 사법의 영역에도 속하기 때문에 때로는 국민과 외국인의 구별을 공법적 관계에만 국한시키는 것이 아니라, 사법적 관계에까지 확장하는 것은 매우 중요한 일이다. 하지만 최근에는 사법적 권리와 관련해서는 내국인과 외국인을 구별하지 않는 상태로 발전했다. 즉 외국인에게 토지소유를 허용하지 않거나 외국인에게 상거래를 금지하는 경우는 극히 희소하기 때문에 일반적이고 통상적인 사례라 할 수 없게 되었다. 이에 반해 공법적 관계에서는 내국인과 외국인의 구별이 여전히 명확하게 이루어지고 있다. 특히 다음과 같은 공법적 권리는 외국인에게 특별히 부여하지 않는 이상 외국인이 이를 취득할 수는 없다.

(1) 국토에 영주할 권리: 내국인은 중대한 정치적 사유가 있지 않는 이상 다른 국가에 인도하거나 추방할 수 없다.
(2) 국가의 보호를 향유할 권리: 내국인은 설령 외국에 거주할지라도 국가의 보호를 향유할 권리가 있다.
(3) 참정권 및 공민권
(4) 공무원에 임명될 권리

(戊) 集會請願及出版等의諸權利

是等의諸權利ᄂᆞᆫ內國人에限有ᄒᆞᆫ者나然이나外國人은全혀是等의權利가無有ᄒᆞᆫ다云ᄒᆞᆷ이아니오오작特히附與치아니면此를不得ᄒᆞᆫ다云ᄒᆞᆷ이라公民이란者ᄂᆞᆫ一般國民과差別이有ᄒᆞᆫ것은公民은國民된바權利를有ᄒᆞᆯ뿐아니라又完全ᄒᆞᆫ政治上에權利를有ᄒᆞᆫ者이니盖公民되ᄂᆞᆫ者의條件이亦時代을從ᄒᆞ야大異ᄒᆞ미古代希臘及羅馬에ᄂᆞᆫ首府의人民으로써公民이라ᄒᆞ고中古時代에ᄂᆞᆫ或土地를有ᄒᆞᆫ者나或特權을有ᄒᆞᆫ一階級으로써公民이라ᄒᆞ얏스되近代에至ᄒᆞ야ᄂᆞᆫ公民의範圍를擴張ᄒᆞ야殆히一般國民과殊異ᄒᆞᆷ이無ᄒᆞᆷ에至ᄒᆞᆫ지라然이나오히려公民의範圍에入치못ᄒᆞᄂᆞᆫ者가亦不少ᄒᆞ니今에此를揭示ᄒᆞ건ᄃᆡ

第一　婦人은公民中에入ᄒᆞᆷ을不得ᄒᆞᄂᆞ니此에對ᄒᆞ야ᄂᆞᆫ前記說明ᄒᆞᆫ바로써此에反覆ᄒᆞᆯ必要가無ᄒᆞᆷ이오

第二　未丁年者ᄂᆞᆫ亦公民됨을不得ᄒᆞᄂᆞ니盖政治上의權利를有ᄒᆞᆷ은其成熟ᄒᆞᆫ判斷力이有ᄒᆞᆷ을要ᄒᆞᄂᆞᆫᄃᆡ或國에ᄂᆞᆫ公法上의丁年과私法上의丁年으로差別ᄒᆞᆫ것과如히此ᄂᆞᆫ實로道理가有ᄒᆞᆫ者로政治上의判斷이一身上의判斷보다極

(5) 단결권, 청원권, 출판의 자유 등과 같은 제반 권리

이와 같은 제반 권리는 내국인에 한정된 권리이다. 그러나 외국인은 전혀 이러한 권리를 갖지 못한다는 뜻이 아니라, 특별히 이러한 권리를 부여하지 않으면 취득할 수 없다는 뜻일 뿐이다. 공민(公民)이라는 개념은 국민과는 다른 것이다. 즉 공민은 국민의 권리를 갖고 있을 뿐만 아니라, 완전한 정치적 권리도 갖고 있는 자를 말한다. 공민이 되는 자의 조건은 시대마다 크게 달랐다. 고대 그리스와 로마에서는 폴리스의 인민을 공민이라고 했고, 중세에는 토지를 소유하고 있는 자나 특권을 보유한 계급을 공민이라고 했다. 근대에 들어서는 공민의 범위를 확장해 일반적 의미의 국민과 특별한 차이가 없게 되었다. 그렇지만 오늘날에도 공민의 범위에 속하지 않는 자가 상당히 많다. 다음과 같은 경우가 여기에 해당한다.

첫째, 여성은 공민에 속할 수 없다. 이에 관해서는 앞에서 설명했기 때문에 여기서 반복할 필요가 없다.

둘째, 미성년자 역시 공민이 될 수 없다. 정치적 권리를 갖는다는 것은 곧 성숙한 판단력을 갖고 있을 것을 요한다. 그 때문에 어떤 국가에서는 공법적 성년과 사법적 성년을 구별하기도 한다. 이는 실제로 충분한 근거가 있다. 왜냐하면 정치적 판단은 개인적 판단에 비해 훨씬

第三 國民된地位를毁損ᄒᆞᆫ者即限終身罪人과救恤을受ᄒᆞᄂᆞᆫ者等은皆公民됨을不得ᄒᆞᆷ이라

以上은如何ᄒᆞᆫ國이던지皆適用ᄒᆞᄂᆞᆫ바어니와此外에又公民의範圍를有限ᄒᆞᆫ國이有ᄒᆞ니即或國에ᄂᆞᆫ多少獨立의地位가明白치아니ᄒᆞᆫ者ᄂᆞᆫ公民을不得ᄒᆞᄂᆞ니譬컨ᄃᆡ土地를所有ᄒᆞ거나又家屋을所有ᄒᆞᆫ者가아니면可히公民됨을不得ᄒᆞᆫ다謂ᄒᆞᆷ과如ᄒᆞᆫ지라此等國은其奴隷勞働者等으로ᄡᅥ公民되지못ᄒᆞᆷ은勿論이로ᄃᆡ瑞西佛蘭西獨乙希臘等國과如히普通選擧를採用ᄒᆞᄂᆞᆫ國에ᄂᆞᆫ是等의制限이不有ᄒᆞ며又日本國에ᄂᆞᆫ財産의額으로ᄡᅥ公民의條件을爲ᄒᆞᆷ과如ᄒᆞ니皆投票權을分ᄒᆞᆷ에當ᄒᆞ야其財産額으로差別을定ᄒᆞᄂᆞᆫ것이至當ᄒᆞᆯ듯ᄒᆞ되又其財産의不足ᄒᆞᆫ理由로ᄡᅥ道德上智力上의欠點이無ᄒᆞᆫ者에게參政權을不與ᄒᆞᄂᆞᆫ것이又至當ᄒᆞ다謂치못ᄒᆞᆯ지라

基督敎國에ᄂᆞᆫ近年에至ᄒᆞ기ᄭᆞ지基督敎를信奉치아니ᄒᆞᄂᆞᆫ者ᄂᆞᆫ公民을不得ᄒᆞᆫ다ᄒᆞ야猶太敎를奉ᄒᆞᄂᆞᆫ者와回回敎를奉ᄒᆞᄂᆞᆫ者와及其他宗敎를奉ᄒᆞᄂᆞᆫ者ᄂᆞᆫ政

더 어렵기 때문이다.

셋째, 국민의 지위를 훼손한 자, 즉 종신징역형을 선고받은 자나 빈민구제를 받는 자는 공민이 될 수 없다.

이상의 내용은 어느 국가에서나 모두 적용된다. 이 내용 이상으로 공민의 범위를 제한하는 국가도 있다. 즉 어떤 국가에서는 독립성을 갖고 있는지가 명확하지 않은 자에 대해서는 공민의 지위를 취득하지 못하게 하고 있다. 예컨대 토지 또는 가옥 소유자가 아니면 공민이 될 수 없다고 규정하기도 한다. 이와 같은 국가에서는 노예와 노동자는 당연히 공민이 될 수 없다. 그러나 스위스, 프랑스, 독일, 그리스와 같이 보통선거를 도입한 국가에서는 이와 같은 제한이 존재하지 않는다. 또한 일본에서는 재산의 액수를 공민의 조건으로 삼는다. 이와 같이 투표권을 부여할 때 재산액수에 따라 구별하는 것은 타당성이 있다. 하지만 재산이 부족하다는 이유만으로 정신적 능력에 결점이 전혀 없는 자에게 참정권을 부여하지 않는 것을 당연하다고 할 수는 없을 것이다.

기독교 국가에서는 최근까지도 기독교를 믿지 않는 자는 공민이 될 수 없다고 함으로써 유대교와 회교를 믿는 자 및 여타 종교를 믿는 자들은 정

治에參與ᄒᆞᆷ을不得케ᄒᆞ얏고蓋中古時代에ᄂᆞᆫ宗教와法律이가장密接ᄒᆞᆫ關係가有ᄒᆞᆫ故로宗教社會에入ᄒᆞ기不能ᄒᆞᆫ者ᄂᆞᆫ政治社會에도ᄯᅩᄒᆞᆫ入ᄒᆞ기不能ᄒᆞ얏고又異教를奉ᄒᆞᄂᆞᆫ者ᄂᆞᆫ政權을不得ᄒᆞᆷ은勿論이오基督教를奉ᄒᆞᄂᆞᆫ者라도教派가殊異ᄒᆞᆫ時에ᄂᆞᆫ能히政治에參與치못ᄒᆞᆫᄂᆞ니即基督舊教國에ᄂᆞᆫ新教徒로ᄒᆞ야곰政治에參與치못ᄒᆞ게ᄒᆞ고新教國에ᄂᆞᆫ舊教徒로ᄒᆞ야곰政治에參與치못ᄒᆞ게ᄒᆞ더니彼三十年戰爭이終結ᄒᆞᆫ以來로日耳曼의新舊教人民이同一의私權을享有ᄒᆞ얏스되其政權에至ᄒᆞ야ᄂᆞᆫ姑且確定치못ᄒᆞ얏고又千八百十五年에組織ᄒᆞᆫ日耳曼聯邦에셔日耳曼의舊教徒루ㅣ샤派와갈빈派가政治上同等의權이有ᄒᆞᆷ을承認ᄒᆞ얏스되其他宗教에至ᄒᆞ야ᄂᆞᆫ確定ᄒᆞᆫ바ㅣ無ᄒᆞ얏고近世諸國에至ᄒᆞ얏ᄂᆞᆫ政治上權利ᄂᆞᆫ毫髮도宗派와關係가不有ᄒᆞᆷ을認知ᄒᆞᆷ에至ᄒᆞ니是ᄂᆞᆫ蓋宗教上의熱心이減少ᄒᆞᆫ理由가아니라宗教上의信仰은良心의指揮를從ᄒᆞᄂᆞᆫ者이오政權으로써此를抑制ᄒᆞᆯ것이아니믈認得ᄒᆞᆷ이니近世諸國이大概此의道理를認知ᄒᆞ야政教分離의主義를確守ᄒᆞ야基督教를奉ᄒᆞᄂᆞᆫ者와否ᄒᆞᆫ者를不拘ᄒᆞ고平等으로政權을附與ᄒᆞ얏스나然이나此主義가今에普認ᄒᆞ얏다云키不能ᄒᆞᆯ것이羅馬

치에 참여할 수 없게 했다. 중세에는 종교와 법이 가장 밀접한 관련을 맺었기 때문에 종교공동체에 가입할 수 없는 자는 정치공동체에도 가입할 수 없었다. 또한 기독교 이외의 다른 종교를 믿는 자는 정치적 권리를 가질 수 없음은 물론이고 기독교를 믿는 자라 할지라도 다른 교파에 속한 때에는 정치에 참여하지 못했다. 즉 구교 국가에서는 신교도들이 정치에 참여하지 못하게 했고, 신교 국가에서는 구교도들이 정치에 참여하지 못하게 했다. 30년 전쟁이 종식된 이후 게르만의 신교도 인민과 구교도 인민은 모두 똑같이 사법적 권리를 향유하게 되었지만, 정치적 권리와 관련해서는 곧바로 결정을 내리지 못했다. 1850년에 결성된 독일연방에서는 게르만의 구교도 루터파와 칼뱅파는 정치적으로 동등한 권리를 갖는다고 인정했지만, 다른 종교에 관해서는 명확하게 정하지 않았다. 근대의 여러 국가에서는 정치적 권리가 종파와는 아무런 관계도 없다는 사실을 인식하게 되었다. 이는 종교적 열정이 감소한 탓이 아니라, 종교적 신앙은 양심의 지도에 따르는 것이기 때문에 정치적 권력으로 이를 억제할 것이 아니라는 사실을 깨달았기 때문이다. 근대의 여러 국가에서는 전반적으로 이와 같은 이치를 인식해서 정교분리의 원칙을 확립하게 되었다. 그리하여 기독교를 믿는지에 관계없이 평등한 정치적 권리를 부여했다. 그러나 이 정교분리의 원칙이 오늘날 보편적으로 인정되고 있다고 말할 수는 없다. 로마

法王이往往此主義에反對ᄒᆞ며又基督敎國內에도或此主義를不守ᄒᆞᄂᆞᆫ者가有ᄒᆞ니彼那威及瑞典國이아즉此主義를不從ᄒᆞᄂᆞᆫ者라稱ᄒᆞᆯ지로다

第九章　國家의興亡

國家의興亡을論ᄒᆞᆷ에當ᄒᆞ야先次로其興ᄒᆞᆫ所以를說明ᄒᆞ고此에其亡ᄒᆞᆫ所以를說明ᄒᆞᄂᆞᆫ것이至當의順序라國家의興ᄒᆞᆫ所以를說코자ᄒᆞ면先次其歷史上으로此를辨究ᄒᆞ고次에哲理上硏究를行치아니치못ᄒᆞᆯ지라盖歷史上으로國家의起源을硏究ᄒᆞᄂᆞᆫ것이容易ᄒᆞᆫ事가아니니何오ᄒᆞ면國家의始起가所謂書契以前에在ᄒᆞᆫ故ㅣ라吾人人類가歷史上의知覺을生ᄒᆞᆷ은이믜數多의國家가此地球上에成立ᄒᆞᆫ後事ㅣ니譬컨ᄃᆡ舊約全書와如히猶太國의興起ᄒᆞᆫ所以를說ᄒᆞ얏스나然이나其以前埃及國의成立이有ᄒᆞ얏고且舊約全書에ᄂᆞᆫ埃及國의興起ᄒᆞᆫ所以를不說ᄒᆞ얏고此埃及이世界創造後의第一國家가아니오畢竟印度國을模倣ᄒᆞ야興作ᄒᆞᆫ者에不外ᄒᆞᆷ인듯ᄒᆞᆫ지라然이나印度古典에其國의始起ᄒᆞᆫ所以를不傳ᄒᆞ얏스되歷史도亦數多의國家興亡을目擊ᄒᆞᆷ이不尠ᄒᆞᆫ則其載存ᄒᆞᆫ바를依ᄒᆞ야硏究ᄒᆞᄂᆞᆫ것이但其意想에依ᄒᆞ야硏究ᄒᆞᄂᆞᆫ者에比ᄒᆞ면萬萬優勝ᄒᆞ다謂ᄒᆞᆯ지라彼

교황은 자주 이 원칙에 반대하며 또한 기독교 국가 가운데도 이 원칙을 지키지 않는 경우도 있다. 노르웨이와 스위스가 이 원칙을 따르지 않는 국가에 해당한다.

제9장 국가의 흥망

국가의 흥망을 논의할 때에는 먼저 국가가 발흥하는 이유를 설명하고, 그 다음에 국가가 멸망하는 이유를 설명하는 것이 당연한 순서이다. 국가의 발흥을 설명하고자 할 때에는 먼저 역사적으로 그 이유를 탐구하고, 그 다음에 이에 대한 철학적 연구를 수행해야 한다. 하지만 역사적으로 국가의 기원을 연구하는 것이 용이한 일이 아니다. 왜냐하면 국가의 기원은 이른바 문자로 기록된 역사 이전의 일이기 때문이다. 우리 인류의 역사적 지각이 발생한 것은 이미 다수의 국가가 지구상에 성립한 이후의 일이다. 예컨대 구약성서와 같이 유대 국가가 발흥한 이유를 설명한 경우가 있다. 하지만 그 이전에 이미 이집트 국가가 성립했지만 구약성서에서는 이집트 국가가 발흥한 이유에 대해서는 설명하지 않았다. 물론 이집트는 세계가 창조된 이후 처음으로 성립한 국가가 아니라, 분명히 인도 국가를 모방해 성립했던 것으로 보인다. 그렇지만 인도의 고전에서는 이 국가가 성립한 이유를 전승하지 않았다. 하지만 역사는 다수의 국가들의 흥망을 목격했기 때문에 역사상 존재한 국가들을 연구하는 것이 단순히 상상에 기초해 연구하는 것보다 훨씬 더 우월한 방법이다.

歐洲古代의諸國은數百年以前에已亡ᄒᆞ얏고其亡ᄒᆞᆫ所以ᄂᆞᆫ大槪歷史에記憶ᄒᆞᆫ바이오又世界에現存ᄒᆞᆫ數多의國家ᄂᆞᆫ歷史의始作ᄒᆞᆫ後로興起ᄒᆞᆫ者ㅣ多ᄒᆞᆫ故로其興起ᄒᆞᆫ事情과及其興起케ᄒᆞᆫ勢力이또ᄒᆞᆫ其歷史에依ᄒᆞ야可得ᄒᆞᆯ바라夫國家의興起ᄒᆞᆫ所以ᄂᆞᆫ眞理上及歷史上의研究ᄒᆞᄂᆞᆫ好材料가될ᄲᅮᆫ아니라其國家生活에不絶ᄒᆞᆫ影響이及ᄒᆞᄂᆞᆫ者이오其國家와他國家의關係ᄅᆞᆯ定ᄒᆞᄂᆞᆫᄃᆡ對ᄒᆞ야크게有力ᄒᆞᆫ者ㅣ故로公法學研究에有志ᄒᆞᆫ者가國家의起原을研究ᄒᆞᄂᆞᆫ것이恰然히私法을研究ᄒᆞᄂᆞᆫ者가財産獲得의種類에就ᄒᆞ야研究ᄒᆞᄂᆞᆫ必要와同一ᄒᆞ미今에歷史上으로브터國家의起原을研究ᄒᆞᄂᆞᆫ時에ᄂᆞᆫ凡左의三種으로區別ᄒᆞ니

第一　旣往存在ᄒᆞᆫ國家에關係가無ᄒᆞ고全혀新國家ᄅᆞᆯ創造ᄒᆞᆫ境遇

第二　旣往存在ᄒᆞᆫ國家의離合을因ᄒᆞ야新國家가興起ᄒᆞᆫ境遇

第三　外部의刺擊을因ᄒᆞ야新國家가興起ᄒᆞᆫ境遇

右ᄂᆞᆫ國家起原에就ᄒᆞ야類別ᄒᆞᆫ것이나是와似而非ᄒᆞᆫ彼政体의變更과可히混同치아니ᄒᆞᆷ을要ᄒᆞᆯ지니譬컨ᄃᆡ羅馬의君主國이一變ᄒᆞ야共和政体가된것은政体變更에止ᄒᆞᆷ이오新國家의起生ᄒᆞᆷ이아니며共和政体가亡ᄒᆞ고帝政으로成立ᄒᆞ

유럽 고대의 여러 국가들은 이미 수백 년 전에 멸망했고, 이 국가들이 멸망한 이유는 전반적으로 역사가 기억하고 있다. 또한 현재 세계에 존재하는 다수의 국가들 가운데 역사가 시작된 이후에 발흥한 국가가 많기 때문에 이 국가들이 발흥한 사정과 국가를 발흥하게 만든 힘도 역사를 통해 충분히 알 수 있다. 국가가 발흥하는 이유는 학문적* 및 역사적 연구의 좋은 소재가 될 뿐만 아니라, 국가생활에도 지속적인 영향을 미친다. 그리고 한 국가가 다른 국가와 맺는 관계에도 지대한 영향을 미친다. 따라서 공법학 연구에 뜻이 있는 자가 국가의 기원을 연구하는 것은 마치 사법을 연구하는 자가 재산취득의 종류에 대해 연구하는 것과 같이 반드시 필요하다. 역사적 관점에서 국가의 기원을 연구할 때에는 다음과 같은 세 가지 경우를 구별한다.

첫째, 기존의 국가와 아무런 관련이 없이 완전히 새로운 국가를 창설하는 경우.

둘째, 기존의 국가로부터 분리되어 새로운 국가가 발흥한 경우.

셋째, 외부의 자극으로 인해 새로운 국가가 발흥한 경우.

국가의 기원에 관해서는 이 세 가지 경우로 구별할 수 있지만 이와 유사한, 정체의 변경과 혼동해서는 안 된다. 예컨대 로마 군주정이 공화정 정체로 변화한 것은 단순히 정체의 변경에 그칠 뿐, 새로운 국가의 성립이 아니다. 또한 공화정이 멸망하고 황제정이 성립한

* 독일어 원문에는 '심리학적(pychologisch)'으로 되어 있다.

는것도亦同ᄒᆞᄂᆞ니是等政体의變更은同一ᄒᆞᆫ國家生活中의各時代에不過ᄒᆞᆷ이오國家의興亡으로認做ᄒᆞᆯ것이아니라

國家起原의種類가不一ᄒᆞ나然이나가장創造의性質을有ᄒᆞᆫ者ᄂᆞᆫ彼羅馬國의起原에關ᄒᆞᆫ傳說이是也ㅣ니今其所傳ᄒᆞᆫ바ᄅᆞᆯ據ᄒᆞ면曰種種의種族에屬ᄒᆞᆫ人民이各方으로集來ᄒᆞ야酋長을戴ᄒᆞ고互相徒黨ᄒᆞ야羅馬人民을成ᄒᆞ고姑且人에未屬ᄒᆞᆫ土地ᄅᆞᆯ占領ᄒᆞ야드ᄃᆡ여羅馬府의基業을開ᄒᆞ얏고又此土地와人民이存在ᄒᆞᆯ뿐이오아즉團結ᄒᆞ야써政治社會ᄅᆞᆯ形成ᄒᆞᄂᆞᆫ知覺이無有ᄒᆞᆫ者가終乃集合ᄒᆞ야一國民을成ᄒᆞᆫ例가有ᄒᆞ니卽亞善斯府ᄅᆞᆯ創造ᄒᆞᆫ傳說이是也ㅣ라亞善斯人이初也에앗지가란地方에住ᄒᆞᆫ人民으로셔長久히政治上의團結ᄒᆞᄂᆞᆫ事ᄅᆞᆯ知치못ᄒᆞ다가시구로뿌스란者가有ᄒᆞ야其人民의게尊神ᄒᆞᆷ을敎ᄒᆞ야써家族을組織케ᄒᆞ며農業을奬勵ᄒᆞ고且此ᄅᆞᆯ各種族에分ᄒᆞ야其上에種族全体ᄅᆞᆯ支配ᄒᆞᄂᆞᆫ政府ᄅᆞᆯ建ᄒᆞ얏다ᄒᆞ고又曰此事業은시구로뿌스가아니오其王셰시우스라ᄒᆞ니其眞否如何ᄂᆞᆫ姑捨ᄒᆞ고土地ᄅᆞᆯ所有ᄒᆞᆫ人民이已存ᄒᆞ고又此ᄅᆞᆯ團結ᄒᆞ야一國家ᄅᆞᆯ組織ᄒᆞᆫ事實을可히爭議ᄒᆞᆯ바아니며近代에至ᄒᆞ야彼가리후올니야州의起ᄒᆞᆷ과如

것 역시 마찬가지이다. 이와 같은 정체의 변경은 동일한 국가생활에 속하는 각각의 시대일 따름이고, 국가의 흥망으로 보아서는 안 된다.

국가 기원의 종류는 하나가 아니지만, 가장 창조적인 성격을 갖는 국가의 기원은 로마 국가의 기원에 관련된 전설이다. 오늘날까지 전승된 바에 따르면 여러 지역에 있는 여러 종족의 인민들이 모여 수장을 추대하고 서로 결합함으로써 로마 인민을 형성하게 되었고, 주인 없는 땅을 점령해 마침내 로마 도시의 역사를 열었다고 한다. 이와는 달리 토지와 인민이 존재할 뿐, 아직은 서로 결합해 정치사회를 형성하려는 의도가 없었던 자들이 결국 서로 모여 하나의 국민을 구성한 예도 있다. 아테네 도시의 창설에 관한 전설이 여기에 해당한다. 즉 아테네인들은 처음에는 아티카 지방에 거주하던 인민이었고, 오랫동안 정치적 단결을 이루지 못하다가 게크롭스*라는 자가 인민들에게 신을 경배하는 것을 가르치고 가족을 결성하게 만들어 농업을 장려했으며, 인민들을 여러 종족으로 나누어 그 상위에 종족 전체를 지배하는 정부를 만들었다고 한다. 정부를 만드는 일은 테세우스** 왕의 업적이라고도 한다. 이것의 진위 여부에 관계없이 토지를 소유한 인민이 이미 존재했고 또한 인민을 결합해 하나의 국가를 조직했다는 사실에 대해서는 다툴 이유가 없다. 근대에 들어 이루어진 캘리포니아 주의 형성과 같은

* Kekrops. 그리스 신화에 등장하는 아티카의 두 번째 왕. 흔히 반인 반용(半人半龍)으로 묘사된다.
** Theseus. 그리스 신화에 등장하는 영웅. 반인 반신(半人 半神)의 존재로 묘사된다.

ᄒᆞᆷ도亦亞善斯의起原과同一ᄒᆞᆫ種類에屬ᄒᆞᆫ者ㅣ니唯가리후올니야州人民이自進ᄒᆞ야一州를成ᄒᆞᆫ者이오他人에率導를被ᄒᆞᆫ바아니라何오ᄒᆞ면此州에集ᄒᆞᆫ人民이元來採金事業으로目的을合아相集ᄒᆞᆫ者ㅣᆫ故로元是一個團結이無ᄒᆞ얏더니千八百四十九年에至ᄒᆞ야始乃代議士를選ᄒᆞ야此로써州의憲法을議決케ᄒᆞ고終來一國家의体裁를成ᄒᆞᆷ에至ᄒᆞᆫ지라

次에可論ᄒᆞᆯ新國家創造의例ᄂᆞᆫ國家가旣爲組織되얏스되此에必要ᄒᆞᆫ土地를不有ᄒᆞᆫ故로其兵力을用ᄒᆞ야國家의基礎를定ᄒᆞᆫ者ㅣ니此等은一人種이擧皆兵이되야他人의土地를襲擊征服ᄒᆞ고此를占有ᄒᆞ야드듸여國家를成立ᄒᆞᄂᆞᆫ者ㅣ라彼모세스가嘗曰神이猶太人에與ᄒᆞᆫ神聖ᄒᆞᆫ土地에住ᄒᆞᆫ土人을火와釰으로써征服ᄒᆞ야猶太國의基礎를定ᄒᆞ라ᄒᆞ얏다云ᄒᆞ니盖征服ᄒᆞᄂᆞᆫ者ᄂᆞᆫ政權의源因이多ᄒᆞ니彼歷山大王이勝利者ᄂᆞᆫ法律을與ᄒᆞ고服從者ᄂᆞᆫ此를受ᄒᆞᆫ다ᄒᆞᆷ이今日事實에相違ᄒᆞᆫ言이라稱치못ᄒᆞᆯ지라又彼의權力을權利라云ᄒᆞᄂᆞᆫ語를今日法理에照ᄒᆞ면頗히不當ᄒᆞᆫ듯ᄒᆞ나然이나古代의人民은戰爭으로써國際間의法廷이라ᄒᆞ야勝利者ᄂᆞᆫ神의判斷에因ᄒᆞ야勝ᄒᆞᆫ者라ᄒᆞ고敗走者ᄂᆞᆫ神의判斷에因ᄒᆞ야破ᄒᆞᆫ

것도 아테네의 기원과 동일한 종류에 속한다. 다만 캘리포니아 주 인민들은 자진해서 하나의 주를 형성했고 타인의 통솔을 받지 않았다. 이 주에 모인 인민들은 원래 금을 캐려는 목적으로 이곳에 모인 자들이었기 때문에 처음에는 하나로 단결하지 않았고, 1849년에야 비로소 대의원을 선출해 주의 헌법을 의결하게 만들어 마침내 한 국가의 체제가 성립하게 되었다.

그 다음에 논의할 수 있는, 새로운 국가창설의 사례는 국가가 이미 조직되어 있지만 여기에 필요한 토지가 존재하지 않아서 병력을 이용해 국가의 기초를 마련하는 경우이다. 이와 같은 경우에는 한 종족 구성원 대부분이 병사가 되어 다른 사람의 토지를 습격해 정복하고 이를 점유함으로써 마침내 국가를 형성하게 된다. 모세는 야훼가 유대인에게 부여한 신성한 땅에 살고 있던 토착민들을 불과 칼로 정복해 유대 국가의 기초를 놓았다고 한다. 이처럼 정복자가 정치권력의 원천이 되는 경우가 많다. 승자는 법률을 제정하고 패자는 이 법률을 수용한다는 알렉산더 대왕의 말은 오늘날에는 사실에 반한다고 말할 수 있다. 또한 정복자의 권력을 권리라고 말하는 것은 오늘날의 법원칙에 비추어 보면 상당히 부당한 것처럼 들린다. 그러나 고대의 인민들에게는 전쟁이 곧 국제법정이었다. 즉 승자는 신의 심판에 기초해 승리한 것이고, 패자는 신의 심판에 기초해 패배한

者라ᄒᆞᄂᆞᆫ故로此人種의眼目으로視ᄒᆞᄂᆞᆫ時에ᄂᆞᆫ戰爭에勝ᄒᆞ야人을征服ᄒᆞᆷ은神意에適合ᄒᆞᆫ所以라謂ᄒᆞᄂᆞ니라

國家創造의性質이又右述ᄒᆞᆷ과大異ᄒᆞᆷ이有ᄒᆞ니卽一政治社會ᄅᆞᆯ成ᄒᆞᆫ바人民이無住ᄒᆞᆫ土地ᄅᆞᆯ占有ᄒᆞ야國家ᄅᆞᆯ組織ᄒᆞᆷ이是ㅣ라若夫殖民으로本國의奬勵ᄒᆞᆫ바되야興起ᄒᆞᆫ國家ᄂᆞᆫ創造의國家가아니오本國으로서派生ᄒᆞᆫ者에不外ᄒᆞ야國家創造의第三部類에屬ᄒᆞᆫ者나然이나若英蘭의殖民과如히本國의援助ᄅᆞᆯ不藉ᄒᆞ고스사로努力組織ᄒᆞᆫ者ᄂᆞᆫ此ᄅᆞᆯ目ᄒᆞ야國家創造의一種類되ᄂᆞᆫ者라謂ᄒᆞᄂᆞ니라

以上은歷史에依ᄒᆞ야採得ᄒᆞᆫ國家創造의第一種이나今其第二種에屬ᄒᆞᆫ國家創造의境遇ᄅᆞᆯ說明ᄒᆞ건ᄃᆡ二個以上의國家가其獨立의艱難을自覺ᄒᆞ야互相結合으로一國家ᄅᆞᆯ成立ᄒᆞᆫ者ᄂᆞᆫ此種類에屬ᄒᆞᆫ者라然이나如斯ᄒᆞᆫ新國家가興起ᄒᆞᆷ에至ᄒᆞᄂᆞᆫ것은從來各別의國家된人民들이一個人의資格으로써契約을因ᄒᆞᆷ이아니오國家와國家間의契約을因ᄒᆞ야成立ᄒᆞᄂᆞᆫ者ㅣ니如斯히創造된新國家ᄂᆞᆫ其聯邦과國家의關係ᄅᆞᆯ定ᄒᆞᆫ憲法을制定치아니면完全ᄒᆞᆫ成立에至ᄒᆞᆷ을不得ᄒᆞᄂᆞ니今此種類에屬ᄒᆞᆫ新國家의例ᄅᆞᆯ擧ᄒᆞ건ᄃᆡ中古日耳曼한스다운의聯合과及和

것이라고 생각했기 때문에 이들 종족의 관점에서 볼 때에는 전쟁에 승리해 다른 사람을 정복하는 것은 신의 뜻에 부합한다고 여겼다고 말할 수 있다.

국가창설의 성격이 앞에서 서술한 것과는 완전히 다른 경우가 있다. 즉 한 정치사회를 형성할 때 인민이 사람이 살지 않는 땅을 점유함으로써 국가를 조직하는 경우가 여기에 해당한다. 만일 식민지 개척을 본국이 장려해서 국가가 성립했다면, 이는 창설한 국가가 아니라, 본국으로부터 파생한 국가로서 국가창설의 세 번째 종류에 속한다. 하지만 뉴잉글랜드 식민지와 같이 본국의 원조가 없는 상태에서 스스로 노력해 조직을 결성한 때에는 국가창설의 한 종류로 보아야 한다. 이상의 내용은 역사상 등장하는 첫 번째 종류의 국가창설에 해당하는 경우에 관련된 것이다. 이제 두 번째 종류의 국가창설을 설명하기로 하자. 즉 두 개 이상의 국가가 독립적으로 존립할 때의 난점을 깨닫고 서로 결합해 하나의 국가를 형성하는 경우가 두 번째 종류의 국가창설에 속한다. 그러나 이와 같은 방식으로 새로운 국가가 발흥하는 상태에 이르는 것은 기존의 개별 국가의 인민들이 개인 자격으로 계약을 체결했기 때문이 아니라, 국가와 국가 사이의 계약을 통해 이루어진 것이다. 이렇게 해서 창설된 새로운 국가는 연방과 국가의 관계를 규정하는 헌법을 제정하지 않으면 완전한 국가성립에 도달할 수 없다. 이러한 종류에 속하는 새로운 국가의 사례로는 게르만의 한자동맹과

蘭諸州의聯合等이是也라盖如斯히生出ᄒᆞᆫ新國家의組織은能히單純치못ᄒᆞ고每常複雜ᄒᆞᆫ것이此聯合의新國家를組織ᄒᆞᆫ바諸州가是를因ᄒᆞ야滅亡ᄒᆞᄂᆞᆫ것이아니라新國家를創造ᄒᆞᆫ後라도오히려依然히諸州를不失ᄒᆞᄂᆞᆫ것이오又此等新國家의結合ᄒᆞᄂᆞᆫ것이國法으로써ᄒᆞᄂᆞᆫ것보다차라리契約으로써結合ᄒᆞᄂᆞᆫ者ㅣ니故로物變星移ᄒᆞ야新國家組織ᄒᆞᆫ日이稍遠ᄒᆞᆷ에至ᄒᆞ면各州間에自然葛藤이生ᄒᆞ기容易ᄒᆞ고又組織된全体와一部間에利害가互相牴觸치아니ᄒᆞ기甚難ᄒᆞᆫ지라然이나若結合의精神이愈强ᄒᆞᆫ者ᄂᆞᆫ其組織이漸次發達ᄒᆞ고契約의痕跡이次第로消滅ᄒᆞ야此를更히國法으로써定ᄒᆞᆷ에至ᄒᆞᄂᆞ니라

以上所述은國家新造에關ᄒᆞᆫ것이니更히以下國家의分裂ᄒᆞᄂᆞᆫ境遇를亦暫且論述코ᄌᆞᄒᆞ노라

第一은元來人種이殊異ᄒᆞᆫ人民이一時團結ᄒᆞ야一國을成ᄒᆞ얏다가드듸여分裂에至ᄒᆞᄂᆞᆫ境遇가是也ㅣ니盖殊異ᄒᆞᆫ人民을統御ᄒᆞ야一國民된力이漸減ᄒᆞᆷ에及ᄒᆞ야其天然의差異가顯出ᄒᆞᆷ에至ᄒᆞ고分裂의勢가增長ᄒᆞ야一國家가分ᄒᆞ야數國家를成ᄒᆞᄂᆞᆫ境遇가甚히不少ᄒᆞ니譬컨ᄃᆡ彼歷山大王의力을依ᄒᆞ야結合ᄒᆞᆫ一

네덜란드 여러 주의 연합 등이 있다. 이와 같은 방식으로 탄생한 새로운 국가의 조직이 결코 단순한 것이 아니라, 언제나 복잡한 이유는 이러한 연합을 통해 새로운 국가를 조직하더라도 각 주가 멸망하는 것이 아니라, 새로운 국가를 창설한 이후에도 여전히 사라지지 않기 때문이다. 또한 이 새로운 국가로 결합하는 것이 국가법을 통해 이루어지기 보다는 계약을 통해 이루어지기 때문에 사정이 바뀌고 시간이 흘러 새로운 국가를 조직한 때로부터 멀어지게 되면, 각 주 사이에 자연스럽게 갈등이 발생하기 쉽고 또한 조직된 전체와 부분 사이에 이해관계의 충돌이 발생하기 쉽다. 그러나 결합의 정신이 매우 강할 경우에는 조직이 점차 발달하고 계약의 흔적도 점차 사라지면서, 결합을 국가법으로 규정하는 단계에 도달하게 된다.

이상의 서술은 국가를 새롭게 창설하는 것에 관련된 것이다. 이제부터는 국가가 분열하는 경우에 대해 잠시 서술하기로 한다.

국가가 분열하는 첫 번째 경우는 원래부터 종족이 다른 인민들이 일시적으로 결합해 하나의 국가를 형성했다가 다시 분열하는 경우이다. 서로 다른 인민들을 통제해 하나의 국민으로 결집하는 힘이 점차 감소하게 되어 자연적인 차이가 표출되고 분열의 조짐이 강화되면서 한 국가가 분리되어 다수의 국가가 성립하는 경우가 자주 있다. 예컨대 알렉산더 대왕의 권력을 통해 결합한 하나의

大世界國이其死와共히分裂홈과如홈이오那破翁帝國의分裂과及千八百三十年에白耳義和蘭의分裂이亦是也ㅣ라

第二는其國王이崩홈에臨ᄒᆞ야恰然히私有財産을其子孫의게分與홈과如히國家를分割ᄒᆞ야其子孫의게與홈으로써從生ᄒᆞᄂᆞᆫ者가是也ㅣ니此ᄂᆞᆫ私有財産과國家의別이며公法과私法의別이判然치못홈에出ᄒᆞᆫ것이오其國家安寧에對ᄒᆞ야有害홈은반다시再論ᄒᆞᆯ바아니라故로近世에至ᄒᆞ야公法私法의別이判然홈에至홈으로써此事가絕無홈에至ᄒᆞ니라

第三은國家의一部分이獨立을公告ᄒᆞ야別노一國家를成立ᄒᆞᆫ者ㅣ니盖國家의一部分이其全体에對ᄒᆞ야不平을懷ᄒᆞ야獨立ᄒᆞᆫ것이一般의論으로許ᄒᆞᆯ바아니라歷史中에도不正當ᄒᆞᆫ獨立의實例가甚히不少ᄒᆞ나是와同時에又正當ᄒᆞᆫ獨立이라認ᄒᆞᆯ境遇가亦不少ᄒᆞ니譬컨ᄃᆡ千五百七十九年에和蘭合衆諸國이西班牙로브터獨立홈과如ᄒᆞ고又十九世紀에希臘이土耳其國으로브터獨立홈과如히皆天下의是認ᄒᆞᄂᆞᆫ바ㅣ니故로此事에關ᄒᆞᆫ原則은以下와如히定홈이라曰國家의一部分이其附屬ᄒᆞᆫ全体로서其永遠無缺ᄒᆞᆫ利益을保護치못ᄒᆞ면其一部가獨

거대제국이 대왕의 사망과 함께 분열하게 된 경우가 여기에 해당한다. 또한 나폴레옹 제국의 분열 그리고 1830년의 벨기에와 네덜란드의 분열 역시 마찬가지이다.

두 번째 경우는 국왕이 사망하기 직전에 마치 사유재산을 자손에게 나눠주는 것처럼 국가를 분할해 자손에게 물려줌으로써 국가가 분열되는 경우이다. 이는 사유재산과 국가의 구별 그리고 공법과 사법의 구별이 확실하게 이루어지지 못한 탓이다. 이것이 국가의 안녕에 유해하다는 것은 별도로 논할 필요가 없다. 근대에 들어 공법과 사법을 명확하게 구별하게 된 것 역시 이와 무관하지 않다.

세 번째 경우는 국가의 한 부분이 독립을 선포해 별개의 국가를 형성하는 경우이다. 일반적으로 국가의 한 부분이 전체에 대해 불만을 품고 독립하는 것은 허용할 수 없다. 역사상으로도 부정당한 독립의 사례가 적지 않지만, 동시에 정당한 독립으로 볼 수 있는 경우 또한 적지 않다. 예컨대 19세기에 그리스가 터키로부터 독립한 것은 전 세계가 인정하고 있다. 따라서 이 문제에 관해서는 다음과 같이 원칙을 정할 수 있다. 즉 국가의 일부분이 속해 있는 전체 국가가 지속적이고 완전하게 이익을 보호하지 못하고 또한 그 일부가 독

立ᄒᆞ야地位ᄅᆞᆯ保全ᄒᆞᆯ力이有ᄒᆞᆫ時에ᄂᆞᆫ其全体로브터分立ᄒᆞ야써獨立의組織을形成ᄒᆞᆷ을得ᄒᆞᄂᆞ니此ᄅᆞᆯ要컨ᄃᆡ實로不堪ᄒᆞᆯ困難이不有ᄒᆞ면國家의一部가其全体로브터分離ᄒᆞᆯ權利가無ᄒᆞ며且其所唱ᄒᆞᆫ바가正實에照ᄒᆞ야毫末도間然ᄒᆞᆫ바無ᄒᆞ면能히獨立치못ᄒᆞᄂᆞ니若正義에無耻ᄒᆞ고且獨立을必要信實ᄒᆞᆫ理由가有ᄒᆞ면歷史에서도반다시其獨立을是認ᄒᆞᄂᆞ니라

國家의起原되ᄂᆞᆫ第一第二의境遇ᄂᆞᆫ이믜說明ᄒᆞᆷ으로써自此로第三의境遇ᄅᆞᆯ不可不論ᄒᆞᆯ지니第三境遇로甲種에屬ᄒᆞᆫ者ᄂᆞᆫ殖民에依ᄒᆞ야國家ᄅᆞᆯ組織된것이니卽地中海의海岸卽小亞細亞伊太利希臘等의殖民이一新都府로써新國家ᄅᆞᆯ創立ᄒᆞᆷ과如ᄒᆞᆷ이라此殖民은恰然히父의家族을離ᄒᆞ야別로一家ᄅᆞᆯ成ᄒᆞᆫ바男子와如히他方에往ᄒᆞ야新國家ᄅᆞᆯ組織ᄒᆞᆷ이니如斯히組織ᄒᆞᆫ新國家ᄂᆞᆫ其本國으로獨立ᄒᆞᆫ者이나然이나系統風俗法律宗敎等의關係가二者間에依然히存在ᄒᆞᆫ者라謂ᄒᆞᆯ지라希臘人이他方을向ᄒᆞ야大帝國을能히組織치못ᄒᆞ얏스되其各所의殖民이東洋을化ᄒᆞ야希臘風이되게ᄒᆞ얏고羅馬의殖民은希臘國과大異ᄒᆞ야羅馬의領地ᄅᆞᆯ擴張ᄒᆞᆯ目的으로써趣向ᄒᆞᄂᆞᆫ故로其本國과關係ᄅᆞᆯ斷絶치아니ᄒᆞ며別

립해 국가로서의 지위를 보전하기에 충분한 힘을 갖고 있을 때에는 전체로부터 분리되어 독립된 조직을 형성할 수 있다. 하지만 국가의 일부가 실제로 커다란 곤궁상태를 겪지 않는다면 전체로부터 분리할 권리가 없고, 또한 독립을 주장하는 내용이 그 진정성과 타당성에 비추어 조금도 흠잡을 데가 없는 경우가 아니라면 독립에 성공하지 못할 것이다. 따라서 만일 독립을 주장하는 것이 정의에 조금도 어긋나지 않고, 독립을 부르짖는 신념이 실질적 근거를 갖고 있다면 역사에서도 필연적으로 독립을 인정하게 된다.

국가의 기원에 관한 첫 번째 경우와 두 번째 경우는 이미 설명했고, 이제 세 번째 경우를 설명해야 한다. 세 번째 경우에 해당하는 가장 중요한 사례는 식민지를 통해 국가를 조직하는 것이다. 지중해 해안의 소아시아, 이탈리아, 그리스 등의 식민지였던 새로운 도시들이 새로운 국가를 창설하는 경우가 이러한 사례이다. 이들 식민도시는 마치 아버지의 가족을 떠나 새로운 가족을 구성하는 남자와 같이 다른 지역에 거주함으로써 새로운 국가를 조직하는 경우이다. 이와 같은 방식으로 조직한 새로운 국가는 본국으로부터 독립한 국가이지만, 혈연, 풍속, 법률, 종교 등의 관점에서 양자 사이에 계속 관련성이 존재한다. 그리스인들은 다른 지역까지 포함하는 대제국을 조직하지는 못했지만, 동방지역의 식민지를 통해 그리스문화를 널리 전파했다. 이에 반해 로마의 식민지는 그리스와는 크게 달라서 로마 영토를 확장한다는 목적을 추구했고, 식민지와 본국 사이의 관계를 단절하지 않았으며, 그 때문에 별

노國家를組織치아니ᄒᆞ고但其羅馬의版圖를擴張코ᄌᆞᄒᆞᆷ에止ᄒᆞ얏고又近代의殖民은希臘羅馬의殖民과不同ᄒᆞ야歐洲諸國의亞米利加其他國에殖民ᄒᆞᆫ것을推考ᄒᆞᆫ則其殖民을爲ᄒᆞ야新國家를組織ᄒᆞᆷ이其直接의目的이아니오其目的은帝國의領土를擴張ᄒᆞ거나其文明을波及케ᄒᆞ거나新土地를開拓ᄒᆞ야身富國强의便利를得ᄒᆞ게ᄒᆞ거나或은本國의虐政을遁避ᄒᆞ기爲ᄒᆞ야移殖ᄒᆞᆷ에不外ᄒᆞᆷ이니其中南米의殖民地는本國에依賴ᄒᆞᆷ이北米에比ᄒᆞ야頗大ᄒᆞᆫ지라然이나凡此等殖民地의發達ᄒᆞᆫ痕跡을鑑察컨ᄃᆡ大槪歐의本國으로獨立ᄒᆞ야別노國家를組織ᄒᆞᆷ에至ᄒᆞ얏스니此等殖民은恰然히小兒의誕生과如ᄒᆞ야小兒가誕生ᄒᆞᄂᆞᆫ故로家族의增加가愈盛ᄒᆞ고其心身發達에至ᄒᆞ야ᄂᆞᆫ其家를離ᄒᆞ야別노新家를組織ᄒᆞᆷ과如ᄒᆞᆫ者이오又國家의起原되ᄂᆞᆫ第三境遇로乙種國家에屬ᄒᆞᆫ者ᄂᆞᆫ國家가或機會를因ᄒᆞ야主權을分割ᄒᆞᆷ으로브터起生ᄒᆞᆫ者ㅣ니即中古各時代에其例가多ᄒᆞᆫ지라彼日耳曼의諸公領과自由府ᄂᆞᆫ君主의게其主權割與를請得ᄒᆞ야드ᄃᆡ여獨立ᄒᆞᆫ것이아니오漸次로其君主와相離ᄒᆞ야獨立ᄒᆞᆫ例가可히枚擧키不遑ᄒᆞᆫ지라又國家의起源되ᄂᆞᆫ第三境遇內에屬ᄒᆞᆫ者ᄂᆞᆫ外國의君合이新國을組織ᄒᆞᆫ것

개의 국가를 조직하지 않고 오로지 로마 국가를 확장하는 데에만 전념했다. 또한 근대의 식민지는 그리스 로마의 식민지와는 다르다. 여러 유럽 국가들이 아메리카 대륙을 식민화한 것을 살펴보면 식민화를 할 때 새로운 국가를 조직하는 것이 직접적 목적이 아니라, 제국의 영토를 확장하거나 문화를 전파하는 것 또는 새로운 영토를 개척해 부국강병을 도모하는 것을 목적으로 삼는다. 경우에 따라서는 본국의 폭정으로부터 도피하기 위해 불가피하게 이주하기도 한다. 그 때문에 중남미의 식민지는 북미에 비해 본국에 의존하는 정도가 더 강하다. 하지만 이와 같은 식민지의 발달이 남긴 흔적을 고찰해보면 본국으로부터 독립해 별개의 국가를 조직하는 것이 일반적이다. 이러한 식민지는 마치 아이의 출생과 비교할 수 있다. 즉 아이가 출생해 아버지의 가족을 확장시켰다가, 심신이 발달해 가족을 떠나 새로운 가족을 조직하는 것과 마찬가지인 셈이다. 국가의 기원에 관한 세 번째 경우의 두 번째 방식은 국가가 특정한 계기로 주권을 분할함으로써 새로운 국가가 성립하는 것이다. 이는 중세시대에 자주 있던 사례이다. 게르만의 여러 제후국과 자유도시는 군주에게 주권을 부여해줄 것을 청원해 이를 획득한 것이 아니다. 그저 시간이 흐르면서 군주로부터 벗어나 독립한 사례가 일일이 열거할 수 없을 정도로 많다. 또한 국가의 기원에 관한 세 번째 경우에 속하는 것으로는 외국의 지배자가 새로운 국가를 조직하는 것이니即外國의征服者가舊國家를破壞ᄒᆞ고新國家를組織ᄒᆞᄂᆞᆫ境遇가是也ㅣ라譬컨ᄃᆡ拿破翁과如히歐洲에서多數ᄒᆞᆫ舊國家를破壞ᄒᆞ고其意와如ᄒᆞᆫ新國家를多數組織ᄒᆞ얏스나然이나征服者의勢力을依ᄒᆞ야如斯ᄒᆞᆫ者가永久의効力이稀有ᄒᆞᄂᆞ니拿破翁의組織ᄒᆞᆫ新國家가永續치못ᄒᆞᆷ을觀ᄒᆞ야도可히明徵ᄒᆞᆯ지로다世界過去의歷史에ᄂᆞᆫ國家가死亡치아니치못ᄒᆞᆷ을證明ᄒᆞ야地球에現亡ᄒᆞᆫ國家의舊跡을掩蔽ᄒᆞ얏스니其亡ᄒᆞᆫ境遇와其亡ᄒᆞᆫ狀態ᄂᆞᆫ恰然히一個人의死亡ᄒᆞᄂᆞᆫ原因의殊異ᄒᆞᆷ과如히決코一樣이아니라謂ᄒᆞᆯ지라然이나이믜滅亡ᄒᆞᆫ諸國家의歷史를徵ᄒᆞ야其滅亡ᄒᆞᆫ一定原因을探得키甚難ᄒᆞ니蓋國家의滅亡ᄒᆞᆫ原因은其國의道德이衰頹ᄒᆞᆫ所以라論斷키不能ᄒᆞᆫ것이何오ᄒᆞ면道德의衰頹ᄂᆞᆫ반다시곳國家의滅亡이不來ᄒᆞᆷ이殆히不道德ᄒᆞᆫ人이高年에達ᄒᆞᄂᆞᆫ實例와如ᄒᆞ야不道德ᄒᆞᆫ國家가亦長久히滅亡치아니ᄒᆞᄂᆞᆫ實例가有ᄒᆞᆫ지라夫고베로라云ᄒᆞᄂᆞᆫ學者가國家의衰滅은八種이混合ᄒᆞ고且墮落ᄒᆞᆷ에在ᄒᆞᆫ다論ᄒᆞ얏스되是亦其正當ᄒᆞᆫ原因이라謂치못ᄒᆞᆯ것이多數의國家가血統의混合을爲ᄒᆞ야反히盛大ᄒᆞᆷ에至ᄒᆞᆫ것이彼羅馬英吉利北米合衆國等이是也ㅣ라且新國家가組織되ᄂᆞᆫ同時에舊國家

이다. 즉 외국의 정복자가 기존의 국가를 파괴하고 새로운 국가를 조직하는 경우가 여기에 해당한다. 예컨대 나폴레옹은 유럽의 기존 국가 다수를 파괴하고 그의 뜻에 따라 다수의 새로운 국가를 조직했다. 그러나 정복자의 힘을 통해 새로 성립한 국가가 지속적으로 효력을 갖는 경우는 희소하다. 이 점은 나폴레옹이 조직한 새로운 국가들이 계속 존재하지 못했다는 사실만 보더라도 분명하다. 세계의 역사는 국가가 사멸하지 않을 수 없다는 사실을 증명하고 있다. 지구는 나타났다 사라진 국가들의 파편으로 덮여 있다. 국가가 멸망한 경우와 멸망한 상태는 사람이 사망하는 데 여러 가지 원인이 있는 것과 마찬가지로 결코 한 가지 모습이라 할 수 없다. 그렇기 때문에 이미 멸망한 여러 국가의 역사를 살펴보더라도 멸망의 원인을 특정하기가 몹시 어렵다. 멸망의 원인이 그 국가의 도덕이 쇠퇴했기 때문이라고 단정하기 어렵다. 왜냐하면 도덕의 쇠퇴가 반드시 국가의 멸망을 초래하지는 않기 때문이다. 마치 부도덕한 인간이 장수하는 사례가 있는 것처럼 부도덕한 국가도 역시 오랫동안 멸망하지 않는 사례가 있다. 고비누* 라는 학자는 국가의 멸망이 인종의 혼합과 타락에 기인한다고 말했지만, 이 역시 국가 멸망의 타당한 원인이라 할 수 없다. 상당수의 국가는 혈통의 혼합을 통해 오히려 더 융성하게 되었다. 로마, 영국, 북아메리카 미합중국 등이 여기에 해당한다. 또한 새로운 국가가 조직되는 동시에 기존의 국가

* Joseph Arthur de Gobineau(1816-1882). 프랑스의 외교관이자 저술가. 1850년대에 발간한《인종의 불평등에 대한 에세이》로 유명해졌고, 인종주의의 창시자로 알려져 있다.

의破壞ᄒᆞᄂᆞᆫ例가不少ᄒᆞ니一國이死ᄒᆞᆫ時에곳他의一國이生ᄒᆞᆷ과如ᄒᆞᆫ狀態라國家組織에反對되ᄂᆞᆫ것을解散이라ᄒᆞ니盖無政府라稱ᄒᆞᆷ은解散의格段ᄒᆞᆫ境遇라若人民이政府의權力을不恐ᄒᆞ고社會의各人이自己를各各認正ᄒᆞ야社會全体에注目치아니ᄒᆞ고社會全体를爲ᄒᆞ야犧牲되ᄂᆞᆫ心이消滅ᄒᆞᄂᆞᆫ時에ᄂᆞᆫ曾往組織되얏든國家가無政府의擾亂을成ᄒᆞᄂᆞ니盖無政府即아날기란者ᄂᆞᆫ國家組織의大主義를破壞ᄒᆞᄂᆞᆫ者로서但現在의政体를破壞ᄒᆞᆯᄲᅮᆫ아니라其永久ᄒᆞᆫ아날기가世界歷史에在ᄒᆞᆷ은其例가不少ᄒᆞᄂᆞ니大概아날기로ᄒᆞ야곰社會의組織이紊亂ᄒᆞᆫ同時에又新組織의準備가將整ᄒᆞᆷ과如ᄒᆞᄂᆞ니夫아리안人種의政治上特質이此擾亂ᄒᆞᆫ際에顯出ᄒᆞᆫ것이아리안人種은怒髮이衝天ᄒᆞᄂᆞᆫ勢로써政治上의秩序를破壞ᄒᆞᄂᆞᆫ同時에又政治上에必要ᄒᆞᆫ制限을受ᄒᆞ얏스니彼等은擾亂에熱心ᄒᆞᄂᆞᆫ時에이믜何首領의게統率되야彼等의自由를得ᄒᆞᆷ을歡喜雀躍ᄒᆞᄂᆞᆫ其狀態를窺ᄒᆞ면將來此를支配ᄒᆞᆯ執政官의容貌를冷視ᄒᆞᆷ을可知ᄒᆞᆯ지니盖此아리안人種의永久히政治上成立을能히抛棄치못ᄒᆞᄂᆞᆫ것은魚가水를離ᄒᆞ고鳥가空氣를離치못ᄒᆞᆷ과如ᄒᆞᆫ지라歷史를按컨딘아리안人種이永久히國家의範圍를脫却ᄒᆞᆫ實例

가 파괴되는 사례도 있는데, 한 국가가 멸망할 때 즉시 다른 국가가 성립하는 것과 같은 상태이다. 국가조직에 반대되는 것을 국가해산이라고 하는데, 무정부상태라고 부르는 상태는 국가해산의 극단적 형태이다. 만일 인민들이 정부의 권력을 두려워하지 않고, 사회의 각 개인이 자신만을 인정할 뿐 사회 전체에 주의하지 않으면서 사회 전체를 위해 희생하려는 심정이 소멸한 때에는 이미 사라진 조직이 되거나 국가가 무정부의 소란을 겪게 된다. 무정부, 즉 아나키라는 것은 국가조직의 대원칙을 파괴하는 것으로서 현재의 정체를 파괴한다. 물론 지속적인 아나키 상태가 존재하는 경우는 세계역사에서 극히 드물다. 일반적으로 아나키로 인해 사회의 조직이 문란해짐과 동시에 새로운 국가조직의 정비를 준비하게 된다. 아리아족의 정치적 특성은 이러한 소란 상태에 직면해 표출되었다. 즉 아리아족은 분노가 충천하는 기세로 정치적 질서를 파괴함과 동시에 정치적으로 필요한 제한을 받아들였다. 즉 아리아족은 아나키를 열렬히 지지할 때에도 지도자의 통솔을 받았으며, 자유를 쟁취해 기쁨에 빠져 있는 상태를 바라보면서도 앞으로 자신들을 지배할 집정관의 속성을 냉철하게 파악해 알고 있었다. 아리아족이 장기적으로 정치의 성립을 포기할 수 없었던 것은 물고기가 물을 벗어나지 못하고 새가 하늘을 벗어나지 못하는 것과 마찬가지이다. 역사를 고찰해볼 때 아리아족이 지속적으로 국가의 범위로부터 벗어난 사례

가不有ᄒᆞ고且其水草를逐ᄒᆞ야漂泊ᄒᆞᄂᆞᆫ退步의狀態가無ᄒᆞ니라
國家의滅亡ᄒᆞᄂᆞᆫ原因이但其右述ᄒᆞᆫ解散의境遇뿐아니라移住도亦滅亡의原因이되ᄂᆞ니羅馬滅亡ᄒᆞᆫ時에北方의野蠻國이擧皆伊太利로移住ᄒᆞᆷ과如히此移住의人民이更히他에國居를定ᄒᆞ고其處에新國家를組織ᄒᆞᆷ과否ᄒᆞᆷ은又其時期와境遇에在ᄒᆞᆷ이니라

國家滅亡의第三原因은征服이니一國家가外國의征服을被ᄒᆞ야此에合ᄒᆞᆫ時에ᄂᆞᆫ其國이遂亡ᄒᆞᆷ은勿論이라昔에羅馬가此手段에依ᄒᆞ야多數의國家를滅亡ᄒᆞ얏고國家滅亡의第四原因은聯合이니大抵國家의聯合을依ᄒᆞ야新國家를起ᄒᆞ얏스되其舊來의國家가獨立의成立을失ᄒᆞᆫ故로此를指目ᄒᆞ야滅亡의一原因이라云ᄒᆞᆷ이니但征服은其國民의意思에出ᄒᆞᆷ이아니오聯合은其意思에出ᄒᆞᆷ이며國家滅亡의第五原因은分離ㅣ니此分離에ᄂᆞᆫ脅迫의境遇와不然ᄒᆞᆷ이有ᄒᆞ니譬컨ᄃᆡ玆에一帝國이有ᄒᆞ야其各部의人民이次第로風俗習慣이殊異ᄒᆞᆷ으로ᄃᆞ듸여分離ᄒᆞᆷ에至ᄒᆞᆫ것은自然의分離요彼魯佛獨三國이波蘭을分離ᄒᆞᆷ과如ᄒᆞᆷ은脅迫의分離ㅣ라謂ᄒᆞ고國家滅亡의第六原因은主權의抛棄ㅣ니譬컨ᄃᆡ日耳曼聯

가 없고 또한 방랑과 표류를 일삼아 퇴보한 상태에 처한 적도 없다.

앞에서 서술한 해산의 경우만이 국가가 멸망하는 원인인 것은 아니다. 이주 역시 국가가 멸망하는 원인이 된다. 그러나 로마가 멸망할 때 북방의 야만 국가들이 대부분 이탈리아로 이주한 경우와 같이 이주한 인민들이 이주한 곳을 국가의 소재지로 정해 여기에 새로운 국가를 조직하는지 여부는 각 시대나 경우에 따라 다르다.

국가가 멸망하는 세 번째 원인은 정복이다. 한 국가가 다른 국가에 의해 정복당해 이 국가에 합병된 때에는 당연히 국가가 멸망하다. 옛날에 로마는 이러한 방법을 통해 다수의 국가를 멸망시켰다. 국가가 멸망하는 네 번째 원인은 연합이다. 일반적으로 국가의 연합을 위해서는 새로운 국가를 창설했지만, 과거에 있던 국가가 독립성을 갖지 않기 때문에 이를 국가멸망의 한 원인으로 본다. 다만 정복은 정복당하는 국민의 의사에 따른 것이 아니고, 연합은 국민의 의사에 따른 것이라는 차이가 있다. 국가멸망의 다섯 번째 원인은 분할이다. 이 분할은 협박에 의한 경우와 그렇지 않은 경우가 있다. 예컨대 하나의 제국이 존재하고, 제국의 각 부분에 속하는 인민들의 풍속과 관습이 점차 상이해져서 결국 분할되는 상태에 이르는 것은 자연스러운 분할이고, 러시아, 프랑스, 독일 3개국이 폴란드를 분할한 것은 협박에 의한 분할이다. 국가멸망의 여섯 번째 원인은 주권을 포기하는 경우이다. 예컨대 독일연

邦諸國中의主權을抛棄ᄒᆞ야其一國된体裁를失홈과如히又佛蘭西路易十一世以來로中央集權의政略을取ᄒᆞ야各地方候領의主權을抛棄케ᄒᆞ야此를中央에集合홈과如ᄒᆞ니라

第十章　國家는目的인지手段인지

夫國家者는目的이라稱홀가手段이라稱홀가國家는其自身의目的을爲홈인가或은一個人으로ᄒᆞ야곰目的을達케ᄒᆞ는手段인가此에對ᄒᆞ야古來種種의說이有ᄒᆞ니特히希臘人이此問題에就ᄒᆞ야大爲硏究홈과如히希臘人으로브터古來國民의考慮ᄒᆞ는바를據ᄒᆞᆫ則國家者는人類의最高目的으로此를比較ᄒᆞ면一個人이란것은僅히一部分에不過ᄒᆞ야國家는一個人의用에供ᄒᆞ는者가아니오其一個人이反히國家의用에供ᄒᆞ는것이恰然히四肢가全体에使役됨과如ᄒᆞ니是以로一個人의幸福安寧은猶豫업시國家의利害를爲ᄒᆞ야犧牲에供홈을得ᄒᆞ는것이오一個人의自由는國家自由의一部分인故로國家全体의利害에反對되는時에는可히保護치못ᄒᆞ는것이라然이나此問題에關ᄒᆞᆫ近代의說은特히英吉利亞米利加의學者政治家等의主張ᄒᆞ는說은前述ᄒᆞᆫ古代說과全혀反對되는것이

방에 속한 여러 국가들 가운데 주권을 포기함으로써 한 국가의 체제를 상실하는 경우가 여기에 속한다. 또한 프랑스가 루이 11세 이후 중앙집권이라는 정치적 전략을 취해 각 지방의 영주국가의 주권을 포기하게 만들고, 이 국가들을 중앙에 결집시킨 것 역시 이 경우에 속한다.

제10장 국가는 목적인가 수단인가?

국가는 목적인가 아니면 수단인가? 국가는 국가 자체의 목적을 위한 것인가 아니면 개인으로 하여금 목적을 달성하게 만드는 수단인가? 이에 관해서는 예전부터 여러 가지 이론이 존재한다. 특히 그리스인들이 이 문제에 대해 많은 연구를 했고 이 그리스인들의 연구에 비추어 과거의 국민들이 국가에 대해 사고한 내용을 알 수 있다. 이에 따르면 국가는 인간의 최고목적이고, 국가에 비해 개인은 단순히 국가의 일부분일 따름이다. 따라서 국가가 개인을 위해 봉사하는 것이 아니라, 반대로 개인이 국가를 위해 봉사한다. 이는 마치 사지가 몸 전체를 위해 봉사하는 것과 마찬가지이다. 그러므로 개인의 행복과 안녕은 얼마든지 국가의 이익을 위해 희생될 수 있다. 또한 개인의 자유는 국가의 자유의 한 부분이기 때문에 개인의 자유가 국가 전체의 이익에 반할 때에는 이를 보호하지 않을 수 있다. 그러나 이 문제에 관한 근대의 이론, 특히 영국과 미국의 학자와 정치가들이 주장하는 이론은 앞에서 말한 고대의 이론과는 완전히 반대된다.

近代說을依ᄒᆞᆫ則國家者ᄂᆞᆫ目的이아니오一個人의幸福安寧을保全ᄒᆞ기爲ᄒᆞᆫ手段에不外ᄒᆞᆷ이라ᄒᆞ니盖國家에關ᄒᆞᆫ是等古代의說과及其近代의說이共히眞理의種子ᄅᆞᆯ包含ᄒᆞᆫ者ᄂᆞᆫ然이나擧皆問題의一面에만着目ᄒᆞ고他의一面을看過ᄒᆞᄂᆞᆫ弊가有ᄒᆞ다謂치아니치못ᄒᆞᆯ지라此ᄅᆞᆯ更히推考ᄒᆞᆯ진ᄃᆡ國家者ᄂᆞᆫ目的인가手段인가云ᄒᆞᄂᆞᆫ問題가此偏見과謬說을免키不能ᄒᆞᆫ것이夫物을一方으로觀察ᄒᆞᆯ時에ᄂᆞᆫ其目的을達ᄒᆞ기爲ᄒᆞᄂᆞᆫ手段인듯ᄒᆞ되他一方으로此ᄅᆞᆯ見ᄒᆞᆯ時에ᄂᆞᆫ其自身의目的을爲ᄒᆞᆷ인듯ᄒᆞ니譬컨ᄃᆡ彼姻婚은夫婦가其必要ᄒᆞᆫ生活幸福을爲ᄒᆞᄂᆞᆫ手段과如ᄒᆞ나然이나婚姻은家族의根原으로其家族을維持ᄒᆞ기爲ᄒᆞ야家族의一員이一身의利益과幸福을犧牲으로供ᄒᆞᄂᆞᆫ必要가有ᄒᆞ니此國家도亦同ᄒᆞ야一方으로觀ᄒᆞᆯ時에ᄂᆞᆫ國家ᄅᆞᆯ組織ᄒᆞᆫ바一個人의幸福을達ᄒᆞ기爲ᄒᆞ야設ᄒᆞᆫ手段인듯ᄒᆞ되他一方으로觀ᄒᆞ면其自身의目的으로一個人이是에服從치아니치못ᄒᆞ며且此ᄅᆞᆯ爲ᄒᆞ야犧牲치아니치못ᄒᆞᆯ事가有ᄒᆞᆫ지라盖古代의說은國家ᄅᆞᆯ惟重ᄒᆞ고一個人을輕易看過ᄒᆞᄂᆞᆫ故로其結果가一個人의自由와幸福을危ᄒᆞ며國家로ᄒᆞ야곰其虐政을行케ᄒᆞ되是ᄅᆞᆯ反ᄒᆞ야近代의說은彼樹木을見ᄒᆞ야도森을觀

근대의 이론에 따르면 국가는 그 자체가 목적이 아니라, 개인의 행복과 안녕을 보전하기 위한 수단일 뿐이라고 한다. 국가에 관한 고대의 이론과 근대의 이론은 모두 진리가 될 소지를 담고 있다. 하지만 두 이론 모두 문제의 한 쪽 측면에만 집착할 뿐, 다른 쪽 측면을 간과하는 폐단을 안고 있다. 이 문제에 대해 깊이 사고해보면 국가가 목적인가 아니면 수단인가라는 문제가 이러한 편견과 오류에서 벗어나기 어려운 이유는 바로 국가를 한 쪽 측면에서 관찰할 때는 목적을 위한 수단인 것처럼 보이지만, 다른 쪽 측면에서 관찰할 때에는 국가 자체의 목적을 위한 것처럼 보이기 때문이다. 예컨대 혼인은 부부가 필요한 생활과 행복을 위한 수단과 같은 것이다. 그러나 혼인은 가족의 근원으로서 가족을 유지하기 위해서는 가족의 일원이 개인적 이익과 행복을 희생할 필요가 있다. 국가도 이와 마찬가지여서 한편으로 볼 때에는 국가 자체가 목적이기 때문에 개인은 국가에 복종해야 하고 국가를 위해 희생해야 할 경우가 있다. 그러나 고대의 이론은 국가만을 중시하며 개인을 경시하고 간과하기 때문에 결과적으로 개인의 자유와 행복을 위협하며, 국가로 하여금 폭정을 행하게 만든다. 이에 반해 근대의 이론은 나무만 보고, 숲을 보지키不能ᄒᆞᆷ과如히國家의威嚴을能認치아니ᄒᆞ고但其一個人만見重ᄒᆞ는故로맛ᄎᆞᆷ니無政府의態度를奬勵ᄒᆞ는事가無ᄒᆞ다謂치못ᄒᆞᆯ지라

古代의人은國家의重要ᄒᆞᆫ職務即人身自由의保護와多數人民의幸福發達에對ᄒᆞ야十分注意치아니ᄒᆞ되近代의政治學은國家가此職務를認ᄒᆞ며又近代人의所爲는此를普及케ᄒᆞ는功이有ᄒᆞ니今日에在ᄒᆞ야一個人의幸福을主治者의隨意에從ᄒᆞ야或全然히不顧ᄒᆞᆷ을許ᄒᆞᆫ다는說은極히憎惡卑賤케知ᄒᆞ는바라今日에는法律及執行者가但一個人을支配ᄒᆞᆯ뿐아니라此에對ᄒᆞ야重要ᄒᆞᆫ職務를不可不盡ᄒᆞᆯ것이오且其社會의實利的과慈善的의組織이多ᄒᆞᆷ은皆此目的을爲ᄒᆞ야成立ᄒᆞᆫ者니此自由說은基督敎가宗敎社會에擴張ᄒᆞᆫ以來로多出ᄒᆞᆫ바이니라又國家는單히一個人만爲ᄒᆞ야存立ᄒᆞᆷ이오政治의目的은其幸福을注意ᄒᆞᆷ에不外ᄒᆞᆷ이라ᄒᆞᆷ은大抵論理上과政理上의誤謬ᄒᆞᆫ說이라謂ᄒᆞᆯ지라若此의主張으로觀ᄒᆞᆯ時에는國家란者의神髓을破壞ᄒᆞ야彼公法이私法의先鋒됨에止ᄒᆞᆯ뿐이니蓋如何ᄒᆞᆫ國이던지其國家의危急存亡의時를當ᄒᆞ야重ᄒᆞᆫ負擔을不辭ᄒᆞ며其家族의平和와其生命을危ᄒᆞᆯ지라도其國家를爲ᄒᆞ야盡瘁치아니치못ᄒᆞᄂᆞ니蓋此

못하는 탓에 국가의 위엄을 인정하지 않고 단지 개인만을 중시하기 때문에 결국 무정부상태를 촉진하는 경우가 있다.

고대인들은 국가의 중요한 과제, 즉 인간의 자유의 보호와 다수 인민의 행복증진에 대해서는 충분히 주목하지 않은 반면, 근대 정치학은 국가의 이러한 과제를 인식하고 있고, 이 점을 널리 전파한 것은 근대인의 공적이다. 오늘날에는 통치자의 자의에 따라 개인의 행복을 전혀 고려하지 않는 것도 허용된다는 이론은 증오와 경멸의 대상이다. 오늘날 법률과 법률을 집행하는 공직자는 단순히 개인을 지배하는 것이 아니라, 개인에게 봉사한다는 중요한 과제에 매진해야 한다. 또한 오늘날의 사회에서 개인에게 이롭고 개인의 복지를 위해 존재하는 다수의 조직 역시 이러한 목적을 위한 것이다. 이처럼 개인의 자유를 중심으로 하는 이론은 기독교가 종교생활로 확장된 이후에 확산되었다. 그러나 국가가 오로지 개인을 위해 존재하는 것이고 정치의 목적은 개인의 행복을 증진하는 것일 뿐이라는 이론은 전반적으로 논리적 및 정치적 오류일 뿐이다. 이러한 주장을 일관되게 유지하게 되면 국가의 본질을 파괴하고, 공법은 단순히 사법의 전제조건에 불과하게 될 것이다. 어떠한 국가든지 국가의 존망이 위급한 때에는 커다란 부담을 지는 것을 마다하지 않고, 설령 가족의 평화와 생명이 위태로울지라도 국가를 위해 이를 기꺼이 희생한다. 이러한

犧牲의心은國家의安寧幸福을一身의安寧幸福보다重히思ᄒᆞᄂᆞᆫᄃᆡ出ᄒᆞᆷ이라若國家가一個人의利益만守ᄒᆞ기爲ᄒᆞ야設ᄒᆞᆫ機關이라ᄒᆞ면國民의生活이一個人의生活보다價値가無ᄒᆞᆫ者라ᄒᆞᆯᄯᅥ인則彼古의英雄事業이皆狂氣의所使ᄅᆞᆯ不免ᄒᆞᆯᄯᅥ이라夫國家의幸福은一個人의幸福과同一치아니ᄒᆞ니盖此二者間에密接ᄒᆞᆫ關係가存在ᄒᆞ야恒常相伴ᄒᆞ야昇降ᄒᆞᄂᆞᆫ者라卽一個人의幸福이減ᄒᆞᆯ時에ᄂᆞᆫ國家의幸福이亦減ᄒᆞᆷ으로ᄡᅥ爲常ᄒᆞᄃᆡ此二者가반다시並行ᄒᆞᄂᆞᆫ者라謂치못ᄒᆞᆯ것이或時에ᄂᆞᆫ二者가相合相分의事가有ᄒᆞ야國家ᄂᆞᆫ境遇ᄅᆞᆯ因ᄒᆞ야其自身을維持ᄒᆞ기ᄅᆞᆯ爲ᄒᆞ며或未來의利益을圖ᄒᆞ기爲ᄒᆞ야一個人에對ᄒᆞᆫ重苛의要求ᄅᆞᆯ施ᄒᆞ며負擔을蒙케ᄒᆞᄂᆞᆫ事가有ᄒᆞ고又或一個人의幸福을守ᄒᆞ기爲ᄒᆞ야크게國家의助力을要ᄒᆞ면國家ᄂᆞᆫ此ᄅᆞᆯ爲ᄒᆞ야多大ᄒᆞᆫ損害ᄅᆞᆯ蒙ᄒᆞᄂᆞᆫ事도有ᄒᆞᄂᆞ니라

右述ᄒᆞᆫ바에依ᄒᆞ야觀ᄒᆞ건ᄃᆡ吾人은如何ᄒᆞᆫ境遇에國家가一個人의利益을守ᄒᆞᄂᆞᆫ手段인지如何ᄒᆞᆫ範圍에國家가其自身의目的으로一個人의服從을要求ᄒᆞᄂᆞᆫ權利가有ᄒᆞᆷ인지此ᄅᆞᆯ不可不一層研究ᄒᆞᆯ必要가有ᄒᆞ니라

第十一章　國家目的에關ᄒᆞᆫ謬見

희생의 정신은 국가의 안녕과 행복을 개인의 안녕과 행복보다 더 중요하게 생각하기 때문에 생겨나는 것이다. 만일 국가가 한 개인의 이익만을 지키기 위해 설립된 기관이라면 국민의 생활이 개인의 생활보다 더 가치 있다고 말할 수 없게 될 것이고, 과거의 수많은 영웅들의 업적은 모두 광기의 발로에 불과한 것이 되고 만다. 국가의 행복은 개인의 행복과 동일하지 않고, 양자 사이에는 밀접한 관계가 존재하기 때문에 언제나 서로 맞물려 상승하고 하강하는 것이다. 즉 한 개인의 행복이 감소하면 국가의 행복도 감소하는 경우가 자주 있다. 물론 양자가 반드시 병행된다고 할 수는 없다. 경우에 따라서는 양자가 서로 부합할 수도 있고, 서로 모순될 수도 있다. 즉 국가는 경우에 따라서는 스스로를 유지하기 위해 또는 미래의 이익을 도모하기 위해 개인에게 가혹한 요구를 제기하고 중대한 부담을 부과할 수 있다. 또한 한 개인의 행복을 지키기 위해 국가의 조력을 필요로 할 때에는 국가가 이를 위해 커다란 손해를 감수할 수도 있다.

이상의 서술에 비추어 볼 때 우리는 어떠한 경우에 국가가 개인의 이익을 보호하기 위한 수단이고 어떠한 범위 내에서 국가 자체를 목적으로 삼아 개인의 복종을 요구할 권리가 있는지를 더 자세히 탐구할 필요가 있다.

제11장 국가의 목적에 관한 잘못된 견해

或은理論上或은實際上으로國家의眞目的을乃最上權의支配로君主가其人民을支配홈은國家의目的이라主張ᄒᆞᄂᆞᆫ者가有ᄒᆞ나然이나若最上權의支配로써國家의目的이라ᄒᆞ면其專制ᄒᆞᄂᆞᆫ國家ᄂᆞᆫ理想上으로가장完全ᄒᆞᆫ國家라謂ᄒᆯ것이오政治의目的을專制主義의宏大ᄒᆞᆫ君主國에樹立ᄒᆯ者라謂ᄒᆯ지니若果然ᄒᆞᆫ時에ᄂᆞᆫ此說이彼自由說과到底히兩立치못ᄒᆯ지라아리스도ㅣ돌氏가古來此說을非難ᄒᆞ야曰君主의私自幸福으로目的ᄒᆞᆫ組織은實로正當치못ᄒᆞ다云ᄒᆞ얏스니蓋人民도亦君主와如히同一ᄒᆞᆫ能力과同一ᄒᆞᆫ感覺이有ᄒᆞᆫ者ㅣ故로君主로써政權의所有者라ᄒᆞ고人民으로써其支配의目的物이라ᄒᆞᄂᆞᆫ것이不道理의論이라彼奴隸制度에對ᄒᆞᆫ諸論은此種類專制主義와共하適應ᄒᆞ다謂ᄒᆯ지니夫支配ᄒᆞᄂᆞᆫ者ᄂᆞᆫ國家權力의一部로必要홈이無疑ᄒᆞ되是ᄂᆞᆫ國家의目的이아니오惟其國家의目的을達ᄒᆞ기爲ᄒᆞᆫ手段에不外홈이라國家支配의權은君主의所有ᄒᆞᆫ權利라謂ᄒᆞᄂᆞᆫ것보다君主가國民에對ᄒᆞ야盡ᄒᆞᄂᆞᆫ義務라謂홈이可ᄒᆞ도다

或者가又曰國家의目的은地球上에神의王國을樹ᄒᆞᆫ者라ᄒᆞ고스다ㅣ알氏ᄂᆞᆫ曰國家의義務ᄂᆞᆫ神에對ᄒᆞᆫ義務에基因ᄒᆞᆫ者라故로國家ᄂᆞᆫ神의支配를享受ᄒᆞ며正

이론이나 현실에서 국가의 진정한 목적이 국가 최고 권력의 지배라고 하면서, 군주가 인민을 지배하는 것이 곧 국가의 목적이라고 주장하는 경우가 있다. 그러나 만일 최고 권력의 지배를 국가의 목적이라고 하면 전제국가가 이념적으로 가장 완전한 국가라고 해야 할 것이고, 정치의 목적은 전제주의를 실현한 절대 군주국가를 수립하는 것이라고 해야 할 것이다. 만일 그렇다면 어떤 때에는 이 이론이 개인의 자유를 중시하는 이론과 도저히 양립할 수 없게 된다. 이미 오래 전에 아리스토텔레스는 이 이론을 다음과 같이 비판했다. 즉 군주가 자신의 개인적 행복을 목적으로 삼아 국가를 조직하는 것은 참으로 정당하지 못하다고 한다. 왜냐하면 인민도 군주와 마찬가지로 동일한 능력과 동일한 감각을 갖고 있고, 따라서 군주는 정치권력의 소유자라 하고, 인민은 지배의 대상일 뿐이라고 하는 것은 온당치 못한 견해라고 한다. 노예제도에 반대하는 모든 이론은 이러한 전제주의를 반대하는 이론에도 그대로 적용된다. 물론 지배자는 국가권력의 한 부분으로서 반드시 필요하다. 그러나 지배자가 곧 국가의 목적은 아니고, 지배자는 단지 국가의 목적을 달성하기 위한 수단일 따름이다. 국가를 지배할 권리는 곧 군주가 소유하는 권리라고 말하기 보다는, 군주가 국가에 대해 부담하는 의무라고 말할 수 있다.

어떤 사람들은 국가의 목적이 지구상에 신의 왕국을 건설하는 것이라고 한다. 슈타알은 국가의 의무가 신에 대한 의무에 기인한 것이라고 말하고, 그 때문에 국가는 신의 지배를 받고, 정

義를維持ᄒᆞ며規則을遵奉ᄒᆞ며及其道德을勉勵ᄒᆞᄂᆞᆫ것이此皆社會에對ᄒᆞᆫ神의和合에不外ᄒᆞᆷ이라ᄒᆞ니中古時代에ᄂᆞᆫ基督教徒와回回教徒를不問ᄒᆞ고皆此說을信ᄒᆞ얏스나然이나近世에至ᄒᆞ야全혀此를排斥ᄒᆞᄂᆞ니盖此主義를取ᄒᆞᆫ者ᄂᆞᆫ君主의支配와神의支配를比較ᄒᆞ야神의支配ᄂᆞᆫ絶對的의支配로相關的의支配ᄒᆞᄂᆞᆫ君主의制治와大爲殊異ᄒᆞᆫ지라君主의支配ᄂᆞᆫ人類가人類를支配ᄒᆞᄂᆞᆫ者이오君主의生活도亦臣民의生活과共히同一ᄒᆞᆫ標準에依ᄒᆞ야同一ᄒᆞᆫ性質을有ᄒᆞᆫ者라故로此를批評ᄒᆞᆷ에對ᄒᆞ야元來人的의標準을憑ᄒᆞᄂᆞᆫ것이니故로神과君主와比較ᄒᆞᄂᆞᆫ것은如何ᄒᆞᆫ點으로考ᄒᆞ던지謬見에不外ᄒᆞᆷ이오此說이往往君主를驕傲케ᄒᆞᄂᆞᆫ弊가有ᄒᆞᆫ則極히有害ᄒᆞᆫ것이라謂ᄒᆞᆯ지니라

或은又國家의目的을人民及國土外에在ᄒᆞᆫ者로思惟ᄒᆞ야或他의目的을達ᄒᆞ기爲ᄒᆞᆫ手段에不過ᄒᆞᆷ이라ᄒᆞ니假令羅馬의僧侶黨이彼法王의所領ᄒᆞᄂᆞᆫ諸州로써羅馬教及其法王을維持ᄒᆞ기爲ᄒᆞᆫ手段이라認做ᄒᆞ야法王의隨意로此를處分ᄒᆞ얏스되法王의所領ᄒᆞᆫ者가一國家를成立ᄒᆞᆫ以上에ᄂᆞᆫ其自身의目的이有ᄒᆞᆫ者이오決코其宗教라ᄂᆞᆫ外物의게隨意處置ᄒᆞᆷ을不受ᄒᆞᆷ이分明ᄒᆞᄂᆞ니歷史ᄂᆞᆫ此事에

의를 유지하며 규칙을 준수하고 도덕에 힘쓰는 것이 곧 모든 사회가 신과 합치할 수 있는 유일한 길이라고 한다. 중세에는 기독교도와 회교도 모두 이러한 견해를 신봉했다. 그러나 근대에 들어서는 이와 같은 견해를 완전히 배척하게 되었다. 즉 이러한 근대적 입장을 취하는 자는 군주의 지배와 신의 지배를 비교해 신의 지배는 절대적 지배로서 상대적인 지배인 군주의 통치와는 크게 다르다고 본다. 즉 군주의 지배는 인간이 인간을 지배하는 것이고, 따라서 군주의 삶도 신민의 삶과 마찬가지로 동일한 기준에 따르고 동일한 성질을 갖는다고 한다. 이 점에서 군주의 지배를 신의 지배로 보는 견해는 원래 인간의 기준에 속하는 것을 신에게 의존하게 하는 잘못을 범한 것이기에 신과 인간을 비교하는 것은 어떠한 측면에서 보더라도 완전히 잘못된 견해이다. 이러한 견해는 자주 군주를 교만하게 만드는 폐단을 갖고 있어서 극히 유해한 견해일 뿐이다.

어떤 견해는 국가의 목적이 인민과 영토 바깥에 있다고 생각하면서 국가는 이와는 다른 목적을 위한 수단에 불과하다고 한다. 예컨대 사제정당은 교황의 지배하에 있는 영지(바티칸)가 로마 교회와 교황을 유지하기 위한 수단이고, 따라서 교황의 의지에 따라 처분할 수 있다고 한다. 그러나 교황의 지배하에 있는 영지가 하나의 국가로 성립한 이상 이 국가 자체의 목적이 존재하는 것이기 때문에 결코 종교라는 국가 이외의 것에 의해 마음대로 처분될 수는 없다고 해야 한다. 역사는 이 문제에

對ᄒᆞ야이믜判斷ᄒᆞᆫ것이法王領이今에伊太利國家內에編入ᄒᆞ미其人民을伊太利國民의一部라ᄒᆞ니此等의謬見이但其法王領에止ᄒᆞᆯ바아니오彼其리희던스다잉의公領을伊太利의朝廷이라云ᄒᆞ고又伊太利皇室의威嚴을增ᄒᆞᆷ이라ᄒᆞᆷ도有ᄒᆞ니라

獨逸에ᄂᆞᆫ國家의眞目的은權利의保障이라稱ᄒᆞ야特히身体及財產의保護ᄂᆞᆫ國家의目的이라ᄒᆞ며或者ᄂᆞᆫ國家의安全은人民의幸福과安寧이아니오차라리其國의組織과法律의道理에合ᄒᆞᆫ者라ᄒᆞ며又或은凡人의權利保障은皆凡人의所欲ᄒᆞᄂᆞᆫ者라云ᄒᆞ니라

如右히國家의目的을狹隘케ᄒᆞᆷ은近世國民의志望에不適ᄒᆞ고且其必要를充ᄒᆞᆷ에不足ᄒᆞᆫ지라權利의保障이라ᄒᆞᆷ은國家義務의一이나然이나是로써國家의目的이라ᄒᆞᆷ은甚히狹隘ᄒᆞᆷ이니若此說을唱ᄒᆞᄂᆞᆫ者라도一次實際의政治에經險ᄒᆞᆫ時에ᄂᆞᆫ此範圍를超ᄒᆞ야一層高尙ᄒᆞᆫ目的으로其政略을執向ᄒᆞᆷ에至ᄒᆞ리니彼獨逸聯邦이那破翁의게蹂躪ᄒᆞᆫ바에至ᄒᆞ야漸次其說을更ᄒᆞ야國家主義를採用ᄒᆞ얏스니盖那破翁이라도其財產을保護ᄒᆞ얏슨則財政의保護로써政府唯一의目

대해 이미 판단을 내렸다. 즉 교황청은 오늘날 이탈리아 국가에 편입되어 있고, 교황청 인민을 이탈리아 국민의 일부로 본다. 이와 같은 잘못된 견해는 단순히 교황청에만 국한되지 않는다. 리히텐슈타인 공국을 오스트리아*의 황실이라고 부르고, 오스트리아 황실의 존엄을 높이는 것이라고 말하는 것이 여기에 속한다.

독일에서는 국가의 진정한 목적이 권리의 보장이라고 하고, 특히 신체와 재산의 보호를 국가의 목적이라고 한다. 이에 반해 어떤 사람들은 국가의 안전은 인민의 행복과 안녕이 아니라, 국가의 조직과 법률의 원칙에 부합하는 것이라고 한다. 또 어떤 사람들은 모든 사람의 권리를 보장하는 것은 곧 모든 사람이 원하는 것이라고 말한다.

이와 같이 국가의 목적을 지나치게 좁게 파악하는 것은 근대 국민의 소망에 부합하지 않을 뿐만 아니라, 국민의 필요에 부응하는 데에도 충분하지 않다. 권리의 보장은 국가의 의무 가운데 하나이긴 하지만, 이를 곧 국가의 목적으로 파악하는 것은 지나치게 협소한 견해이다. 이러한 견해를 주장하는 자일지라도 일단 현실 정치를 경험할 때에는 권리보장이라는 범위를 뛰어넘어 더욱 고차적인 목적을 향해 정치적 전략을 집중하게 된다. 예컨대 독일연방이 나폴레옹에 의해 유린당하는 상황을 겪은 이후 점차 이러한 견해를 취해 국가주의를 선택하게 되었다. 나폴레옹도 국민의 재산을 보호했기 때문에 만일 재산의 보호를 정부의 유일한 목

* 본문에는 '이탈리아'로 되어 있으나, 독일어 원문과 내용상 '오스트리아'가 맞는다.

的을爲홀진ᄃᆡ卽那破翁에服從홈이亦可라謂홀지라
우일헤룸氏가普遍西의文部大臣을任ᄒᆞ야前後理論의非難을不拘ᄒᆞ고官立學校를設立ᄒᆞ야써普遍西國民의智力上進步을圖ᄒᆞ기를勉勵ᄒᆞ얏고此外에又同氏가普遍西政府의勢力으로써民法刑法을執行ᄒᆞ야權利를十分保護홈을不拘ᄒᆞ고一層此를擴張코자ᄒᆞ얏스니要컨ᄃᆡ右說은國家의目的을盡홈이라謂치못홀것이오又近世開明國의目的을包含ᄒᆞᆫ者라云키不能ᄒᆞᆫ지라開明政府ᄂᆞᆫ權利를保護ᄒᆞᄂᆞᆫ外에國家經濟上의進步를亦關係치아니치못ᄒᆞᄂᆞ니卽道路堀川鉄道郵便電信等은權利保護에毫末의關係가無ᄒᆞᆫ者라도亦相關치아니치못홀것이오開明政府ᄂᆞᆫ知識의進步도不可不計홀것이政府의力으로써諸種의學校를建야야少壯ᄒᆞᆫ國民의敎育을不可不計홀지니且夫國家者ᄂᆞᆫ政治的의無形人이라故로私權을保護ᄒᆞ기爲ᄒᆞ야法律을立ᄒᆞ고此를執行ᄒᆞ되其上에自身의進步發達을亦不可不計畫ᄒᆞᄂᆞᆫ것이니由是觀之컨ᄃᆡ此權利說에만依行ᄒᆞᆫ則國家의經濟上知識上의進步에有害홀뿐더러公共의精神이漸次로消失ᄒᆞ야國家의權力을弱케홈에至ᄒᆞᄂᆞ니라

적으로 삼게 되면 나폴레옹에게도 복종해야 한다고 말해야 한다.

빌헬름 폰 훔볼트*는 프로이센의 장관이 되어 그 자신이 예전에는 비판했던 국립학교를 설립해 프로이센 국민의 지적 능력을 향상시키기 위해 노력했다. 이밖에도 훔볼트는 프로이센 정부의 힘으로 민법과 형법을 집행함으로써 국민의 권리를 충분히 보호했음에도 불구하고 이러한 보호를 한층 더 확대하고자 했다. 따라서 국가의 목적을 국민의 권리보장에 국한시키는 견해는 국가의 목적을 완전히 고려한 견해라 할 수 없고, 근대 문화국가의 목적까지 포함한 것이라 할 수 없다. 문화국가의 정부는 권리를 보호하는 것 이외에도 국가경제의 진보와도 관계를 맺지 않을 수 없다. 즉 도로, 운하, 철도, 우편, 전신 등은 권리보호와 전혀 관계가 없을지라도 정부의 과제와 관련이 있다. 더욱이 문화국가의 정부는 지식의 진보도 도모해야 하고, 정부의 힘으로 각종 학교를 설립해 젊은 국민들의 교육을 계획해야 한다. 이처럼 국가는 정치적 법인이기 때문에 사적 권리를 보호해야 할 뿐만 아니라, 법률을 제정, 집행하면서 국가 자체의 진보와 발달도 도모해야 한다. 이와 같은 이유에서 볼 때 국가의 목적을 권리보호에만 국한시키는 견해는 국가의 경제적 및 학문적 진보에 유해할 뿐만 아니라, 공공의 정신이 점차 상실되게 만들어 국가의 권력을 약화시킬 것이다.

---

* Wilhelm von Humboldt(1767-1835). 독일의 학자이자 정치가. 인문주의의 화신으로 베를린 대학의 설립을 주도했다. 철학, 법학, 정치학, 언어학 등 다방면에 걸친 수많은 저작을 남겼다.

或이又說曰幸福의增進은國家의眞目的이라ᄒᆞ나然이나此說은反히前說의狹隘에過ᄒᆞ야空漠에流ᄒᆞᄂᆞᆫ弊가有ᄒᆞ니蓋人의幸福이란것은國家의關係가無ᄒᆞ고所得ᄒᆞᄂᆞᆫ者가多ᄒᆞ니譬컨ᄃᆡ有形의幸福되ᄂᆞᆫ衣食住의快樂과如홈은一個人의勞力과儲蓄으로從來ᄒᆞᄂᆞᆫ것이오國家에由ᄒᆞ야所得홈이아니며又無形ᄒᆞᆫ能力과無形ᄒᆞᆫ幸福이亦國家에由홈이아니오人의才能이國家에依ᄒᆞ야與홈이아니오友誼로生ᄒᆞᆫ快樂과戀情으로生ᄒᆞᆫ快樂과學問의研究로得ᄒᆞᆫ快樂과風流宗敎의安心快樂等이皆是國家에依ᄒᆞ야與ᄒᆞᄂᆞᆫ바아니라蓋人者ᄂᆞᆫ國民된資格外에又種種의資格이有홈으로써國家의目的은一私人의目的을悉皆包蓄키不能ᄒᆞᄂᆞ니故로若此義로行ᄒᆞᆯ時에ᄂᆞᆫ如左ᄒᆞᆫ惡結果가生ᄒᆞᄂᆞ니라

第一　國家ᄂᆞᆫ其範圍外의事에關係홈을因ᄒᆞ야其無用의干涉이漸變ᄒᆞ야虐政에陷ᄒᆞᄂᆞᆫ것이不無ᄒᆞᆯ것이오

第二　國家ᄂᆞᆫ其範圍外의事에關係ᄒᆞ야拙劣ᄒᆞᆫ干涉을試홈으로써크게自然의發達을妨害ᄒᆞ며國家의幸福을增進코자ᄒᆞ되反히此ᄅᆞᆯ減殺ᄒᆞᄂᆞᆫ事가有ᄒᆞᆯ것이오

또 어떤 견해에 따르면 행복의 증진이 국가의 진정한 목적이라고 한다. 그러나 이 견해는 앞에서 설명한 견해가 국가목적을 너무 협소하게 파악하는 것과는 반대로 국가목적을 너무 넓고 막연하게 파악하는 것이다. 왜냐하면 국가와는 아무런 관계없이 행복을 얻는 사람도 많기 때문이다. 예컨대 물질적 행복에 해당하는 의식주의 쾌락과 같은 것은 개인의 노력과 절약을 통해 얻어지는 것이지, 국가에 의해 얻어지는 것이 아니다. 또한 정신적 능력과 정신적 행복 역시 국가에서 비롯되는 것이 아니고, 사람의 재능이 국가에 의해 부여되는 것도 아니다. 우정을 통해 생기는 쾌락, 사랑에 의해 생긴 쾌락, 학문적 연구와 예술을 통해 얻는 쾌락, 종교를 통한 위안과 쾌락 등은 모두 국가에 의해 부여되는 것이 아니다. 이와 같은 쾌락을 얻는 사람은 국민의 자격 이외에도 다른 여러 가지 능력을 갖고 있기 때문에 쾌락을 누리는 것이다. 국가의 목적이 각 개인들의 목적을 낱낱이 포함하고 있을 수는 없는 일이다. 그러므로 만일 국가의 목적을 이와 같은 뜻으로 실현하려고 하면 다음과 같은 폐단이 발생할 것이다.

첫째, 국가가 자신의 범위를 벗어나는 문제와 관련을 맺게 되어 불필요한 간섭을 점차 증대해 폭정에 빠지는 결과를 낳을 수 있다.

둘째, 국가가 자신의 범위를 벗어나는 문제와 관련을 맺게 되어 사소한 간섭을 시도함으로써 자연스러운 발달을 크게 방해하며 국가의 행복을 증진하는 것과는 정반대로 오히려 국가의 행복을 감소시키거나 말살하는 일이 발생한다.

第三 國家ᄂᆞᆫ其範圍外事에關係ᄒᆞᆷ으로써其眞目的을忽諸ᄒᆞ며其不可不所爲ᄒᆞᆯ伎倆을失ᄒᆞᆷ에至ᄒᆞᆯ것이니라

此謬見은古代政治社會에大行ᄒᆞ야써其社會의發達을妨害ᄒᆞᆷ이不少ᄒᆞ며十八世紀에도亦此說이盛行ᄒᆞ얏스되惟其國家의目的은如斯히空漠ᄒᆞᆫ것이아니오其範圍ᄅᆞᆯ不可不確定ᄒᆞᆯ것이니라

第十二章 國家의眞目的

盖國家에關ᄒᆞᆫ槪念은惟一에不過ᄒᆞᄂᆞ니其槪念이實際에顯出ᄒᆞᄂᆞᆫ바ᄂᆞᆫ各國各時代ᄅᆞᆯ從ᄒᆞ야其趣가多少不同ᄒᆞ되其所稱槪念者ᄂᆞᆫ惟一이니故로國家ᄅᆞᆯ造成ᄒᆞᆫ바各國民은種種의目的을追ᄒᆞᆷ이歷史上의事實이로ᄃᆡ論理에ᄂᆞᆫ國民의目的이惟一을認知ᄒᆞᆷ에不過ᄒᆞᆫ지라今玆에論ᄒᆞᄂᆞᆫ바同題ᄂᆞᆫ此國家의唯一最上ᄒᆞᆫ目的은何ᄅᆞᆯ指ᄒᆞᆷ인지或曰國家의惟一最上ᄒᆞᆫ目的은正理公道라ᄒᆞ니此ᄅᆞᆯ換言ᄒᆞ면各個의法律로其安固ᄅᆞᆯ保全ᄒᆞᆷ에在ᄒᆞᆷ이라ᄒᆞ나此說이皆狹隘에過ᄒᆞᆫ嫌이有ᄒᆞ야法律은政治의目的이라云ᄒᆞᆷ보다차라리政治의條件이라稱ᄒᆞᆷ이可ᄒᆞ니盖國民의生活은但其法律的의生活뿐아니라經濟的의生活도有ᄒᆞ며智力的의生

셋째, 국가가 자신의 범위를 벗어나는 문제와 관련을 맺게 되어 국가의 진정한 목적을 소홀히 하게 되어 국가가 충분히 해결할 수 있는 문제를 처리할 능력마저 상실하고 말 것이다.

국가의 목적에 관한 이러한 잘못된 견해들은 고대 정치사회에서 크게 성행했고, 그로 인해 사회의 발달을 상당히 저해했다. 18세기에도 이러한 견해가 성행했다. 그러나 국가의 목적은 이러한 견해들에서처럼 막연한 것이 아니다. 따라서 국가목적의 범위를 분명하게 확정해야 할 것이다.

제12장 국가의 진정한 목적

국가의 개념은 단 하나만이 존재할 따름이다. 다만 이 개념이 현실에서 표현되는 것은 각 국가와 각 시대에 따라 다양한 방식으로 이루어진다. 국가라는 개념이 지칭하는 내용은 단 하나일 뿐이기 때문에 국가를 구성하는 각 국민은 여러 가지 목적을 추구하는 것이 역사적 사실임에도 불구하고 논리적으로는 국민의 목적은 단 하나로 규정할 수 있을 뿐이다. 이제부터 논의할 문제는 무엇이 이와 같은 유일하고 최상의 국가목적인지를 밝히는 일이다. 어떤 사람들은 국가의 유일하고 최상의 목적이 정의, 다시 말해 각각의 법률을 확고하게 보전하는 것이라고 한다. 하지만 이 견해는 국가의 목적을 지나치게 좁게 파악하는 것 같다. 왜냐하면 법률은 정치의 목적이기보다는 정치의 조건이라고 말할 수 있기 때문이다. 국민의 삶은 단순히 법적인 삶에 그치는 것이 아니라, 경제적 삶과 문화적

活도有ᄒᆞ니彼法律의思想이富裕ᄒᆞᆫ羅馬人이라도法으로써國家의最上目的이라思惟치아니ᄒᆞ얏ᄂᆞ니라

又或은國家의目的은道德의規則을實行홈에在홈이라ᄒᆞ니然이나道德上의生活을定ᄒᆞᄂᆞᆫ바二勢力으로卽神의精神과及其各個人의精神되ᄂᆞᆫ者ᄂᆞᆫ國家制度外에在ᄒᆞ야道德의領地가政治의領地보다十分廣大ᄒᆞᆫ者ㅣ니若國家가되야道德을制限코저ᄒᆞᆯ진ᄃᆡ其適當ᄒᆞᆫ範圍를超ᄒᆞ야有害ᄒᆞᆫ勢力이此에及치아니치못ᄒᆞ리니是ᄂᆞᆫ羅馬人이安寧으로써國家의目的이라云홈과如ᄒᆞᆫ지라想컨ᄃᆡ此安寧의語ᄂᆞᆫ或君主의專制를辯護ᄒᆞᄂᆞᆫ理由라ᄒᆞ고或은數多의壓制을辯護ᄒᆞ기爲ᄒᆞ야使用ᄒᆞᄂᆞᆫ者라云ᄒᆞ되若此를其眞正ᄒᆞᆫ意味에解ᄒᆞᆯ時에ᄂᆞᆫ決코不適當ᄒᆞᆫ文字가아니라彼政治家ᄂᆞᆫ國民의安寧으로써其目的을爲ᄒᆞ며愛國者ᄂᆞᆫ其國家의安全으로熟心ᄒᆞᄂᆞᆫ故로安寧이란겻은政治의必要ᄒᆞᆫ目的으로國家重要ᄒᆞᆫ義務에不外홈이라若此로써國家의目的이라ᄒᆞᆯ時에ᄂᆞᆫ法律을發達完全케ᄒᆞᄂᆞᆫ겻이其內에含蓄ᄒᆞ며又其他國家의可爲可達ᄒᆞᆯ事가皆其內에包含ᄒᆞᆯ겻이니此目的을爲ᄒᆞᆫ國家의權力은可히過大過小ᄒᆞᄂᆞᆫ事가無ᄒᆞ도록注意ᄒᆞᆯ겻이라然이나此

삶도 포함한다. 법사상을 풍부하게 갖고 있던 로마인들도 법을 국가의 최상의 목적으로 생각하지는 않았다.

또 어떤 사람들은 국가의 목적이 도덕적 규칙을 실현하는 데 있다고 한다. 그러나 도덕적 삶을 규정하는 두 가지 요인, 즉 신의 정신과 각 개인의 정신은 국가제도 바깥에 있는 것이어서 도덕의 영역이 정치의 영역보다 훨씬 더 넓다. 만일 국가가 도덕의 영역을 지배하고자 하면, 이는 국가의 적절한 범위를 뛰어넘어 도덕에 유해한 영향을 미치게 될 것이다. 로마인들은 공공복리를 국가의 목적이라고 보았다. 생각건대 이 공공복리라는 말은 때로는 군주의 전제정을 옹호하는 근거가 되기도 하고, 때로는 다수에 의한 압제를 옹호하기 위해 사용되기도 한다. 그러나 이 말의 진정한 의미를 이해하기만 한다면 결코 부적절한 표현이 아니다. 즉 정치가는 국민의 복리를 정치의 목적으로 삼으며, 애국자는 국가의 안전을 위해 노력한다. 따라서 공공복리는 정치의 필수적 목적으로서 국가의 중요한 의미이다. 공공복리를 국가의 목적이라고 할 때에는 법률을 발전시켜 완전하게 만드는 것도 여기에 포함되고 국가가 행하고 달성해야 할 다른 모든 것까지 여기에 포함될 것이기 때문에 국가의 목적을 달성하기 위한 국가 권력이 지나치게 강하거나 지나치게 약한 경우가 없도록 주의해야 한다. 그러나 국가의

目的이亦不完全ᄒᆞᆷ이不無ᄒᆞ니盖此平生에公安을維持ᄒᆞ며國家의安寧을保維ᄒᆞᆷ으로ᄡᅥ政府의目的이라ᄒᆞᆷ이分明ᄒᆞ되又或境遇에ᄂᆞᆫ國家가非常의義務를果치아니치못ᄒᆞᆯ것이有ᄒᆞ니國家ᄂᆞᆫ一個人과如ᄒᆞ야其成立이危ᄒᆞ고其安寧이亦危ᄒᆞᄂᆞᆫ事가有ᄒᆞ니譬컨ᄃᆡ玆에猖獗ᄒᆞᆫ敵이有ᄒᆞ다假定ᄒᆞ고其小國에對ᄒᆞ야多大ᄒᆞᆫ利益의約束으로即租稅를輕減ᄒᆞ며平和를維持ᄒᆞ며政府를改良ᄒᆞᄂᆞᆫ等의約束이有ᄒᆞᆷ을不拘ᄒᆞ고小國이此를不可不謝絶ᄒᆞᄂᆞᆫ境遇가有ᄒᆞ니若安寧만目的ᄒᆞᆯ진ᄃᆡ其約束을可受ᄒᆞᆯ것이오此를謝絶ᄒᆞᆯ時에ᄂᆞᆫ國家가此危難에陷ᄒᆞᆷ이明確ᄒᆞ되此를不可不謝絶ᄒᆞᆷ은即外國人의게服從ᄒᆞᄂᆞᆫ不名譽를蒙ᄒᆞᄂᆞᆫ것보다차라리名譽가有ᄒᆞᆫ滅亡을取ᄒᆞᄂᆞᆫ것이可ᄒᆞ다ᄒᆞᆷ이니如斯ᄒᆞᆫ境遇에ᄂᆞᆫ死를決ᄒᆞ고外國과相爭ᄒᆞ야國家를維持ᄒᆞᄂᆞᆫ事가往往히有之ᄒᆞ며或境遇에ᄂᆞᆫ國家가此를爲ᄒᆞ야드ᄃᆡ여滅亡ᄒᆞᄂᆞᆫ事가亦多ᄒᆞ며或境遇에ᄂᆞᆫ人民이其獨立을能히維持치못ᄒᆞ야他國家內에編入ᄒᆞᆷ으로ᄡᅥ反히其幸福을增進ᄒᆞᄂᆞᆫ事가有ᄒᆞᆷ으로ᄡᅥ小國家가滅亡ᄒᆞᄂᆞᆫ事가亦有ᄒᆞ니是ᄂᆞᆫ彼日耳曼伊太利人이彼의全勢力을失ᄒᆞ야聯邦中小國의破壞됨을痛恚치아니ᄒᆞ고反히一層重要ᄒᆞᆫ結合中에組入ᄒᆞᆷ을喜

목적이 불완전한 경우도 있다. 물론 평상시에는 공공의 안전을 유지하고 국가의 복리를 보존하는 것이 정치의 목적이라는 점은 분명하다. 하지만 어떤 경우에는 국가에게 예외적인 의무가 부과되기도 한다. 국가는 개인과 마찬가지로 그 존립과 복리에 위협을 받는 경우가 있다. 예컨대 눈앞에 강력한 적이 창궐하고 있는 상황을 가정하면, 강력한 적이 약소국가에게 조세경감, 평화유지, 정부의 개혁 등과 같은 커다란 혜택을 약속함에도 불구하고 이 약소국이 이를 거부하는 경우가 있다. 만일 공공복리만이 국가의 목적이라면 이 약속을 수용해야 할 것이다. 이를 거절하면 국가가 위난에 빠지는 것이 분명한데도 거절하는 이유는 외국인에게 복종해야 하는 불명예를 감수하느니 차라리 명예로운 멸망을 선택하기 때문이다. 이와 같은 경우에는 죽음을 불사하고 외국과 투쟁해 국가를 유지하는 경우가 자주 있다. 물론 이로 인해 국가가 멸망하는 경우도 자주 있다. 또한 인민들이 독립을 유지하지 못하고 다른 국가에 편입됨으로써 오히려 이들의 행복이 증진되어 약소국가가 멸망하는 경우도 있다. 게르만인이나 이탈리아인들 가운데 어느 누구도 연방에 속하는 자신들의 약소국가가 완전히 힘을 상실해 멸망하는 것을 한탄하지 않았고, 오히려 더 거대한 결합관계에 편입되는 것을

悅ᄒᆞ얏스니以上과如ᄒᆞᆫ境遇에ᄂᆞᆫ公安又國家의安寧을目的됨에或不完全홈을感ᄒᆞᄂᆞᆫ바ㅣ有홈이分明ᄒᆞ다謂ᄒᆞᆯ지라

若吾人으로國家의眞目的을以下히定ᄒᆞᆯ진ᄃᆡ如左의非難說이皆自消滅ᄒᆞᆯ지니曰國家의目的은國家의能力을發達ᄒᆞ며國家의生活을完全케홈에在ᄒᆞ다ᄒᆞ나니此定義ᄂᆞᆫ國家의職務로國家가可爲ᄒᆞᆫ諸般의事業을包含ᄒᆞ고國家範圍以外에有ᄒᆞᆫ諸般의事業을排除ᄒᆞᆫ다홈이니此定義ᄂᆞᆫ各國이皆特別의必要가有홈을認知ᄒᆞᄂᆞᆫ同時에又其目的을不可不一致케홈을認知ᄒᆞᄂᆞᆫ者라謂ᄒᆞᆯ지라蓋各個人의生活目的은其能力을發達홈에不外ᄒᆞ며國家라稱ᄒᆞᄂᆞᆫ有機体의目的도亦其能力을發達ᄒᆞ며其生活의完全을計홈에在ᄒᆞ니由是觀之컨ᄃᆡ國家ᄂᆞᆫ二重의職務를有ᄒᆞᆫ者라不可不謂ᄒᆞᆯ지라又曰國力을維持ᄒᆞᆫ다國力을發達ᄒᆞᆫ다홈은即過去에所得ᄒᆞᆫ者를保守ᄒᆞ야未來에是를擴張코자ᄒᆞᄂᆞᆫ事를不可不目的홈이라右述ᄒᆞᆫ바ᄂᆞᆫ普通의目的이오又其他格段의傾向이數多ᄒᆞ니或은國民이其特別ᄒᆞᆫ性質에依ᄒᆞ야此等格段의傾向을負ᄒᆞᄂᆞᆫ者ㅣ有ᄒᆞᄂᆞ니今에例를擧示ᄒᆞ면第一國家의勢力發達을目的ᄒᆞᄂᆞᆫ바國民이有ᄒᆞ며國家ᄂᆞᆫ其獨立을維持ᄒᆞ고其命

크게 기뻐했다. 이상과 같은 경우는 공공의 안전과 국가의 복리를 국가의 진정한 목적으로 파악하는 것이 불완전하다는 것을 분명하게 보여주고 있다.

우리가 이하에서 국가의 진정한 목적을 규정하게 되면 앞에서 비판한 견해들이 모두 자연스럽게 의미를 상실할 것이다. 즉 국가의 목적은 국가의 능력을 발전시키며 국가의 삶을 완전하게 만드는 것이다. 이와 같은 개념정의에는 국가가 과제로서 수행할 수 있는 모든 사안이 포함되고, 국가의 범위를 벗어나 있는 모든 사안은 이로부터 배제된다. 이 개념정의는 각 국가에 따라 특수한 필요성이 있다는 사정을 감안함과 동시에 각 국가의 목적이 완전히 일치하지는 않는다는 사정도 감안한 것이라고 할 수 있다. 개인의 삶의 목적은 개인의 능력을 발전시키는 데 있듯이 국가라고 부르는 유기체의 목적 역시 국가의 능력을 발전시키고 국가의 삶의 완전성을 도모하는 데 있다. 이러한 이유에 비추어 볼 때 국가는 이중의 과제, 즉 국력을 유지하는 것과 국력을 발전시키는 것을 담당한다. 이는 곧 과거에 획득한 것을 계속 지켜내고 미래에 획득할 것을 확대하는 것이 국가의 목적이라는 뜻이다. 바로 이것이 국가의 보편적 목적이다. 하지만 보편적 목적과는 별개로 특수한 경향의 목적도 다수 존재한다. 즉 때로는 국민이 갖고 있는 특별한 성질로 인해 이러한 특수한 경향의 목적을 추구하기도 한다. 이와 같은 특수한 경향의 목적에 해당하는 예를 들어보자. 첫째, 국민이 국가 권력의 발전을 목적으로 삼는 경우에는 국가가 독립성을 유지하고 국가의 명

令을執行ᄒᆞ기爲ᄒᆞ야不可不勢力을有ᄒᆞᄂᆞ니이믜國家가生存ᄒᆞ고且生活ᄒᆞᄂᆞᆫ所以ᄂᆞᆫ其勢力이有홈을依ᄒᆞᄂᆞᆫ것인則國家의有ᄒᆞᆫ바勢力의種類와又其程度에至ᄒᆞ야반다시其類가不一ᄒᆞ미今에此點으로브터國家ᄅᆞᆯ區別ᄒᆞ면槪畧如左ᄒᆞ니

（甲）世界國

世界國者ᄂᆞᆫ其一擧一動의影響이國境外에遠及ᄒᆞ야二大陸이나或全世界의政治에關係가及ᄒᆞᄂᆞᆫ바ᄅᆞᆯ云홈이니是以로此等의國家ᄂᆞᆫ特히世界의平和와秩序ᄅᆞᆯ不亂케홈을不可不注意ᄒᆞᄂᆞ니라

（乙）大國

所謂世界國은반다시大國이로ᄃᆡ此大國은반다시世界國이아니라世界國은海軍의力이不可不强大ᄒᆞᆯ것이니何오ᄒᆞ면海上의勢力을不占ᄒᆞ면世界의運命에影響을及ᄒᆞ기不能ᄒᆞᆫ故오此ᄅᆞᆯ反ᄒᆞ야大國은陸軍의力이强大홈으로써足ᄒᆞ다홈이니譬컨ᄃᆡ日耳曼帝國을組織ᄒᆞ기以前에普漏西와如ᄒᆞᆫ者라大國은又其國境을越ᄒᆞ야勢力이所及홈을勿論이어니와大陸의關係가變更되ᄂᆞᆫ境遇에ᄂᆞᆫ此로ᄒᆞ야곰不可不容喙ᄅᆞᆯ得케ᄒᆞᆯ것이若此가顧慮치아니ᄒᆞ고衝怒ᄒᆞᄂᆞᆫ時에ᄂᆞᆫ可

령을 집행하기 위해 권력을 필요로 한다. 국가가 이미 존재하고 있고, 국가의 삶이 지속되는 이유는 권력의 존재를 통해서이다. 다만 국가가 갖고 있는 권력의 종류와 정도는 각 경우마다 차이가 있다. 이 측면에서 국가를 구별해보면 개략적으로 다음과 같이 말할 수 있다.

(1) 세계국가

세계국가는 이 국가의 일거수일투족이 미치는 영향이 국경을 넘어 파급되어, 두 개의 대륙 또는 전 세계의 정치와 관련을 맺는 경우를 말한다. 이와 같은 국가는 특히 세계의 평화와 질서를 유지하는 일에 주의를 기울인다.

(2) 대국

이른바 세계국가는 필연적으로 거대한 권력을 가진 대국이지만, 대국이 반드시 세계국가인 것은 아니다. 세계국가는 해군의 힘이 강하다. 왜냐하면 해상의 권력을 장악하지 못하면 세계의 운명에 영향을 미칠 수 없기 때문이다. 이에 반해 대국이 되기 위해서는 육군의 힘이 강한 것만으로 충분하다. 예컨대 독일제국을 건설하기 이전의 프로이센이 여기에 해당한다. 대국은 그 권력이 국경을 넘어서도 영향을 미치는 것은 물론이고, 이 국가가 위치하는 대륙의 상황이 변화할 경우에는 필연적으로 이 변화에 개입하지 않을 수 없다. 만일 대국이 이러한 변화를 고려하지 않고 충동적으로 행동할 때에는

히頗大ᄒᆞᆫ危險이生ᄒᆞ리니若大國으로셔他國을壓抑ᄒᆞ기爲ᄒᆞ야其力을用ᄒᆞᆯ진된他의諸國은不可不此를抵抗ᄒᆞᄂᆞᆫ權力이有ᄒᆞᆫ者라謂ᄒᆞᆯ지니彼拿破翁一世와如ᄒᆞᆫ大豪傑도佛國으로ᄒᆞ야곰歐羅巴에能히覇業을立치못ᄒᆞ얏고魯西亞와如ᄒᆞᆫ强國이라도能히土耳其를服從케못ᄒᆞ얏고奧地利가永久히伊太利를支配치못ᄒᆞ야드듸여獨立을承認ᄒᆞᆷ에至ᄒᆞᆷ과如ᄒᆞ니라

(丙)中立平和國

中立平和國은國疆外의事에關係ᄒᆞᆯ力이無ᄒᆞ고專혀內治에汲汲ᄒᆞᄂᆞᆫ者ㅣ니此種類의國家ᄂᆞᆫ其勢力이不大ᄒᆞᆷ으로써大國과競爭ᄒᆞ야起生ᄒᆞᄂᆞᆫ危險의潮流를防禦ᄒᆞ기에十分努力ᄒᆞᄂᆞᆫ者ㅣ니라

(丁)小國

小國은今日時勢에甚히不堅固ᄒᆞᆫ成立이니今日時勢가大國家의成立에ᄂᆞᆫ便利ᄒᆞ되小國家의成立에ᄂᆞᆫ便利치못ᄒᆞᆫ故로小國家ᄂᆞᆫ大國家의保護를求ᄒᆞ던지是와聯合치아니면能히安全히成立치못ᄒᆞ되此를反ᄒᆞ야中古時代에ᄂᆞᆫ反對의傾向이有ᄒᆞ야歐羅巴人民中特히日耳曼伊太利의人民과如히小團結을成ᄒᆞᆷ도有

커다란 위험이 발생할 것이다. 만일 대국이 다른 국가를 억압하기 위해 권력을 사용하게 되면, 다른 여러 국가가 그들의 권력을 통해 이에 저항할 것이다. 나폴레옹 1세와 같은 영웅도 프랑스가 유럽을 제압하는 데 성공하지 못했고, 러시아와 같은 강대국도 터키를 복종시키지 못했으며 오스트리아가 이탈리아를 영원히 지배하지 못하고 독립을 승인하게 된 것도 이와 같은 이유 때문이다.

(3) 중립평화국

중립평화국은 외교적 문제에 관계할 힘이 없고 오로지 내치에만 전념하는 국가이다. 이러한 국가는 그 권력이 크지 않고, 대국과의 경쟁에서 발생할 수 있는 위험한 경향을 방어하는 데 많은 노력을 기울이는 국가이다.

(4) 소국

소국은 오늘날 상당히 불안정한 존재이다. 오늘날의 상황이 대국의 존립에는 유리하지만, 소국의 존립에는 결코 유리하지 않다. 그 때문에 소국은 대국의 보호를 구하거나, 대국과 연합하지 않으면 안전하게 존립하기 어렵다. 이에 반해 중세에는 이와는 반대되는 경향이 존재했다. 즉 유럽의 인민들 가운데 특히 게르만과 이탈리아의 인민들과 같이 소국을 형성하는 경향이

ᄒᆞ니라

國家ᄂᆞᆫ外國에對ᄒᆞ야其勢力을增ᄒᆞ기爲ᄒᆞ야二種의手段을用ᄒᆞᄂᆞ니一曰外交오二曰海陸軍이라彼兵力의維持와艦隊의擴張으로써重要ᄒᆞᆫ職務를ᄉᆞᆷᄂᆞᆫ國家ᄂᆞᆫ所謂尙武國이라稱ᄒᆞᄂᆞᆫ者ㅣ니國家가外敵侵入의慮가有ᄒᆞ던지若其版圖를擴張ᄒᆞᆯ必要가有ᄒᆞᆫ境遇에ᄂᆞᆫ其勢力을擴張ᄒᆞᄂᆞᆫ것이亦不得已ᄒᆞᆫ事라然이나兵力은手段이오目的이아니니此를擴張ᄒᆞᄂᆞᆫ度가過ᄒᆞᆫ時에ᄂᆞᆫ國家의眞目的에有害ᄒᆞᆫ것을可히忘却치못ᄒᆞᆯ지니라

或은又其經濟上의利益에만特히注意ᄒᆞᄂᆞᆫ國家가有ᄒᆞᆫ故로牧畜國과農業國과工業國과又商業國等의名稱이起ᄒᆞ니盖國家가但其經濟上의利害만注意ᄒᆞᆯ時에ᄂᆞᆫ其他의職分을怠ᄒᆞ며他의利害를毁損ᄒᆞᄂᆞᆫ것이有ᄒᆞ리니如斯ᄒᆞᆫ國家ᄂᆞᆫ其公共心이十分發達치못ᄒᆞ야其人民이往往一個人의利益만汲汲ᄒᆞᆷ에至ᄒᆞᆯ지라

夫牧畜國에ᄂᆞᆫ國民이大槪貧窮ᄒᆞ며且無學ᄒᆞ고農業國에ᄂᆞᆫ人民이往往高等의敎育을抛擲ᄒᆞᆷ이不無ᄒᆞ고工業國에ᄂᆞᆫ外國品을杜絶ᄒᆞᄂᆞᆫ精神이熾盛ᄒᆞ고商業國에ᄂᆞᆫ利慾을爲ᄒᆞ야人民이方向을誤錯ᄒᆞᄂᆞᆫ弊가有ᄒᆞᆷ이오又或國家ᄂᆞᆫ專혀智

있었다.

국가는 외국에 대항해 권력을 증강하기 위해 두 가지 수단을 사용한다. 하나는 외교이고, 다른 하나는 육해군이다. 군사력의 유지와 함대의 확장을 중요한 과제로 삼는 국가는 이른바 군사국가*라고 부르는 국가이다. 국가가 외적이 침입할 우려를 갖고 있거나 세력을 확장할 필요가 있을 경우에는 국가의 군사력을 확장하는 것이 불가피하다. 그러나 군사력은 수단이지 목적이 아니기 때문에 군사력을 확장하는 정도가 지나칠 때에는 국가의 진정한 목적에 유해하다는 사실을 명심해야 한다.

이와는 달리 특히 경제적 이익에만 주목하는 국가가 있다. 그 때문에 목축국, 농업국, 공업국, 상업국이라는 명칭이 생겼다. 국가가 경제적 이해관계에만 집중할 때에는 국가의 다른 과제를 소홀히 하고 다른 이해관계를 훼손하는 경우가 있다. 이와 같은 국가는 공공의 정신이 충분히 발달하지 못해 그 인민들이 개인의 이익에만 몰두하는 경우도 자주 있다. 목축국에서는 국민들이 전반적으로 빈곤하고 배움이 없으며, 농업국의 인민들은 고등교육을 포기하는 경우가 많다. 공업국에서는 외국의 물품을 배격하는 정신이 조성되고, 상업국에서는 이익에 대한 욕심 때문에 인민이 잘못된 길로 들어서는 폐단이 있다. 어떤 국가는 오로지

* 원문은 'Militärstaat'.

力上利害에만注意ᄒᆞ는것이有ᄒᆞ야是等의國家를稱ᄒᆞ야智力的의國家라云ᄒᆞᄂᆞ니國家가智識開發에熱心ᄒᆞ는것이實로嘉尙ᄒᆞᆫ事나然이나但此에만汲汲ᄒᆞ고他職務를懶怠ᄒᆞ는것은其利益되지아니ᄒᆞᆷ을亦可知ᄒᆞᆯ지니라

或者는又國民의自由及一個人의自由에對ᄒᆞ야法律上의保障을堅確케ᄒᆞᆷ으로써乃其尊重ᄒᆞᆫ國家라ᄒᆞ니卽瑞西共和政治及亞米利加合衆國等이是也오又나쇼ㅣ나리지ㅣ의精神을振起ᄒᆞᆷ으로써最重ᄒᆞᆫ目的을爲ᄒᆞ는者가有ᄒᆞ니往時의佛國西와今日의伊太利及日耳曼帝國等이是也라

國家의直接되는目的卽國民全体에關係ᄒᆞᆫ目的外에其間接의目的卽一個人에關係ᄒᆞᆫ目的이有ᄒᆞᆷ을次에叙述코자ᄒᆞ나然이나此와同時에又國家의行爲에如何ᄒᆞᆫ制限이有ᄒᆞᆷ을亦不可不硏究ᄒᆞᆯ지니盖一個人의職務란것은彼國家의職務와共히其能力을發達ᄒᆞᆷ에在ᄒᆞ나然이나其此를發達ᄒᆞᆷ에當ᄒᆞ야一家族의目的과一國民의目的과人類全体의目的이互相撞着치아니ᄒᆞᆷ을要ᄒᆞᄂᆞ니此義務를盡ᄒᆞ기爲ᄒᆞ야는所謂私의自由가必要ᄒᆞ다云ᄒᆞᆫ지라是以로國家가不正ᄒᆞᆫ攻擊에對ᄒᆞ야此私의自由를不可不保護ᄒᆞᆯ것이오且國家의行爲에對ᄒᆞ야如何ᄒᆞᆫ制

문화적 이해관계에만 집중하기도 한다. 이와 같은 국가를 문화국가*라고 부른다. 국가가 문화와 학문의 발전을 위해 노력하는 일은 사실상 크게 반길 일이지만, 이것에만 급급한 나머지 국가의 다른 과제를 소홀히 하는 것은 결코 이익이 되지 않는다는 점 또한 알아야 한다.

어떤 사람들은 국민의 자유와 개인의 자유에 대한 법적 보장을 견고하고 확실하게 만들어 이러한 자유를 존중하는 것이 국가의 진정한 목적이라고 한다. 즉 스위스의 공화정치와 아메리카 합중국이 여기에 해당한다. 또한 '네셔널리티'의 정신을 진작하는 것을 국가의 가장 중요한 목적으로 삼는 사람들도 있다. 과거의 프랑스와 오늘날의 이탈리아 및 독일제국이 여기에 해당한다.

국가의 직접적 목적, 즉 국민 전체와 관련된 목적 이외에도 간접적 목적, 즉 개인과 관련된 목적도 있다. 이제 이 간접적 목적에 대해 서술하고자 한다. 하지만 이와 동시에 국가의 행위에 대해 어떠한 제한이 가해지는지에 대해서도 탐구하지 않을 수 없다. 개인의 과제는 국가의 과제와 마찬가지로 능력의 발전이다. 그러나 개인의 능력을 발전시킬 때에는 가족의 목적과 국민의 목적 그리고 인류 전체의 목적이 서로 조화를 이룰 필요가 있다. 이러한 의무를 다하기 위해서는 이른바 사적 자유가 필요하다고 말할 수 있다. 그 때문에 국가의 불법적인 침해에 대항해 이 사적 자유를 반드시 보호해야 한다. 또한 국가의 행위에 대해 어떠한 제

* 원문은 'Kulturstaat'.

限을施ᄒᆞᆯ것을亦不可不豫料ᄒᆞᆯ者ㅣ라第一國家ᄂᆞᆫ以其言語動作中에不顯ᄒᆞᄂᆞᆫ精神的의事에就ᄒᆞ야能히干涉치못ᄒᆞᄂᆞᆫ者ㅣ故로國家者ᄂᆞᆫ一個人의諸般生活의目的을其內에含蓄치못ᄒᆞᄂᆞ니何오ᄒᆞ면其多數의關係가每常國家의權力外에在ᄒᆞᆫ故ㅣ라譬컨ᄃᆡ一個人의天才와如ᄒᆞᆷ은全혀國家로셔獨立ᄒᆞᆫ者이오國家가愚人의게其智識을與ᄒᆞ기不能ᄒᆞ며怯者의게其勇氣ᄅᆞᆯ與ᄒᆞ기不能ᄒᆞ며又國家가一個人의心中의愛情을起ᄒᆞ기不能ᄒᆞᄂᆞ니是以로國家ᄂᆞᆫ到底히一個人의精神的生活에關係ᄒᆞ기不能ᄒᆞᆫ者라謂ᄒᆞᄂᆞ니라

第二國家ᄂᆞᆫ一個人各別의事에關係치아니ᄒᆞ고惟其人民의相通ᄒᆞᆫ事에만關係ᄒᆞᄂᆞᆫ者ㅣ니國家가彼財産이라稱ᄒᆞᄂᆞᆫ有形物의所有權은其人民을爲ᄒᆞ야保護ᄒᆞ되財産의處置와管理ᄂᆞᆫ其一個人의所爲에任ᄒᆞ야敢히此ᄅᆞᆯ干涉치아니ᄒᆞᄂᆞᆫ것이오又國家가大体로婚姻의條件과及其婚姻者의權利ᄅᆞᆯ保確ᄒᆞ얏스ᄂᆞ是ᄂᆞᆫ婚姻의儀式을爲始ᄒᆞᆷ에止ᄒᆞ고其諸般에關ᄒᆞᆫ詳細ᄒᆞᆫ事ᄂᆞᆫ此ᄅᆞᆯ關係치아니ᄒᆞᆷ이라盖大体上으로國家가婚姻의事에關係ᄒᆞᆷ은家族된者ᄅᆞᆯ鞏固ᄒᆞᆷ으로써國民의道德을維持ᄒᆞ기爲ᄒᆞᆫ者ㅣ니彼우이루햄호합샤도氏ᄂᆞᆫ婚姻의制度ᄅᆞᆯ全혀法律

한이 가해지는지를 사전에 명확하게 규정해야 한다. 첫째, 국가는 언어나 행위로 표현되지 않는 정신적 삶에 대해서는 간섭할 수 없다. 따라서 국가는 개인의 다양한 삶의 목적들을 포괄하지 못한다. 왜냐하면 이 여러 가지 개인적 목적들은 국가의 권력이 미치지 못하는 곳에 놓여 있기 때문이다. 예컨대 개인의 천부적 재능과 같은 것은 국가와는 전혀 관계가 없고, 국가가 아둔한 자에게 지혜를 가져다줄 수도 없는 노릇이며 비겁한 자에게 용기를 심어줄 수도 없다. 또한 국가가 한 개인의 마음에 사랑의 감정을 불러일으킬 수도 없다. 그렇기 때문에 국가는 개인의 정신적 삶과 어떠한 관계도 맺을 수 없다.

둘째, 국가는 각 개인의 특수한 문제와는 아무런 관련이 없고, 오로지 모든 인민에게 공통되는 문제에 대해서만 관련을 맺는다. 국가가 재산이라고 불리는 물건에 대한 소유권을 보호하는 것은 인민을 위한 것이지만, 재산의 처분과 관리는 전적으로 개인의 뜻에 따르는 것일 뿐, 국가가 이에 대해 간섭해서는 안 된다. 국가는 혼인의 조건과 혼인한 자의 권리에 관한 내용을 대체적으로 확정한다. 하지만 이는 혼인이라는 형식에 국한될 뿐, 혼인과 관련된 여러 가지 구체적인 내용에 관련되지는 않는다. 즉 국가가 혼인이라는 문제와 관련을 맺는 것은 가족의 안정과 국민의 도덕을 유지하기 위한 것일 뿐이다. 빌헬름 폰 훔볼트는 혼인 제도를 완전히 법적

制限으로脫却케ᄒᆞ야此를自由에放任ᄒᆞᆷ이可ᄒᆞ다ᄒᆞ나此亦誤謬를不免ᄒᆞᆷ이오是를反ᄒᆞ야耶蘇의僧侶ᄂᆞᆫ每嘗婚姻의事에干涉ᄒᆞ야各個人의自由에委任ᄒᆞᄂᆞᆫ것ᄭᅡ지法律로ᄡᅥ制限코자ᄒᆞᆷ을企圖ᄒᆞᄂᆞᆫ者ㅣ니라

第三國家의支配ᄂᆞᆫ法律의支配와其範圍가殆同ᄒᆞ니何오ᄒᆞ면制裁를加ᄒᆞᄂᆞᆫ有力ᄒᆞᆫ支配ᄂᆞᆫ皆此法律의根據에依치아니치못ᄒᆞᆫ所以니라

第四國家ᄂᆞᆫ其行政權을其司法權의範圍보다廣大히ᄒᆞᆷ을得ᄒᆞᄂᆞ니即其勢力을法律範圍外에及ᄒᆞᆷ을得ᄒᆞᄂᆞᆫ事가有ᄒᆞ나然이나或其境遇에ᄂᆞᆫ能히其命令을尊奉치못ᄒᆞᆯ것이有ᄒᆞ니但其國家의補助로要ᄒᆞᄂᆞᆫ바重要ᄒᆞᆫ社會上의目的에關ᄒᆞ야賛助와奬勵를爲ᄒᆞᆷ에不過ᄒᆞᆷ이라即其國家의注意ᄂᆞᆫ國家의安寧이라云ᄒᆞᄂᆞᆫ範圍를超ᄒᆞ야社會의幸福에及ᄒᆞᆷ을得ᄒᆞᆫ다ᄒᆞ얏스되社會ᄂᆞᆫ其助를要ᄒᆞᄂᆞᆫ境遇에限ᄒᆞᆷ이오決코濫妄히干涉ᄒᆞᄂᆞᆫ것이아니니라

第十三章　政體의區別

去今二千有餘年에在ᄒᆞ야아리스도돌氏가今日採用ᄒᆞᄂᆞᆫ바政体의區別을論ᄒᆞ얏스니此區別에當ᄒᆞ야아리스도돌氏ᄂᆞᆫ主權所在에基因ᄒᆞ야是를掌握ᄒᆞᆫ者의

제한으로부터 해방시켜 개인의 자유에 맡기는 것이 가능하다고 했지만, 이는 잘못된 견해일 따름이다. 이와는 반대로 그리스도교 사제들*은 혼인의 세세한 문제에까지 개입해 개인의 자유에 속하는 문제까지 법으로 제한하고자 시도한다.

셋째, 국가의 지배는 법률의 지배와 완전히 동일하다. 왜냐하면 복종을 강제하는 지배는 반드시 법률의 근거를 전제하기 때문이다.

넷째, 국가는 사법권보다 더 넓은 범위의 행정권을 가질 수 있다. 즉 국가권력이 법률의 범위를 벗어나 영향을 미칠 수 있는 문제가 존재한다. 그러나 이와 같은 경우에는 국가의 명령을 준수할 수 없다. 다만 국가의 지원과 부조를 필요로 하는 중요한 사회적 목적에 관련된 배려와 촉진에 그칠 때에는 그렇지 않다. 즉 국가의 배려는 국가의 복리라고 부르는 범위를 뛰어넘어 사회의 행복에까지 영향을 미칠 수 있긴 하지만, 사회가 국가의 부조를 필요로 하는 경우에 한정되어야 하고, 결코 이를 남용하거나 사회에 간섭해서는 안 된다.

제13장 정체의 구별

약 이천 년 전에 아리스토텔레스는 오늘날에도 사용되는 정체의 구별을 논의했다. 이 구별에서 아리스토텔레스는 정치권력**의 소재를 중심으로 이 권력을 장악한 자의

---

* 독일어 원문에는 '사제들'이 아니라, '교회법(Kirchenrecht)'으로 되어 있다.

** 본문에는 '주권'으로 되어 있지만, 독일어 원문에는 'obrigkeitliche Gewalt'로 되어 있다. 직역하면 '관헌의 권력' 정도가 되겠지만, 의미에 비추어 '정치권력'으로 번역한다. 어떠한 경우든 근대에 탄생한 개념인 '주권(Souveränität)'을 의미하지는 않는다.

殊異홈을從ᄒᆞ야政体가亦殊異홈을得ᄒᆞ다ᄒᆞ니아리스도돌氏가第一着步에國家를二種에分ᄒᆞ야社會의利益을目的ᄒᆞᆫ者ᄂᆞᆫ正이라ᄒᆞ고主治者의利益을目的ᄒᆞᆫ者ᄂᆞᆫ邪라ᄒᆞ야正政体邪政体의區別을立ᄒᆞ얏고此區別에依ᄒᆞ야아리스도돌氏가又三種의正政体와及三種의邪政体를差別ᄒᆞ얏스니其言에曰主權은一人이掌握홈도有ᄒᆞ며少數가掌握홈도有ᄒᆞ며又多數의掌中에在홈도有ᄒᆞ니主權이一個人의存ᄒᆞᆫ者ᄂᆞᆫ一人政體라云ᄒᆞ고其少數에存ᄒᆞᆫ者ᄂᆞᆫ寡人政體라云ᄒᆞ고其多數에存ᄒᆞᆫ者ᄂᆞᆫ多數政體라云ᄒᆞ고又此에對ᄒᆞᆫ所謂邪政体를三種에分ᄒᆞ얏스니

아리스도돌氏가此邪政体를分ᄒᆞ야三種으로論ᄒᆞ얏ᄂᆞᆫ딕是ᄂᆞᆫ同氏가主權의掌握ᄒᆞᆫ人數를依ᄒᆞ야政体를差別홈이오其性質에依ᄒᆞ야專혀差別ᄒᆞᆫ것이아니라且同氏ᄂᆞᆫ主權을區別ᄒᆞ얏스되此三者中에能히挾入치못홀政体가存立홈은亦歷史上明瞭ᄒᆞᆫ事實이니同氏의所謂君主政体貴族政體及民主政体ᄂᆞᆫ擧皆主權이人에存ᄒᆞᆫ政体라云ᄒᆞ얏스되古來브터主權이人에不屬ᄒᆞ고神에屬ᄒᆞᆫ國家가有ᄒᆞ다ᄒᆞᄂᆞᆫ是等의國家에至ᄒᆞ야ᄂᆞᆫ國家를支配ᄒᆞᄂᆞᆫ바人은主權의所有者라不

차이에 따라 정체도 차이가 있다고 한다. 아리스토텔레스는 먼저 국가를 두 가지로 구별한다. 즉 사회의 이익을 목적으로 삼는 국가를 정당한 국가라 하고, 통치자의 이익을 목적으로 삼는 국가를 타락한 국가라고 함으로써 정당한 정체와 타락한 정체를 구별한다. 이러한 구별에서 출발해 아리스토텔레스는 다시 세 가지의 정당한 정체와 세 가지의 타락한 정체를 구별한다. 즉 정치권력은 한 사람에 의해 장악될 수도 있고 소수에 의해 장악될 수도 있으며 다수에 의해 장악될 수도 있다고 한다. 정치권력이 한 개인에게 있으면 이를 일인정체라 하고, 소수에게 있으면 과두정체라 하며, 다수에게 있으면 다수정체라고 하며, 이 정체들이 타락할 때의 정체를 다시 세 가지로 분류한다.

아리스토텔레스는 이 타락한 정체를 세 가지로 나누어 논의하는데, 이는 그가 정치권력을 장악한 사람의 숫자를 통해 정체를 구별하는 것이고, 정체의 성질에 따라 구별한 것이 아니다. 또한 아리스토텔레스는 정치권력을 구별하긴 하지만, 얼마든지 이 세 가지에 포함되지 않는 정체도 존재한다는 것은 역사적으로 명확한 사실이라고 한다. 아리스토텔레스가 말하는 이른바 군주정, 귀족적, 민주정은 모두 정치권력이 사람에게 있는 정체이지만, 예전부터 정치권력이 사람에 속하는 것이 아니라, 신에게 속하는 국가도 존재한다고 한다. 이와 같은 국가에서는 국가를 지배하는 사람이 정치권력의 소유자로

認ᄒᆞ고神의代理者로支配를行ᄒᆞᄂᆞᆫ者라認ᄒᆞᆷ이니然則若아리스토ㅣ톨氏의分類法을完全ᄏᆞ자ᄒᆞᆯ진ᄃᆡᆫ別노又神主政体란것을不可不添入치아니치못ᄒᆞᆯ지라古來아리스토ㅣ톨氏의分類法第四種에加入ᄒᆞᆫ雜種政体라稱ᄒᆞᆷ을承認ᄒᆞᄂᆞᆫ政治學者가不少ᄒᆞ니시세로ᄂᆞᆫ羅馬의政体로써此雜種政体의屬ᄒᆞᆫ者로君主政体와貴族政體와民主政体의混合ᄒᆞᆫ것으로最良ᄒᆞᆫ政体라云ᄒᆞ니盖雜種政体者ᄂᆞᆫ君主貴族及人民이他政治上의要素를爲ᄒᆞᆷ야制限을受ᄒᆞᄂᆞᆫ者ㅣ라譬컨ᄃᆡᆫ君主政体가貴族院과代議士院에셔制限되ᄂᆞᆫ것과如히如斯ᄒᆞᆫ組織은一個人이나小數或多數가無制限으로支配ᄒᆞᆷ에比ᄒᆞ면가장優勝ᄒᆞᆯ듯ᄒᆞ되此를爲ᄒᆞ야不可不一種의新政体를生치아니치못ᄒᆞᆯ지니何오ᄒᆞ면如斯ᄒᆞᆫ政体라도最上의支配權은君主나貴族이나人民의게存ᄒᆞᆷ으로써謂ᄒᆞᆷ이라或은所謂雜種의政体ᄂᆞᆫ君主貴族及人民이最上의支配權을分有ᄒᆞ야互相拮抗ᄒᆞᄂᆞᆫ것으로信ᄒᆞ되是ᄂᆞᆫ到底히行치못ᄒᆞᆯ바ㅣ라다시ᄯᅡ스란羅馬歷史家ᄂᆞᆫ雜種政体ᄂᆞᆫ可히成立치못ᄒᆞᆯ者오雖其成立이有ᄒᆞ야도能히永續치못ᄒᆞᆯ것이라ᄒᆞ야非難排斥ᄒᆞ얏고後世에至ᄒᆞ야英國으로써雜種政体의模範이라ᄒᆞᄂᆞᆫ者가有ᄒᆞ야英國은王과貴族과庶民이

인식되는 것이 아니라, 신의 대리인으로서 지배하는 자로 인식된다. 따라서 아리스토텔레스의 분류법을 완벽하게 만들려면 신정정치까지 포함시켜야 할 것이다. 예전부터 아리스토텔레스의 분류법에 네 번째 종류를 추가해 혼합정체라고 부르는 정치학자들이 상당수 있다. 키케로는 로마의 정체가 이러한 혼합정체에 속하는 것으로 군주정, 귀족정, 민주정을 혼합한 최상의 정체라고 한다. 이 혼합정체는 군주, 귀족, 인민이 각각 다른 정치적 요소에 의해 제한을 받는 정체라고 한다. 예컨대 군주정이 귀족 원로원과 인민의회에 의해 제한되는 조직은 한 개인이나 소수 또는 다수가 아무런 제한을 받지 않고 지배하는 것에 비해 훨씬 더 우월한 정체라고 한다. 하지만 이를 위해서는 하나의 새로운 정체를 형성해야만 한다. 왜냐하면 이와 같은 정체일지라도 최고 통치권은 군주, 귀족 또는 인민 가운데 누군가에게 속해야 하기 때문이다. 이와는 달리 이른바 혼합정체를 군주, 귀족 및 인민이 최고 통치권을 공유하면서 서로 견제할 수 있는 정체라고 생각한다면, 이는 도저히 실현될 수 없다. 로마의 역사가 타키투스는 혼합정체란 결코 성립될 수 없고, 설령 성립될지라도 지속적으로 유지될 수 없다고 비판한다. 훗날 영국이 혼합정체의 모범이라고 말하는 사람들이 있는데, 이들은 영국에서는 왕과 귀족 및 서민이

主權을共有ᄒᆞ얏다謂ᄒᆞ는者ㅣ有ᄒᆞ되是는謬想의見이라夫英國의政體가所謂雜種政體가아닌것은今日의識者가皆認知ᄒᆞ는바라

아리스도ㅣ돌氏를繼承ᄒᆞ야政体의區別에有功ᄒᆞᆫ者는即몬데쓰큐ㅣ氏ㅣ니同氏는아리스도ㅣ돌氏의區別에對ᄒᆞ야其性質을顯出코자努力ᄒᆞ는者라此區別의精密ᄒᆞ고否ᄒᆞᆷ은姑且不問ᄒᆞ고其政體의區別에有功ᄒᆞᆫ者ㅣ라稱ᄒᆞᄂᆞ니몬데쓰큐ㅣ는德義로써民主政體의特性이라ᄒᆞ고溫和로써貴族政體의特性이라ᄒᆞ고名譽로써君主政體의特性이라ᄒᆞ고畏懼로써專制政體의特性이라謂ᄒᆞ얏스니同氏는專制政体로써第四의政体를삼엇스나此는차라리아리스도ㅣ돌氏의區別을從ᄒᆞ야此를第三의政体로爲ᄒᆞᆷ만不如ᄒᆞ고此外諸政体의區別에對ᄒᆞ야種種의說이有ᄒᆞ되此는一一히揭載ᄒᆞ야其如何ᄒᆞᆫ區別을가장適當히觀察ᄒᆞᆯ지니라

政體를區別ᄒᆞᆷ에는主治者의性質에依ᄒᆞ야此를區別ᄒᆞᆷ만不如ᄒᆞ니今此區別에從ᄒᆞᆯ時에는第一類에屬ᄒᆞᆫ者는彼神主政體라稱ᄒᆞ는者니此政體에는人民其主治者를人類以上의物로即上帝가彼自身으로써國家의眞主治者라認ᄒᆞᆷ이오第

정치권력을 공유하고 있다는 견해를 피력한다. 그러나 이는 피상적 견해일 뿐이다. 영국의 정체가 이른바 혼합정체가 아니라는 점은 오늘날의 모든 학자들이 인식하고 있다.

아리스토텔레스를 계승해 정체의 구별에 기여한 학자는 몽테스키외이다. 그는 아리스토텔레스의 구별에 따른 각 정체의 성질을 밝히려고 노력했다. 몽테스키외의 구별이 과연 정확한지 여부에 관계없이 그가 정체의 구별에 기여했다고 말하는 이유는 그가 민주정의 특성은 덕성이라 하고, 귀족정의 특성은 절제라고 하며, 군주정의 특성은 명예라고 하고, 전제정의 특성은 공포라고 말했기 때문이다. 몽테스키외는 전제정을 네 번째 정체로 파악하지만, 이는 차라리 아리스토텔레스의 구별에 따라 세 번째 정체인 군주정의 타락한 형태로 파악하는 것보다 더 낫다고 할 수 없다. 이밖에도 정체의 구별에 관해서는 다른 여러 가지 이론들이 존재하지만, 이들을 하나하나 밝혀 어떠한 구별이 타당한지를 살펴보기로 하자.

정체를 구별할 때 통치자의 성질을 통해 구별하지 않는 경우가 있다. 이 구별에 따른 첫 번째 정체는 신정이라고 부르는 것이다. 즉 이 정체에서는 인민과 인민의 통치자라는 인간을 초월한 존재, 즉 신 자체가 진정한 통치자라고 본다. 두

二類ᄂᆞᆫ民主政體라稱ᄒᆞᄂᆞᆫ者니此政體ᄂᆞᆫ神政政體와相對ᄒᆞᄂᆞᆫ者로神政政體에ᄂᆞᆫ人民彼等의自身外에又自身의上級되ᄂᆞᆫ權力에服從ᄒᆞᄂᆞᆫ者나然이나民主政體에ᄂᆞᆫ人民彼等이自身을支配ᄒᆞᄂᆞᆫ것이라換言ᄒᆞ면集合體로ᄂᆞᆫ人民政府를形成ᄒᆞ고一個人으로ᄂᆞᆫ臣民의地位에立ᄒᆞᆫ者이오第三類ᄂᆞᆫ貴族政體라稱ᄒᆞᄂᆞᆫ者ㅣ니此政體에ᄂᆞᆫ政府와人民의關係ᄂᆞᆫ人的으로標準ᄒᆞ야上等의階級은政府를造成ᄒᆞ고他의階級은此에服從ᄒᆞᄂᆞ니但其上等의階級이라도其一個人으로ᄂᆞᆫ臣民의地位에立ᄒᆞᆫ者이오第四類ᄂᆞᆫ君主政體라稱ᄒᆞᄂᆞᆫ者ㅣ니此政體에도政體와人民의關係가人的의關係로써政府ᄂᆞᆫ上으로一人의掌握ᄒᆞᄂᆞᆫ바ㅣ되ᄂᆞ니此一人은但其主治者로臣民의資格이無ᄒᆞ며此一人은全혀國家의屬ᄒᆞᆫ者로國民의一致를代表ᄒᆞᄂᆞᆫ者이니라

右四種政體內에神政政體及君主政體ᄂᆞᆫ貴族政體及民主政體와互相對峙ᄒᆞᄂᆞᆫ者이니前者二種의政體에ᄂᆞᆫ統治의權이一手에掌握ᄒᆞ야其主治者ᄂᆞᆫ主治者된同時에臣民됨이無ᄒᆞ며私의利害를代表ᄒᆞᆷ이아니오惟國家의利害를代表ᄒᆞᆷ이라但神政体에ᄂᆞᆫ政府와人民의關係가絶對的의關係로ᄃᆡ君主政体에ᄂᆞᆫ其關係

번째 정체는 민주정이라고 부르는데, 이 정체는 신정정치와는 상반되는 정체이다. 즉 신정정체에서는 인민들이 인민 자신 이외의 자 또는 인민들보다 상위에 있는 권력에 복종하는 것인 반면, 민주정체에서는 인민들이 자신들 스스로를 지배하는 것이다. 다시 말해 인민들은 전체로서는 인민의 정부를 구성하고, 개인으로서는 신민의 지위를 갖게 된다. 세 번째는 귀족정이라고 부른다. 이 정체에서는 정부와 인민의 관계가 사람을 기준으로 삼아 상위의 계급은 정부를 구성하고, 다른 계급은 이 정부에 복종한다. 다만 이 상위의 계급에 속할지라도 개인으로서는 신민의 지위를 갖는다. 네 번째 정체는 군주정이라고 부른다. 이 정체에서도 정부*와 인민의 관계는 사람을 기준으로 하는 관계로서 정부가 상위에 있는 한 사람에 의해 장악되어 있다. 이 한 사람은 통치자로서 신민으로서의 성질을 전혀 갖고 있지 않으며, 전적으로 국가에만 속하는 자로서 국민의 통일성을 대표한다.

이 네 가지 정체 가운데 신정 및 군주정은 귀족정 및 민주정과 대립된다. 앞의 두 정체에서는 통치권이 한 사람의 손에 장악되어 있어서 통치자는 통치자임과 동시에 신민인 것은 아니며, 독자적 이해관계를 대표하는 것이 아니라, 오로지 국가의 이해관계만을 대표한다. 신정에서는 정부와 인민의 관계가 절대적 관계이지만, 군주정에서는 이 관계

* 본문에서는 '정체'로 되어 있지만 내용상 '정부'라고 해야 한다.

가相關的의差別이有홀뿐이오是를反ᄒᆞ야貴族政体及民主政體에ᄂᆞᆫ其政府와人民의區別이前二者와如히明瞭치아니ᄒᆞ고同一의人이一時에支配者의地位에立ᄒᆞ며他時에又服從者의地位에立ᄒᆞ며且公의利害와私의利害를合有홈으로써此二者를並稱ᄒᆞ야共和政体라云홈이라民主政体에ᄂᆞᆫ人民全体가治者가되며又被治者가될지라도貴族政体에ᄂᆞᆫ此二資格을兼ᄒᆞᆫ者가但上等의階級人뿐이라云ᄒᆞᄂᆞ니盖此貴族政体ᄂᆞᆫ民主政体와君主政体의中間에立ᄒᆞᆫ者라謂ᄒᆞᄂᆞ니라

아리스도ㅣ돌氏가定ᄒᆞᆫ政体의區別를完全케홀진대臣民의權利多少에依ᄒᆞ야特히一種의區別을爲홈이必要ᄒᆞ니아리스도ㅣ돌氏ᄂᆞᆫ國家元首의性質에依ᄒᆞ야政体를區別ᄒᆞ얏스되特히臣民의性質에依ᄒᆞ야更히區別치아니치못홀지니此點으로써政体를區別ᄒᆞ면其種類가如左ᄒᆞ니라

第一 不自由政体

此政体ᄂᆞᆫ臣民된者가主治者에對ᄒᆞ야無條件으로服從치아니치못ᄒᆞᄂᆞᆫ것이니彼等은行政部를制限홀權이不有ᄒᆞ고又立法에關ᄒᆞ야毫末의權力이無ᄒᆞᆫ

가 상대적으로 구별될 뿐이다. 이에 반해 귀족정 및 민주정에서는 정부와 인민의 구별이 앞의 두 정체처럼 명확하지는 않아서 동일인이 어떤 때는 지배자의 지위에 있고, 어떤 때는 복종자의 지위에 있게 된다. 또한 공적 이해관계와 사적 이해관계가 혼합되어 있어서 양자를 함께 공화정이라고 부른다. 민주정에서는 인민 전체가 지배자와 피지배자가 되는 반면, 귀족정에서는 상위계급에 속하는 자들만이 이 두 가지 지위를 겸하게 된다. 그 때문에 귀족정은 민주정과 군주정의 중간에 있는 정체라고 한다.

정체에 관한 아리스토텔레스의 구별을 더욱 완벽하게 만들기 위해서는 신민이 갖는 권리의 정도에 비추어 특히 한 가지 정체를 더 구별할 필요가 있다. 아리스토텔레스는 국가원수의 성질에 따라 정체를 구별했지만, 특히 신민의 성질에 따라 다시 구별할 수 있다. 이를 기준으로 정체를 구별하면 정체의 종류는 다음과 같이 나눌 수 있다.

(1) 부자유 정체

이 정체에서는 신민들이 통치자에 대해 무조건적으로 복종해야 한다. 따라서 신민들은 행정부를 제한할 권리가 없고, 입법에 관한 권력도 전혀 갖지 못한지라如此ᄒᆞᆫ政體를不自由라云ᄒᆞᆷ은其臣民이暴虐ᄒᆞᆫ君主에게壓制ᄒᆞᆫ바되ᄂᆞᆫ緣由만云ᄒᆞᆷ이아니오假令君主가法律의制限으로其臣民의財産生命의安全을認ᄒᆞᆯ지라도亦其不自由의點은一也니라

第二　半自由政体

此政体ᄂᆞᆫ人民의上級一部가特히其政治에參與ᄒᆞ야政府를制限ᄒᆞᄂᆞᆫ權을有ᄒᆞ고其他下流社會의人民은政權을不有ᄒᆞ며自由도不能ᄒᆞᄂᆞ니此等半自由政体의實例ᄂᆞᆫ歐洲中古時代에多有ᄒᆞ니라

第三　自由政体

此政体ᄂᆞᆫ人民이皆政權을有ᄒᆞ야國民이政府를制限ᄒᆞ며立法에關ᄒᆞᆫ權도有ᄒᆞ니其政府를制限ᄒᆞᄂᆞᆫ方法은古代에往往히行ᄒᆞᆷ과如히人民이스ᄉᆞ로集會ᄒᆞ야事件을議ᄒᆞᄂᆞᆫ法과又近代에行ᄒᆞᆷ과如히委員이나代議士를選定ᄒᆞ야間接으로政治에關與ᄒᆞᄂᆞᆫ法의二種이有ᄒᆞ니라

今에아리스도ㅣ돌氏가定ᄒᆞᆫ根本의區別과此第二의區別을合ᄒᆞᆫ結果가如左ᄒᆞ니

다. 이와 같은 정체를 부자유 정체라고 부르는 것은 신민이 포악한 군주에 의해 억압당하는 경우뿐만 아니라, 예컨대 군주가 법률의 제한을 통해 신민의 재산과 생명의 안전을 인정할지라도 신민들이 (정치적으로 — 옮긴이) 부자유한 경우도 포함한다.

(2) 반자유 정체

이 정체에서는 인민의 일부에 해당하는 상층계급이 정치에 참여해 정부를 제한할 권리를 갖는다. 이에 반해 사회의 하류 인민들은 정치적 권리를 갖지 못하고, 자유도 갖지 못한다. 이와 같은 반자유 정체는 유럽의 중세 때 다수의 실례가 있다.

(3) 자유 정체

이 정체에서는 인민이 모두 정치적 권리를 갖고 있고, 국민이 정부를 제한하며 입법권도 갖고 있다. 정부를 제한하는 방법과 관련해서는 고대에 자주 사용된 것처럼 인민들이 직접 집회를 열어 사안을 논의하는 방법과 근대에서처럼 위원이나 대표자를 선출해서 간접적으로 정치에 관여하는 방법이 있다.

이제 아리스토텔레스가 규정한 원래의 구별과 이 두 번째 구별을 결합하면 다음과 같은 결론이 도출된다.

第一 神政政體ᄂᆞᆫ其主義上으로云ᄒᆞ면不自由政體의部類에屬ᄒᆞᆫ者로ᄃᆡ其神政政體ᄂᆞᆫ반다시神制뿐아니니何오ᄒᆞ면此ᄅᆞᆯ支配ᄒᆞᄂᆞᆫ神과僧侶ᄂᆞᆫ社會의法律을認ᄒᆞ며또尊敬ᄒᆞᄂᆞᆫ바ㅣ有ᄒᆞᆫ所以라故로此政體ᄂᆞᆫ第二나第三의階級에得入ᄒᆞᆫ것으로神政政體ᄂᆞᆫ貴族的의元素와又民選議員에게制限되ᄂᆞᆫ것이니彼猶太의神政政體와如ᄒᆞᆫ것이此部類에屬ᄒᆞ니라

第二 貴族政體ᄂᆞᆫ半自由政體에近ᄒᆞ나然이나時機ᄅᆞᆯ從ᄒᆞ야人民이全히政權을不有ᄒᆞ야純然ᄒᆞᆫ不自由政體도되며又羅馬와如히人民이政權을得ᄒᆞ야自由政體도되ᄂᆞ니라

第三 民主政體ᄂᆞᆫ自由政體에屬ᄒᆞᆫ者ㅣ나然이나民主政體도彼의少數에對ᄒᆞ던지一個人에對ᄒᆞ야ᄂᆞᆫ專制ᄒᆞᆷ도有ᄒᆞ며其社會에存ᄒᆞᆫ바奴隷로見ᄒᆞᆯ時에ᄂᆞᆫ半自由政體와如ᄒᆞ니라

第四 君主政体ᄂᆞᆫ其種類가不一ᄒᆞ야或은是에屬ᄒᆞ며又或은彼에屬ᄒᆞ야東洋의壓制君主政體와西洋의專制政体ᄂᆞᆫ皆不自由의政体오僧侶及貴族에게制限된中古時代의王國은皆半自由政体가되며 太古의羅馬王國과近代의立憲君主

(1) 신정은 원칙적으로 부자유 정체에 속한다. 그러나 신정이 반드시 전제정*인 것은 아니다. 왜냐하면 신정을 지배하는 신과 사제들이 사회의 법률을 인정하고 존중하는 경우도 있기 때문이다. 따라서 이 정체가 아래의 두 번째나 세 번째 분류에 속할 수도 있다. 즉 신정이 귀족적 요소와 인민회의에 의해 제한을 받을 때에는 유대인의 신정과 같이 귀족정이나 민주정의 부류에 속하게 된다.

(2) 귀족정은 반자유 정체에 가깝지만, 시대나 경우에 따라서는 인민들이 전혀 정치적 권리**를 갖지 못하는 순수한 부자유 정체가 되기도 하고, 로마와 같이 인민들이 정치적 권리를 획득해 자유 정체가 되기도 한다.

(3) 민주정은 자유 정체에 속한다. 그러나 민주정도 소수자나 한 개인에 대해 전제정을 행사하기도 하며, 민주정 사회에 노예가 존재할 때에는 반자유 정체와 비슷하다.

(4) 군주정에는 여러 가지 종류가 있어서 군주정이 때로는 이 종류에 때로는 저 종류에 속한다. 동양의 전제군주정과 서양의 절대군주정은 모두 부자유 정체이고, 사제와 귀족에 의해 제한을 받던 중세의 왕국은 모두 반자유 정체이며, 고대 로마 왕국과 근대의 입헌군주

---

* 본문의 '神制'는 원문의 'Despotie'의 오역이다. '전제정'이 내용상으로도 옳다.

** 본문의 '政權'은 원문 'politische Rechte'의 번역이다. 오늘날의 의미와 혼동할 우려가 있고, 원문의 의미에도 부합하기 때문에 '정치적 권리'로 번역한다.

國은皆自由政体라稱ᄒᆯ者니라

右와如히아리스도ㅣ돌氏의區別은第二段의區別을得ᄒᆞ야비로소完全ᄒᆞᆫ것이니아리스도ㅣ돌氏의區別은山巓으로브터된것이오第二段의區別은山麓으로브터된것이니라

第十四章　主權

大抵國家ᄂᆞᆫ國力의顯形이라此國力을或主權이라稱ᄒᆞ야此로써公法學의基礎된概念이라ᄒᆞ니其後此語가近世憲法發達上에大勢力을及ᄒᆞ야政治學에影響됨이不少ᄒᆞ니라

十六世紀以來로主權이란觀念이佛蘭西中央集權政畧을爲ᄒᆞ야佛王의專制權을得코자ᄒᆞᄂᆞᆫ計畫으로其意味가漸强ᄒᆞ야主權은此로써國家專制의永久ᄒᆞᆫ權力이라解釋ᄒᆞ얏스나然이나此解釋은正當ᄒᆞᆫ解釋이라云치못ᄒᆯ것이近世立憲國에ᄂᆞᆫ所謂專制權이라ᄒᆞᆷ이無ᄒᆞ고且其國家가能히專制權을不有ᄒᆞᄂᆞ니何오ᄒᆞ면國家ᄂᆞᆫ外으로他國家의權利를爲ᄒᆞ야制限되며內으로ᄂᆞᆫ其自身의性質이各個人의權利를爲ᄒᆞ야制限되ᄂᆞᆫ所以가有ᄒᆞᆫ故ㅣ니라

정은 모두 자유 정체라 할 수 있다.

이와 같이 아리스토텔레스의 구별은 다시 두 번째 단계의 구별을 거칠 때 비로소 완벽하게 된다. 아리스토텔레스의 구별은 하향식 구별이고, 두 번째 단계의 구별은 상향식 구별이다.

제14장 주권*

국가란 국가권력이 발현한 형식이다. 이 국가권력을 주권이라고 부른다. 주권은 공법학의 기초개념이 되었고, 그 이후 이 용어가 근대의 헌법의 발전에 커다란 영향을 미쳤으며 또한 정치학에도 상당한 영향을 미쳤다.

16세기 이후 주권이라는 이념은 프랑스의 중앙집권 정책을 위해 그리고 프랑스 국왕이 절대 권력을 획득할 수 있도록 하려는 의도에서 탄생했다. 그 이후 이 이념의 의미가 점차 강해져서 주권은 영원하고 절대적인 국가권력으로 해석되었다. 그러나 이러한 해석은 정당한 해석이라 할 수 없다. 근대 입헌주의 국가에서는 이른바 절대 권력이 존재하지 않고, 또한 국가가 절대 권력을 가질 수도 없다. 왜냐하면 국가는 대외적으로는 다른 국가의 권리를 위해 권력이 제한되고, 대내적으로는 국가 자체의 성질이 개인의 권리를 위해 제한되기 때문이다.

---

* 여기의 '주권'은 앞의 94쪽 역주의 'obrigkeitliche Gewalt'가 아니라, 근대적 의미의 주권을 말한다. 블룬츨리의 원문에서도 '국가고권과 국가권력(Staatshoheit und Staatsgewalt)' 이라는 소제목 바로 뒤에 당시의 철자법에 따라 'Souveränetät'라는 용어를 괄호에 집어넣어 표시하고 있다.

夫主權이란것은左와如훈性質이有훈者ㅣ니

第一　他國家權力에無關獨立훈事

然이나所謂獨立이란것은決코絕對的의意味가아니라彼萬國公法은恰然히憲法이內를對호야國家의主權을制限홈과如히外를對호야國家의主權을制限호는것이니라

第二　最上의威嚴

此는卽羅馬人의마지의스다스라稱호는것이니라

第三　權力의圓滿

主權은格別훈權利를集合홈이아니오一般히適用호는바普通의權利니라

第四　最高政權

主權上에他政權이不有호느니中古時代에佛蘭西諸侯는佛王으로封建의首領이라稱호야重要훈問題를其判決에任훈同時에主權者된資格을失호며此를反호야日耳曼의司撰候는十四世紀以來로其領內에主權을有호니何오호면其領內事에는他의干涉을受치아니호니라

주권은 다음과 같은 성질을 갖고 있다.

(1) 다른 국가권력과는 무관한 독립성을 갖는다.

그러나 여기서 말하는 독립이란 절대적 의미가 아니다. 헌법이 대내적으로 국가의 주권을 제한하는 것과 마찬가지로 국제법이 대외적으로 국가의 주권을 제한한다.

(2) 최상의 존엄

이는 로마인들이 마에스타스*라고 부르는 것이다.

(3) 권력의 완결성

주권은 개개의 특별한 권리의 총합이 아니라, 보편적으로 적용되는 총체적 권리이다.

(4) 최고의 정치적 권력**

주권의 상위에 있는 다른 정치적 권력이란 있을 수 없다. 중세 프랑스의 제후들은 프랑스 국왕을 봉건국가의 수장이라 불렀고, 국왕이 중요한 문제에 대해 결정을 내릴 때에는 제후들 자신이 갖고 있는 주권을 상실했다. 이에 반해 게르만의 선제후들은 14세기 이후 자신의 영지 내에서는 주권을 갖고 있었고, 이 범위 내에서는 외부의 간섭을 받지 않았다.

* Majestas.
** politische Gewalt

第五　一致

大抵一致라ᄒᆞᆷ은如何ᄒᆞᆫ有機體든지必ᄒᆞᆫ것이니若主權을分ᄒᆞ면國家의團結은到底이維持치못ᄒᆞ며此ᄅᆞᆯ健康ᄒᆞᆫ生存을爲키不能ᄒᆞ니라

然ᄒᆞ면即主權은果然誰에屬ᄒᆞᆯ가ᄒᆞᄂᆞᆫ此問題에就ᄒᆞ야各政黨이種種의答辯을出ᄒᆞ며學者間에도亦往往히意見을各殊ᄒᆞᄂᆞ니루소ㅣ氏와佛蘭西革命以來로廣行ᄒᆞᄂᆞᆫ바說을依ᄒᆞ면主權은人民에屬ᄒᆞᆫ것이라云ᄒᆞ나所謂人民이라ᄒᆞᆷ은誰ᄅᆞᆯ指ᄒᆞᆷ인지或人의說은團結ᄒᆞ야國家ᄅᆞᆯ成立ᄒᆞᆫ各人의集合体라ᄒᆞ되如此히急激ᄒᆞᆫ說은國家生存의背反ᄒᆞᆫ說이라云ᄒᆞᆯ것이오主權은但集合ᄒᆞᆫ人類에屬ᄒᆞᆯ바ㅣ아니니若人類가空然히集合ᄒᆞ야無機的의結合을成ᄒᆞ야도主權이此에存ᄒᆞ다云키不能ᄒᆞ며或은曰主權은投票權을有ᄒᆞᆫ바人民에게存ᄒᆞ다云ᄒᆞ나然이나此說도甚이不穩ᄒᆞ니此說은國家의元首ᄅᆞᆯ人民과同等의地位에存在케ᄒᆞᆫ바ㅣ라若此說에依ᄒᆞᆯ時에ᄂᆞᆫ國家의元首ᄂᆞᆫ人民과比較ᄒᆞ야恒常少數가되ᄂᆞᆫ故로自然히此에服從치아니치못ᄒᆞ게ᄒᆞᆷ이오又或說에曰主權은道理에存在ᄒᆞ다ᄒᆞ니此說에依ᄒᆞ야起ᄒᆞᆫ바ᄅᆞᆯ考ᄒᆞ면彼人民主權을濫用ᄒᆞ야往往不道理의擧動을作

(5) 통일성

통일성이란 모든 유기체가 필요로 하는 것이다. 만일 주권을 분할하게 되면 국가의 통합을 도저히 유지하지 못하고 국가의 건강한 생존에도 부합하지 않는다.

대체로 볼 때 주권이 과연 누구에게 속하는가의 문제에 대해 각각의 정파에 따라 여러 가지로 대답하고, 학자들 사이에서도 의견이 분분하다. 루소와 프랑스 혁명 이후에 널리 퍼진 이론에 따르면 주권은 인민에게 속한다고 한다. 이른바 인민이 누구를 지칭하는지에 대해 어떤 이론은 서로 단결해 국가를 형성한 개인들의 집합체라고 말하지만, 이는 급진적인 이론으로서 국가의 존립에 위배되는 이론이다. 주권은 서로 결합한 인간들에게 속하는 것이 아니다. 만일 인간들이 아무렇게나 모여서 비유기적인 결합을 이룰 때에도 주권이 여기에 있다고 말할 수는 없다. 어떤 이들은 주권이 투표권을 가진 인민에게 있다고 말한다. 그러나 이 이론 역시 상당히 불온한 이론이다. 즉 이 이론은 국가원수를 인민과 동등한 지위를 갖는 존재로 만든다. 이 이론에 따른다면 국가원수는 인민에 비해 언제나 소수이기 때문에 자연히 인민에게 복종할 수밖에 없게 된다. 또 다른 이론에 따르면 이성과 정의가 주권이라고 한다. 이 이론은 인민주권을 남용해 자주 이성과 정의에 반하는 행동을

ᄒᆞᆷ을矯救ᄒᆞᆷ에出ᄒᆞᆷ이나然이나權利라ᄒᆞᆷ은人에게만屬ᄒᆞᆫ바오道理와如히無形ᄒᆞᆫ者에屬ᄒᆞᆫ바ㅣ아니며又或說에曰主權은團結ᄒᆞᆫ바人民에存ᄒᆞ다云ᄒᆞ니此說을依ᄒᆞ면假令人民이集合ᄒᆞ야有機的의結合을不成ᄒᆞ야도言語風俗習慣等이互相同一ᄒᆞᆫ者가集合ᄒᆞᆫ時에ᄂᆞᆫ主權이其間에生ᄒᆞᆫ다ᄒᆞᆷ과如ᄒᆞ나然이나主權은姑且其間에不生ᄒᆞᆫ것이오主權을有ᄒᆞᆫ바ᄂᆞᆫ有機的結合으로成ᄒᆞᆫ國民에不外ᄒᆞᄂᆞ니國家ᄂᆞᆫ有機的의結合으로一個無形人인故로主權을有ᄒᆞᆷ이오主權이라ᄒᆞᆷ은國家의權力과威力을稱ᄒᆞᆷ이라此意味를依ᄒᆞ야主權이란語를解釋ᄒᆞ면假令英國에ᄂᆞᆫ主權이國會에存ᄒᆞ다謂ᄒᆞᆯ지라何오ᄒᆞ면國會의首長은英王이오國會ᄂᆞᆫ國民全体를代表ᄒᆞᆫ故라然이나若此意味에依ᄒᆞ야主權이란文字를解ᄒᆞᆯ時ᄂᆞᆫ國家의主權된外에又君主의主權이又有ᄒᆞᆷ으로不可不認ᄒᆞᆯ지오國家全體의有ᄒᆞᆫ바權力外에又國家의元首가有ᄒᆞᆫ바權力을亦不可不認知ᄒᆞᆯ지니思惟컨ᄃᆡ國家의主權과君主의立權이互相撞着치못ᄒᆞ며又此에依ᄒᆞ야主權이分離치못ᄒᆞᆯ것이니即全體에屬ᄒᆞᆫ權力은其頭部에屬ᄒᆞᆫ權力보다不可不重大ᄒᆞ나然이나國家의主權은恒常動ᄒᆞᄂᆞᆫ바ㅣ아니오君主의主權은恒常動ᄒᆞᄂᆞᆫ바ㅣ니國家의主

하는 것에 대처하기 위해 제기된 것이다. 그러나 권리*라는 것은 사람에게만 속하는 것일 뿐, 이성과 정의와 같은 무형의 것에 속하는 것이 아니다. 또 어떤 이론에 따르면 주권은 서로 결합한 인민에게 있다고 한다. 이 이론에 따르면 설령 인민들이 모여 유기적 결합을 이루지 않았을지라도 언어, 풍속, 관습 등이 서로 동일한 인민들이 모인 때에는 주권이 이들 사이에서 발생하게 된다고 한다. 그러나 주권이 인민들 사이에서 발생하는 것이 아니고, 유기적으로 결합을 이룬 국민 이외에는 주권을 가질 수 없다. 국가는 유기적 결합으로서 하나의 법인이기 때문에 주권을 갖는다. 주권은 국가의 권력과 권위를 지칭한다. 이러한 의미를 통해 주권이라는 단어를 해석하면, 예컨대 영국에서는 주권이 의회에 있다고 말할 수 있다. 왜냐하면 의회의 수장이 곧 영국의 국왕이고, 의회는 국민 전체를 대표하기 때문이다. 그러나 이러한 의미에 따라 주권이라는 문자를 해석할 때에는 국가의 주권 이외에 군주의 주권도 존재한다는 것을 인식해야 한다. 즉 국가 전체가 갖고 있는 권력 이외에도 국가원수가 갖는 권력도 인식해야 한다. 생각건대 국가의 주권과 군주의 입법권은 서로 모순되지 않으며, 이를 통해 주권이 분할되는 것도 아니다. 즉 전체에 속한 권력은 상층부에 속한 권력보다 더 큰 권력이다. 그러나 국가의 주권이 항상 발동되는 것이 아니고, 군주의 주권도 항상 발동되는 것은 아니다. 국가의 주

---

* 원문에 충실하다면 '권력(Macht)'이라고 해야 한다.

權은法律에依ᄒᆞ야顯著ᄒᆞ고君主의主權은行政에依ᄒᆞ야顯著ᄒᆞᆫ바ㅣ니라國家主權과君主主權間에差別이有ᄒᆞᆷ은右에陳述ᄒᆞᆷ과如ᄒᆞ나今에更히一步를進ᄒᆞ야國家主權과君主主權을分析ᄒᆞᆯ지니國家主權의元素가種種有之ᄒᆞ되其中第一重要ᄒᆞᆫ바ᄂᆞᆫ國家의威嚴이니大凡國家ᄂᆞᆫ威嚴을有치아니치못ᄒᆞᆯ것이即羅馬人의所謂마지에스도리ㅣ라ᄒᆞᆷ을他國家로ᄒᆞ야곰認케ᄒᆞ며且尊敬케ᄒᆞᆷ을要ᄒᆞᆷ이오第二國家의元素됨은獨立이니若國家를他國家에게統御케ᄒᆞ면其國家ᄂᆞᆫ主權을失ᄒᆞᆫ바ㅣ오他國主權에服從ᄒᆞᆷ이라然이나國家ᄂᆞᆫ服從ᄒᆞᆯ同時에又全히主權을失ᄒᆞᆷ이아니니彼聯邦制度國의各州ᄂᆞᆫ或中央政府에服從ᄒᆞ얏스되或他點에ᄂᆞᆫ主權을有ᄒᆞᆫ者로認ᄒᆞᄂᆞ니假令瑞西에聯邦全體의主權이有ᄒᆞᆫ同時에又各州의主權이有ᄒᆞ며北亞米利加及日耳曼帝國에도全體主權과各州의主權이有ᄒᆞ며第三主權은外으로對ᄒᆞ야ᄂᆞᆫ其元首를依ᄒᆞ야代表ᄒᆞ고立法部를依ᄒᆞ야代表ᄒᆞᆷ이아니나然이나此ᄂᆞᆫ實로便宜上에不過ᄒᆞᆷ이오內部에在ᄒᆞ야ᄂᆞᆫ主權은其政體를撰ᄒᆞ고又此를變更ᄒᆞᄂᆞᆫ人民의權利에依ᄒᆞ야表著ᄒᆞ니蓋此權利ᄂᆞᆫ人民의一部分에屬ᄒᆞᆫ바ㅣ아니오又人民多數에屬ᄒᆞᆫ바도아니오國民全體에

권은 법률을 통해 표현되고 군주의 주권은 행정을 통해 표현되는 것이다.

국가주권과 군주주권은 서로 다르다는 점은 앞에서 서술했지만, 여기서 다시 한 걸음 더 나아가 국가주권과 군주주권을 분석해보자. 국가주권은 여러 가지 요소를 포함하고 있지만, 이 가운데 가장 중요한 것은 국가의 존엄이다. 모든 국가는 존엄을 가져야 한다. 즉 로마인들이 말했던 '마예스타스'라는 것은 한 국가를 다른 국가로 하여금 인정하게 만들고 존중하게 만드는 데 필요하다. 국가의 두 번째 요소는 독립성이다. 만일 국가를 다른 국가에 의해 통제되도록 만들면 이 국가는 주권을 상실하고 다른 국가의 주권에 복종하는 것이 된다. 그러나 국가가 복종함과 동시에 주권을 전혀 상실하지 않는 경우도 있다. 즉 연방제 국가의 각 주는 중앙정부에 복종하긴 하지만, 다른 관점에서는 주권을 갖고 있다고 볼 수 있다. 예컨대 스위스에서는 연방 전체의 주권이 존재함과 동시에 각 주의 주권도 존재하며, 북아메리카 미합중국과 독일제국에서도 전체 주권과 각 주의 주권이 존재한다. 셋째, 주권은 대외적으로는 국가원수를 통해 대표되고, 입법부에 의해 대표되지 않는다. 그러나 이는 사실상 편의상의 이유 때문이다. 대내적으로 존재하는 주권은 국가의 정체를 선택하고 이를 변경하는 인민의 권리를 통해 표현된다. 이러한 권리는 인민의 일부분에 속하는 것이 아니고, 인민 다수에 속하는 것도 아니며, 국민 전체에

屬ᄒᆞᆫ바라故로各個人은國民全體의命令을抵抗치못ᄒᆞᄂᆞ니若此에抵抗홈을許ᄒᆞᆯ時에ᄂᆞᆫ國家ᄂᆞᆫ其結合과秩序를保持기不能ᄒᆞ니라

蓋政體를變更ᄒᆞᄂᆞᆫ方法에二種이有ᄒᆞ니一은改革이오一은革命이라改革이라ᄒᆞᆷ은其憲法에定ᄒᆞᆫ바順序를依ᄒᆞ야變更을行홈이니卽代議集會로ᄒᆞ야곰其變更의方按을議케ᄒᆞ야此를實行홈인則若此不然이면改革이라稱치못ᄒᆞ며又改革은從前의制度를可用치못ᄒᆞᆯ事實이分明홈에至ᄒᆞ야비로소行ᄒᆞᄂᆞᆫ者ㅣ니卽改革은其國의憲法體裁와及其精神에依ᄒᆞ야行ᄒᆞᆯ바ㅣ오若此에反ᄒᆞ면改革이라稱치못ᄒᆞ고革命이라稱ᄒᆞᆯ지니改革의權力은國家의命脈을維持ᄒᆞ기爲ᄒᆞ야가장必要ᄒᆞᆫ것이若此權利가無ᄒᆞ면國家의發達을期치못ᄒᆞ고反히其革命의機會를與ᄒᆞᄂᆞᆫ바ㅣ되ᄂᆞ니라或은又改革의權利外의革命의權利가有홈을說ᄒᆞᆫ者가有ᄒᆞ되此ᄂᆞᆫ公法의概念에反對됨을免치못ᄒᆞᆯ것이革命이라홈은現存의制度를破棄ᄒᆞᆫ바ㅣ오其精神을蹂躪ᄒᆞᆫ바ㅣ라故로革命은權利上의事가아니오公法上의變動을及ᄒᆞᄂᆞᆫ自然的의現象이라稱ᄒᆞᆯ지니若人民의胸中에鬱勃ᄒᆞᆫ바가一朝에破裂ᄒᆞ면卽憲法의働作이爲ᄒᆞ야中止되며又革命前에出ᄒᆞᆫ바法律이亦其

속하는 것이다. 따라서 개인은 국민 전체의 명령에 저항할 수 없다. 만일 개인에게 이러한 저항을 허용할 때에는 국가가 통일성과 질서를 유지할 수 없다.

정체를 변경하는 방법에는 두 가지가 있다. 하나는 개혁이고, 다른 하나는 혁명이다. 개혁은 헌법에 규정된 절차에 따라 변경을 수행하는 것이다. 즉 국민을 대표하는 단체로 하여금 정체의 변경 방안을 토의하게 하고, 이를 실행하는 것이다. 만일 이와 같은 방식으로 정체의 변경이 이루어지지 않는다면 개혁이라 할 수 없다. 또한 개혁은 기존의 제도를 더 이상 사용할 수 없다는 사실이 명백하게 된 때에 비로소 수행하는 것이다. 즉 개혁은 국가의 헌법체제와 정신에 기초해 수행되어야 한다. 만일 이에 반하는 정체의 변경을 수행한다면 그것은 개혁이 아니라, 혁명이다. 개혁의 권리* 는 국가의 명맥을 유지하기 위해 가장 필요한 것이고, 만일 개혁의 권리가 없다면 국가의 발전을 기약할 수 없고, 오히려 혁명에게 기회를 부여하는 셈이다. 개혁의 권리 이외에도 혁명의 권리가 존재한다고 보려는 이론도 있는데, 이 이론은 공법의 개념에 반한다. 혁명이란 기존의 제도를 폐기하는 것이고, 기존의 제도에 깃들어 있는 정신을 유린하는 것이다. 따라서 혁명은 권리의 문제가 아니라, 공법상의 변화를 불러일으키는 자연적 현상이라 할 수 있다. 만일 인민들의 마음속에 있는 격정이 한 순간에 폭발하게 되면 헌법의 작동이 중지되고 혁명 전에 제정된 법률의

* 본문의 '권력'은 오기 또는 오역이다.

效力을失ᄒᆞ나然이나革命의權利란것이或時機에ᄂᆞᆫ不可不無치못ᄒᆞᄂᆞ니彼改革의道가杜絶ᄒᆞ야通常의手段으로ᄂᆞᆫ可히其國家生存을保持치못ᄒᆞ며又其命脈을維持키不能ᄒᆞᆫ時에ᄂᆞᆫ或革命의必要가有ᄒᆞ다謂ᄒᆞᄂᆞ니라

立法權은國家主權의正當ᄒᆞᆫ現象이라稱ᄒᆞᄂᆞᆫ者ㅣ니道理上으로此를云ᄒᆞ면諸般權力이皆此에依賴ᄒᆞᄂᆞᆫ바라云ᄒᆞᆯ지라然이나平生에ᄂᆞᆫ此權이能히活動치못ᄒᆞ고但其憲法을制定ᄒᆞ고法律을制定ᄒᆞᆷ에至ᄒᆞ야僅히働作을顯ᄒᆞᄂᆞᆫ者ㅣ니君主國에ᄂᆞᆫ元首가恒常働作ᄒᆞᄂᆞᆫ者이오全體ᄂᆞᆫ平生에運動ᄒᆞᄂᆞᆫ바ㅣ無ᄒᆞ나然이나一朝에此機關이運動키不能ᄒᆞ면假令君主가崩御ᄒᆞ고其後任을未定ᄒᆞᆫ時에ᄂᆞᆫ國家의主權卽立法部가ᄉᆞᄉᆞ로此의欠點을補充치아니치못ᄒᆞᄂᆞ니라

蓋人類ᄂᆞᆫ決코無責任地位에處ᄒᆞᆷ이無ᄒᆞ야國民은神의判斷에對ᄒᆞ야責任이有ᄒᆞ며歷史의判斷에對ᄒᆞ야責任이有ᄒᆞ되國民內에國民其自身을判斷ᄒᆞᄂᆞᆫ法廷을能히設치못ᄒᆞᄂᆞ니何오ᄒᆞ면此境遇에ᄂᆞᆫ國民其者가法廷에服從ᄒᆞᄂᆞᆫ者ㅣ되ᄂᆞᆫ故ㅣ라若國際公法이크게發達ᄒᆞ야萬國協和의制度가成立ᄒᆞ면國民으로ᄒᆞ야곰法律上의責任을免치못ᄒᆞ게ᄒᆞᆫ다云ᄒᆞ나今日에在ᄒᆞ야ᄂᆞᆫ空想에不過ᄒᆞᆯ지

효력도 상실된다. 그러나 혁명의 권리가 어떤 시점이나 계기에 따라서는 없어서는 안 된다고 볼 수도 있다. 즉 개혁을 할 수 있는 길이 단절되고, 통상의 수단으로는 국가의 존립을 유지할 수 없어서 국가의 명맥을 유지할 수 없을 때에는 혁명이 필요하다고 말할 수 있다.

입법권은 국가주권의 정당한 현상이라고 할 수 있다. 원칙적으로 볼 때 입법권은 다른 여러 권력이 모두 이 입법권에 의존한다고 말할 수 있다. 그렇지만 평상시에는 입법권이 활발하게 작동하지 않으며, 단지 헌법을 제정하거나 법률을 제정할 때에만 작동한다. 군주국에서는 국가원수가 작동하고, 평상시에는 국가가 작동하지 않는다. 하지만 군주가 사망한 이후 그 후임을 정하지 못한 때와 같이 어느 순간 국가기관이 작동할 수 없게 되면 국가의 주권, 즉 입법부가 이러한 흠결을 제거해야 한다.

인간은 결코 아무런 책임도 부담하지 않는 존재가 아니다. 따라서 국민은 신의 심판에 대해 책임을 부담하고 역사의 심판에 대해서도 책임을 부담한다. 하지만 국가* 내에서 국민 자체를 심판하는 법정을 설치할 수는 없다. 왜냐하면 이 경우에는 국가** 자체가 법정에 복종하는 것이 되기 때문이다. 만일 국제법이 크게 발전해 모든 국가가 협력하고 화합하는 제도가 성립한다면 국가*** 역시 법적 책임에서 벗어나지 못하게 만드는 것은 오늘날에는 상상에 불과할

* 본문의 '국민'은 '국가(Staat)'의 오기 또는 오역이다.
** 위와 같음.
*** 위와 같음.

니故로國家或國民은法律上의無責任이된다ᄒᆞ되其中諸權力은國家主權을代表ᄒᆞᆫ機關即立法部에對ᄒᆞ야責任이有ᄒᆞᆫ者ㅣ니라

國家元首의權力即君主의主權이란者ᄂᆞᆫ近世에當ᄒᆞ야다만君主政體에만認ᄒᆞ고共和政體의大統領은此權이無ᄒᆞ며又曰君主主權은世襲君主의게만在ᄒᆞ고被選君主ᄂᆞᆫ主權이無ᄒᆞ다云ᄒᆞ나此說은君主起原에拘泥ᄒᆞ야其性質을混雜케ᄒᆞᄂᆞᆫ者라云ᄒᆞᆯ지라被選君主도世襲君主와如히君主主權을有ᄒᆞᆷ이分明ᄒᆞ니古代羅馬帝及中古日耳曼帝ᄂᆞᆫ勿論ᄒᆞ고英國지욘ㅣ지一世가英人이迎立ᄒᆞᆫ王이로ᄃᆡ其君主主權을有ᄒᆞᆷ은更論ᄒᆞᆯ바ㅣ아니라然ᄒᆞ나若此의君主主權을區別코져ᄒᆞᆯ진ᄃᆡ此ᄅᆞᆯ二種에分ᄒᆞᆯ지니即出生ᄒᆞ야셔곳君主가되거나又自己의能力을依ᄒᆞ야王位에登ᄒᆞᄂᆞᆫ것을一種으로삼고人民或司撰侯等의被選ᄒᆞᆫ主權을他一種으로삼ᄂᆞ니即世襲君主의主權과戰勝者의主權으로自立ᄒᆞᆫ王의主權과被選되야王된者의主權을區別ᄒᆞᆷ이可ᄒᆞ니라

第十五章　政權의區別

近代國家ᄂᆞᆫ立法部의發達을因ᄒᆞ야古代國家보다完全ᄒᆞᆫ程度에達ᄒᆞ얏스나古

따름이다. 그러므로 국가와 국민은 법적으로 책임을 부담하지 않는다. 하지만 국가의 여러 권력들은 국가주권을 대표하는 기관, 즉 입법부에 대해 책임을 부담한다.

국가원수의 권력, 즉 군주주권은 근대에 들어서는 군주정에서만 인정되고, 공화정의 대통령은 이러한 권력*이 없다. 또한 군주주권은 세습군주에게만 있고, 선출된 군주에게는 주권이 없다고 말하기도 하는데, 이러한 견해는 군주의 기원에만 사로잡혀 군주의 본질을 혼동하는 견해이다. 선출된 군주도 세습군주와 마찬가지로 분명히 군주주권을 갖고 있다. 고대 로마의 황제와 중세 게르만의 황제는 물론이고 영국의 조지 1세도 영국인이 옹립한 국왕이지만 군주주권을 갖는다는 점에 대해서는 재론을 필요로 하지 않는다. 군주주권을 두 가지로 나누어 출생에 의해 군주가 되는 경우와 자신의 능력을 통해 왕위에 오르는 경우가 첫 번째 종류라고 하고, 인민이나 제후들에 의해 선출된 경우의 주권을 두 번째 종류라고 한다. 즉 세습군주의 주권 및 전쟁에서 승리한 자의 주권과 같이 스스로 확립한 주권과 선출을 통해 왕이 된 자의 주권으로 구별할 수 있다.

제15장 정치권력**의 구별

근대국가는 입법부의 발달로 인해 고대국가보다 더 완전한 정도에 도달했다. 그러나 고

* '권리'가 아니라, '권력'이 맞는다.
** 독일어 원문은 '국가권력(staatliche Gewalt)'이다. 따라서 이 제15장의 내용은 권력분립이론에 해당한다.

代에도國民이可히立法에關係홀者라ᄒᆞᄂᆞᆫ觀念이一時에行用ᄒᆞ야人民이自集ᄒᆞ야直接으로立法에關係ᄒᆞᆫ事實이種種多有ᄒᆞ얏스니大抵此方法은弊害가伴從ᄒᆞᄂᆞᆫ故로後世에至ᄒᆞ야代議制度의發達홈을觀ᄒᆞᆫ지라今其弊害의要点을擧ᄒᆞ건ᄃᆡ第一人民이直接集會ᄒᆞᄂᆞᆫ것은其領地中一村落과如ᄒᆞᆫ小國家에서可行홀바이오稍大ᄒᆞᆫ國家에在ᄒᆞ야ᄂᆞᆫ到底히行치못홀것이라第二國民이스스로集會ᄒᆞᄂᆞᆫ時에ᄂᆞᆫ集會人이多數混雜ᄒᆞᆫ故로政治上錯雜ᄒᆞᆫ問題를可히評議키不能ᄒᆞ고但僅小ᄒᆞᆫ問題에就ᄒᆞ야是非를論홈에止홀지니此를要ᄒᆞ면代議制度의發明은最大ᄒᆞᆫ進步니此法이無ᄒᆞ면民主政体ᄂᆞᆫ到底히大國에서行홀바ㅣ아니라此政權區別홈에就ᄒᆞ야아리스도ㅣ돌氏의時代브터各種異說이多有ᄒᆞ되近時에大行ᄒᆞᆫ바ᄂᆞᆫ몬데스큐ㅣ氏의區別이라몬데스큐ㅣᄂᆞᆫ第一立法權第二行政權第三司法權으로區別ᄒᆞ야此區別은英國政治學者의採用ᄒᆞᄂᆞᆫ바이오北亞米利加合衆國憲法도亦此를準ᄒᆞ얏고其他歐洲諸國에憲法도此區別을基因ᄒᆞ야制定ᄒᆞᆫ者ㅣ多ᄒᆞ니라

然이나此區別을不足라稱ᄒᆞ야第四의權을此에追加코져ᄒᆞᄂᆞᆫ者ㅣ有ᄒᆞ니即佛

대에도 국민이 입법에 관여한다는 사고가 한동안 확산되어 있었다. 즉 인민들이 스스로 모여 직접 입법에 관여하는 경우도 자주 있었다. 하지만 이 방법은 전반적으로 폐해가 수반되기 때문에 후대에 이르러서는 대의제가 발달하게 되었다. 인민이 직접 입법에 관여할 때에는 다음과 같은 폐해가 있다. 첫째, 인민이 직접 모이는 것은 한 촌락 정도의 크기밖에 안 되는 작은 국가에서는 가능할지 모르지만, 큰 국가에서는 도저히 실현할 수 없다. 둘째, 국민들이 직접 모일 때에는 사람들이 너무 많은 탓에 정치적으로 복잡한 문제에 대해서는 토론할 수 없고, 단지 사소한 문제에 대해서만 옳고 그름을 따질 수 있을 뿐이다. 그 때문에 대의제도의 발명은 최고의 진보에 해당하고, 이러한 방법이 없다면 큰 국가에서는 민주정을 도저히 실현할 수 없다. 정치권력을 이와 같이 구별하는 것에 관해서는 이미 아리스토텔레스의 시대부터 여러 가지 다른 이론들이 존재했지만, 최근에 가장 확산되어 있는 이론은 몽테스키외의 구별이다. 몽테스키외는 정치권력을 입법권, 행정권, 사법권으로 구별한다. 이 구별을 영국의 정치학자들이 수용했고, 북아메리카 합중국 헌법도 이 구별을 기준으로 삼았으며 유럽의 여러 나라 헌법도 이 구별에 기초해 제정되었다.

하지만 이 구별이 충분하지 않다고 하면서 네 번째 권력을 추가하고자 하는 학자가 있다. 즉 프

國學者볌잠민곤스단氏ᄂᆞᆫ右三種外에調和權(即王權)이不可不無라唱道ᄒᆞ니現今葡萄牙憲法이亦此곤스단의說을準用홈이니라

或者ᄂᆞᆫ此諸權力으로써同等이라云ᄒᆞ나此ᄂᆞᆫ誤謬홈이殆甚ᄒᆞᆫ것이若此權力으로同等케ᄒᆞ면國家의有機的性質이自破홈에至ᄒᆞ리니想컨대有機体의各部ᄂᆞᆫ各各權力이有ᄒᆞᆫ者로ᄃᆡ皆互相依賴ᄒᆞ야各自獨立ᄒᆞᆫ바ㅣ아니니만일各自로獨立ᄒᆞᄂᆞᆫ時에ᄂᆞᆫ全体의一致ᄅᆞᆯ能保치못ᄒᆞᆯ것이오國家도如斯히諸種權力으로ᄒᆞ야곰同等케ᄒᆞᆯ진ᄃᆡ畢竟四分五裂의患을免치못ᄒᆞᄂᆞ니라

今에此等諸種의權力을說明홈에當ᄒᆞ야先次其立法權의事로브터陳述ᄒᆞᆯ지니盖國家의他作用을大概其一種機關에屬ᄒᆞᆫ바ㅣ로ᄃᆡ此立法은不然ᄒᆞ야國家全体에屬ᄒᆞᆫ바ㅣ니立法이란것은國家全体의永久ᄒᆞᆫ關係ᄅᆞᆯ定ᄒᆞᆫ者ㅣ라立法權은다만其法律制度ᄅᆞᆯ爲ᄒᆞᆯᄲᅮᆫ아니오國家의制度ᄅᆞᆯ基礎ᄒᆞ며又此ᄅᆞᆯ變更ᄒᆞᄂᆞᆫ者ㅣ며立法權은國家經濟에關ᄒᆞᆫ豫算을議決ᄒᆞ며民願을聞ᄒᆞ야其苦痛을救ᄒᆞ며社會의形勢ᄅᆞᆯ察ᄒᆞ야其進步의案을講ᄒᆞᄂᆞᆫ者ㅣ니何오ᄒᆞ면此等의事가皆國家全体에關ᄒᆞᆫ所以니라

랑스 학자 뱅자맹 콩스탕*이다. 앞의 세 권력 이외에 조율권(즉 왕권)이 없어서는 안 된다고 주장한다. 현재 포르투갈 헌법 역시 콩스탕의 이론을 적용하고 있다.

어떤 사람들은 이 여러 가지 권력들이 동등하다고 말하지만, 이는 커다란 오류이다. 만일 이 권력들이 동등하다면 국가의 유기체적 성질은 파괴되고 말 것이다. 생각건대 이 유기체의 각 부분이 각각 권력을 갖고 있지만, 상호의존 관계에 있어서 서로 독립되어 있는 것이 아니다. 만일 각 권력이 독립해 있다면 전체의 통일성을 유지하지 못할 것이다. 국가가 이처럼 여러 권력을 동등하게 만든다면 국가가 사분오열되는 환난에서 벗어나지 못할 것이다.

이제 이 여러 가지 권력들에 대해 설명하기로 한다. 먼저 입법의 문제부터 서술하겠다. 국가의 다른 작용들은 대개 한 가지 기관에 속하는 것과는 달리 이 입법권은 국가 전체에 속한다. 입법은 국가 전체의 지속적인 관계를 규정하는 것이다. 입법권은 단순히 법률제도만을 위한 것이 아니라, 국가제도의 기초가 되고 국가제도를 변경한다. 또한 입법권은 국가경제에 관련된 예산을 의결하며, 민원을 들어 고충을 처리하며 사회의 상황을 관찰해 사회가 발전할 방안을 강구하기도 한다. 왜냐하면 이와 같은 문제들은 모두 국가 전체에 관련된 것이기 때문이다.

---

* Benjamin Constant(1767-1830). 프랑스의 저술가, 정치가, 자유주의 국가학자. 프랑스 혁명 이후에도 왕정의 필요성을 역설했다.

彼잔작루ㅣ소ㅣ는立法과行政의關係를說明홈을心理上의意와力으로區別홈과如히立法은國家의其意志를顯ᄒᆞ는바이오行政은其意志를實行홈이라說明ᄒᆞ얏고로렌스、혼스다인도亦同一ᄒᆞᆫ區別을論ᄒᆞ얏스되立法은다만其意志를顯ᄒᆞᆯ뿐아니라法律을制定ᄒᆞ며制度를定홈에當ᄒᆞ야不可不專權을要ᄒᆞ는者이오又行政은政治의目的을定ᄒᆞ며其手段을講홈에當ᄒᆞ야其意志에不可不由홈이往往有之ᄒᆞ니故로若此를區別코자ᄒᆞᆯ진ᄃᆡ立法은一般의意志를基因ᄒᆞᆫ者이오行政은各段의意志를基因ᄒᆞᆫ者라홈으로適當ᄒᆞ며又其全部는一部보다超越홈과如히立法權은他의諸權보다優勝ᄒᆞᆫ者라謂ᄒᆞᆯ지라此立法權以外諸權을四種에分ᄒᆞ되其中最要ᄒᆞᆫ者는第一行政權第二司法權이니行政이란行字는本來譯出ᄒᆞᆫ文字나此를二種에區別ᄒᆞ야自己의意志를行홈과他人의命令을行ᄒᆞ는것이有ᄒᆞ니盖如何ᄒᆞᆫ境遇던지行이란것은何事를實行ᄒᆞ기前에先次其決定이란文字를要홈은更論을不待ᄒᆞᆫ것이어니와政府即行政部의職務도亦先次決定ᄒᆞᆫ然後에此를實行ᄒᆞᄂᆞ니決定은重要ᄒᆞᆫ掌職이오實行은此를基因ᄒᆞ는바ㅣ라決定은政府가不可不自爲ᄒᆞᆯ것이로ᄃᆡ此를屬官에委任ᄒᆞ는事가有ᄒᆞ니此를要

장 자크 루소가 입법과 행정의 관계를 의지와 능력 사이의 심리적 구별로 설명하면서 입법은 국가의 의지를 표현하고, 행정은 이 의지를 실행하는 것이라고 한다. 로렌츠 폰 슈타인*도 루소와 동일한 구별에 대해 논의했다. 그러나 입법은 의지를 표현할 뿐만 아니라, 법률을 제정하고 제도를 규정할 때도 반드시 절대적 권력을 필요로 하고, 행정은 정치의 목적을 규정하고 그 수단을 강구할 때 의지를 필요로 하는 경우가 자주 있기 때문에 양자를 구별하고자 할 때에는 입법은 일반의지에 기인하고 행정은 특별의지에 기인한다고 설명하는 것이 타당하다. 또한 전체는 부분을 초월하는 것과 마찬가지로 입법권은 다른 권력보다 더 우월한 권력이다. 이 입법권 이외의 다른 권력들은 네 가지로 나뉜다. 이 가운데 가장 중요한 것은 첫째 행정권이고, 둘째 사법권이다. 행정에서 '행(行)'은 원래 그리스어**와 라틴어***로부터 번역한 표현으로, 이와 관련해서는 두 가지를 구별해 자신의 의지를 행하는 것과 타인의 명령을 행하는 것으로 나눌 수 있다. 어떠한 경우든 '行'이라는 것은 어떤 일을 행하기 전에 먼저 결정을 필요로 한다는 점은 너무나도 분명한 사실이다. 더욱이 정부, 즉 행정부의 과제 역시 먼저 결정을 내린 이후에 이를 실행하기 때문에 결정이 중요한 기능이고, 실행은 결정에 기인하는 것이다. 결정은 정부가 스스로 내리는 것이지만, 결정을 정부에 속하는 다른 기관에게 위임하는 경우도 있다. 결정이

---

* Lorenz von Stein(1815-1890). 독일의 국가법학자, 경제학자. 법학을 공부했지만, 1855년부터 오스트리아 빈 대학의 정치경제학 교수가 되었다. 당시의 국가법학자들 가운데 드물게 사회주의를 지지했다.

** ἀρχή(archē)

*** imperium

ᄒᆞ면政府는可爲ᄒᆞᆯ職分으로正當ᄒᆞ고有要ᄒᆞᆫ바ᄅᆞᆯ命令ᄒᆞᆷ에在ᄒᆞᆫ者니害惡의襲來와危難에對ᄒᆞ야國家及國民을不可不保護ᄒᆞᄂᆞ니此諸般害毒에對ᄒᆞ야國家ᄅᆞᆯ守ᄒᆞ며且國家ᄅᆞᆯ代表ᄒᆞᆷ에在ᄒᆞᆫ者라云ᄒᆞᄂᆞ니라

司法權은行政權과性質이大異ᄒᆞ야行政權의本分은支配(保護監督)ᄅᆞᆯ行ᄒᆞ되司法權은支配ᄅᆞᆯ行치못ᄒᆞ고惟其已認ᄒᆞᆫ바法律을守ᄒᆞ며此ᄅᆞᆯ應用ᄒᆞᆷ에在ᄒᆞ니譬컨ᄃᆡ行政府의職掌은恰然히吾人의智識이오司法部의職掌은吾人의良心과如ᄒᆞ니此行政司法兩權의區別이近代國家에至ᄒᆞ야可히一大進步ᄅᆞᆯ得ᄒᆞᆫ者라謂ᄒᆞᆯ지라古代에는一官吏가此二個의職掌을兼ᄒᆞᆷ이通例와如히裁判의公平과人民의自由가此二者의區別됨으로因ᄒᆞ야大爲增加ᄒᆞ며政府가此ᄅᆞᆯ因ᄒᆞ야權力을失ᄒᆞ는것이아니라經驗에由ᄒᆞ야此ᄅᆞᆯ徵ᄒᆞᆯ진ᄃᆡ政治家로는伎倆이有ᄒᆞᆫ者로ᄃᆡ반다시善良ᄒᆞᆫ裁判官이되기難ᄒᆞ며又善良ᄒᆞᆫ裁判官이라도반다시伎倆이有ᄒᆞᆫ政治家가되지못ᄒᆞᄂᆞ니是以로司法權이行政權과獨立ᄒᆞ얏다호ᄃᆡ心臟이腦髓에關ᄒᆞᆷ과恰似ᄒᆞ다云ᄒᆞᄂᆞ니라

主權의作用은此三種의區別을因ᄒᆞ야滿足ᄒᆞᆷ과如ᄒᆞ고且近代憲法이大槪此三

필요할 때에는 정부가 자신의 권력에 기초해 정당하고 공동체에 유용한 것을 명령하면 된다. 이를 통해 정부는 국가와 국민을 침해와 위난으로부터 보호하고, 여러 가지 해악으로부터 국가를 지키며 또한 국가를 대표한다.

사법권은 행정권과는 성질이 크게 다르다. 행정권의 본질은 지배(보호감독)를 행하는 것이고, 사법권은 지배를 행하는 것이 아니라, 오로지 (법을 – 옮긴이) 인식하고 법률을 지키고 법률을 적용하는 것이다. 예컨대 행정부의 기능이 우리의 정신력과 같은 것이라면, 사법부의 기능은 우리의 도덕적 본성과 같은 것이다. 행정과 사법이라는 두 권력의 구별은 근대국가에 이르러 크게 진보했다고 말할 수 있다. 고대에는 한 명의 관리가 이 두 가지 기능을 겸하는 것이 통상적이었다. 그러나 행정과 사법이 구별됨으로써 재판의 공정성과 인민의 자유가 크게 신장되었다. 그러나 이로 인해 정부가 권력을 상실한 것은 아니다. 경험에 비추어 볼 때 정치가로서 탁월한 능력을 갖춘 사람이 좋은 법관이 되기 어렵고, 좋은 법관이 반드시 탁월한 정치가가 되는 것은 아니다. 그렇기 때문에 사법권이 행정권으로부터 독립했다고 하지만 양자의 관계는 마치 심장과 두뇌의 관계와 비슷하다.

주권의 작용은 이 세 가지 권력의 구별만으로 충분하게 확보되고 또한 근대의 헌법도 대부분 이 세

種의區別을基因ᄒᆞᆫ者라云ᄒᆞ나然이나此를精密히調査ᄒᆞᆯ時에ᄂᆞᆫ此外에二種機關과作用이有ᄒᆞ야又其行政에附屬ᄒᆞᆷ과如ᄒᆞᆫ性質이有ᄒᆞᆷ을不拘ᄒᆞ고오히려此를區別ᄒᆞᆯ것이니即第一은其開明의智識的元素를監督或養成ᄒᆞᆷ이오第二ᄂᆞᆫ理財的元素를監督且整理ᄒᆞᆷ이是也ㅣ라思惟컨ᄃᆡ此二者ᄂᆞᆫ行政의範圍에不在ᄒᆞᆫ者ㅣ니何오ᄒᆞ면開明、宗教、化學美術과如ᄒᆞᆷ은國家機關에屬지아니ᄒᆞᆫ故ㅣ라假令國家와寺院及學校의關係와如ᄒᆞᆷ은所謂行政上의事가아니오宗教와教育은國家의監督注意ᄒᆞᆯ바이오決코此를支配ᄒᆞᆯ바ᄂᆞᆫ아니니라

彼理財의事도亦同ᄒᆞ야國家의收入支出에關ᄒᆞᆷ과人民의經濟上安固를維持ᄒᆞᆷ과貿易의事와土木의事와如ᄒᆞᆷ이所謂支配ᄒᆞᄂᆞᆫ範圍에屬ᄒᆞᆯ바ㅣ아니오且此等經濟上에就ᄒᆞ야國家가其支配權을用치못ᄒᆞᄂᆞᆫ것이라要컨ᄃᆡ國家作用에此區別이有ᄒᆞᆷ은近代에至ᄒᆞ야稍稍認知ᄒᆞᆫ바나然이나今日에도오히려其命令과養成을混雜ᄒᆞᄂᆞᆫ者가不無ᄒᆞ니卽國家가此의監督과養成ᄒᆞᄂᆞᆫ事가其命令範圍內에有ᄒᆞ다誤認ᄒᆞᄂᆞᆫ者ㅣ往往有之ᄒᆞᆫ故로國家의監督과可히制限ᄒᆞᆯ事에對ᄒᆞ야或命令과禁止코자ᄒᆞᄂᆞᆫ誤謬가有ᄒᆞᆯ뿐아니라又國家가맛당이其支配權을用ᄒᆞ

가지 권력의 구별에 기초하고 있다. 그러나 이러한 구별을 더 섬세하게 고찰해보면 세 가지 권력 이외에 다시 두 가지 기관 및 작용이 있다는 것을 알 수 있다. 이 두 가지는 행정에 속하는 성질을 갖고 있음에도 불구하고 행정과는 구별해야 한다. 첫 번째는 정신문화적 요소를 감독하고 육성하는 기관이고, 두 번째는 경제적 요소를 감독하고 관리하는 기관이다. 생각건대 이 두 가지 기관 및 작용은 행정의 범위에 속하지 않는다. 왜냐하면 문화, 종교, 학문, 예술과 같은 것은 국가기관에 속하는 것이 아니기 때문이다. 예컨대 국가와 교회 또는 국가와 학교의 관계는 이른바 행정에 속하는 문제가 아니다. 종교와 교육은 국가의 감독과 보호가 필요한 영역이지, 국가가 지배할 영역이 아니다.

경제적 문제도 이와 마찬가지여서 국가의 수입과 지출을 관리하는 것, 인민의 경제적 안정성을 유지하는 것 그리고 무역과 산림에 관련된 문제 등은 지배의 범위에 속하지 않는다. 물론 이와 같은 경제적 문제에 대해 국가가 지배권을 사용할 수 없는 것은 아니지만, 국가의 작용과 관련해 뚜렷한 차이가 있다는 사실을 근대에 들어 점차 인식하게 되었다. 하지만 오늘날에도 명령과 육성을 혼합하는 경우가 있다. 즉 국가가 경제를 감독하고 육성하는 문제가 국가가 명령을 내리는 범위에 속한다고 오해하는 경우가 자주 있다. 그 때문에 국가의 감독과 보호가 필요한 문제에 대해 명령과 금지를 시도하는 오류가 발생할 뿐만 아니라, 국가가 마땅히 지배권을 사용해야斷然ᄒᆞᆫ處置를行ᄒᆞᆯ事를躊躇ᄒᆞ야敢爲치못ᄒᆞᆷ이亦往往有之ᄒᆞ되蓋此等事를百年이나五十年以前에比ᄒᆞᆯ時에ᄂᆞᆫ크게進步ᄒᆞᆫ者라謂치아니치못ᄒᆞᆯ지라然이나今日多數의組織은其政府의直接干涉을離ᄒᆞ야其支配의範圍를脫ᄒᆞ야單히其注意와助力을受ᄒᆞᆷ에至ᄒᆞ니라

第十六章　專制君主政體

家族의團體가擴張ᄒᆞᆷ으로브터生ᄒᆞᆫ種族的國家에在ᄒᆞ야最高貴族의一人이慣習에依ᄒᆞᆫ外에又制限됨이無ᄒᆞᆫ無限의統治權을有ᄒᆞᆫ政體가가장廣行ᄒᆞᆫ지라然이나今日歐洲開明諸國의君主制에ᄂᆞᆫ此政体와何等直接의歷史的關係가不存ᄒᆞ고此政體가又東洋諸國의君主政體와何等의關係가不有ᄒᆞᄂᆞ니蓋東洋諸國에ᄂᆞᆫ神權政治로써國体의基礎를爲ᄒᆞ거나不然이면種族을征服ᄒᆞᆫ將帥가其屈從ᄒᆞᆫ民族을服케ᄒᆞ야써君主政體를馴致케ᄒᆞᄂᆞᆫ者이오歐洲의專制君主政體ᄂᆞᆫ特殊ᄒᆞᆫ政治的과社會的條件下에在ᄒᆞ야其必然ᄒᆞᆫ結果로生ᄒᆞᆫ一個의歷史的事實이라謂ᄒᆞᄂᆞ니라

近代國家의目的은各種의社會階級間에生ᄒᆞᄂᆞᆫ利害關係의衝突을調和ᄒᆞ기爲

단호하게 조치를 내려야 할 문제에 대해서는 주저하면서 행동을 하지 못하는 경우도 자주 있다. 물론 50년 전이나 100년 전에 비하면 이와 같은 문제를 처리하는 것이 훨씬 더 진보했다고 말할 수 있다. 하지만 오늘날 수많은 제도가 정부의 직접적 간섭과 지배 범위로부터 벗어나 단지 정부의 보호와 조력만을 받고 있다.

제16장 절대군주정*

가족적 결합이 확장함으로써 발생한 부족국가에서는 최고 귀족의 한 사람이 관습 등에 기초해 어떠한 제한도 받지 않는 무한한 통치권을 갖는 정체가 널리 행해졌다. 그러나 오늘날 유럽 문화국가의 군주정은 이러한 정체와는 전혀 역사적 관련성을 갖고 있지 않다. 즉 유럽의 군주정은 동양의 군주정과는 아무런 관계가 없다. 동양의 여러 국가들은 신권정치를 국체의 기본으로 삼거나 한 부족을 정복한 장수가 정복당한 민족을 복종시켜 군주정에 도달한 것임에 반해 유럽의 절대군주정은 특수한 정치적 및 사회적 조건에 따른 필연적 결과로 발생한 하나의 역사적 사실이라 할 수 있다.

근대국가의 목적은 여러 사회계급 사이에 발생하는 이해관계의 충돌을 조정하기 위

---

* 독일어 원문은 'absolute Monarchie'이고 전제군주정이 아니라, 절대군주정으로 번역해야 옳다. 본문 전체에 걸쳐 전제정치 또는 전제정(Despotie)과 절대주의(Absolutismus)를 명확하게 구별하지 않고 있는데, 전자는 대부분 부정적 의미를 담고 있고, 유럽인의 관점에서는 주로 동방과 중국 군주정 정체를, 후자는 — 이하의 서술에서 보듯이 — 유럽 근대의 새로운 군주정 정체를 뜻한다. 물론 양자의 경계는 유동적이고, 절대군주정 역시 얼마든지 전제정치의 형태를 띨 수 있다.

ᄒᆞᄂᆞᆫ平衡的正義에在ᄒᆞᆷ이나然이나或時에ᄂᆞᆫ上級社會의權勢가甚大ᄒᆞᆷ으로써下級者의力으로此ᄅᆞᆯ當치못ᄒᆞᄂᆞᆫ것이有ᄒᆞ니國家ᄂᆞᆫ이믜弱者ᄅᆞᆯ保護ᄒᆞ고強者의跋扈跳梁ᄒᆞᆷ을防ᄒᆞᄂᆞᆫ其本來의目的을達ᄒᆞ기甚難ᄒᆞ고反히上級者로ᄒᆞ야곰其呑噬의欲을逞케ᄒᆞ야法制의力으로其下級者에對ᄒᆞᆫ權威ᄅᆞᆯ恣行ᄒᆞᆷ에至ᄒᆞᄂᆞ니此社會的實力의關係에因緣ᄒᆞᆫ法制ᄂᆞᆫ社會的正義의源泉되ᄂᆞᆫ國家의本領에反ᄒᆞᄂᆞᆫ者라謂ᄒᆞᄂᆞ니라

種族的國家로等級制度에移ᄒᆞᆫ以後君主ᄂᆞᆫ社會上級者가其權勢ᄅᆞᆯ逞ᄒᆞᆷ과共히虛位ᄅᆞᆯ擁有ᄒᆞᆯᄲᅮᆫ이오且社會의均衡을失ᄒᆞᆷ이如斯히甚ᄒᆞᆷ에至ᄒᆞᆫ則君主ᄂᆞᆫ其社會的利害關係에超脫ᄒᆞ야國權의一分子로國家의目的을遂行ᄒᆞᆯᄲᅮᆫ이니盖其富豪階級의社會的權勢ᄅᆞᆯ印象ᄒᆞᆫ旣存의法制ᄅᆞᆯ變更코자ᄒᆞᆯ진ᄃᆡ彼等上級者의同意ᄅᆞᆯ得ᄒᆞ기甚難ᄒᆞᆫ故로君主ᄂᆞᆫ獨斷的으로此法制ᄅᆞᆯ打破ᄒᆞ고自己固有ᄒᆞᆫ實力에訴ᄒᆞ야社會的權勢ᄅᆞᆯ排除ᄒᆞ며此ᄅᆞᆯ抑制치아니면不可ᄒᆞ니라

如斯ᄒᆞᆫ等級制度의殘壘上에專制君主政體ᄅᆞᆯ建設ᄒᆞᆷ은中世紀末葉의事ㅣ니君主가國家本來의目的을遂行ᄒᆞᆷ에至ᄒᆞ야ᄂᆞᆫ法制의舊態ᄅᆞᆯ打破ᄒᆞᆷ에在ᄒᆞᆷ인故로

한 평균적 정의에 있다. 그러나 어떤 때에는 상위계급 사회의 권력이 지나치게 강한 나머지 하위계급의 힘으로는 이를 감당하지 못하는 경우가 있다. 이 경우에는 이미 국가가 약자를 보호하고 강자의 횡포를 방지한다는 국가 본래의 목적을 달성하기가 몹시 어려워지고, 오히려 상위계급이 탐욕을 마음껏 드러내 법제도의 힘으로 하위계급에 대해 자의적으로 권력을 행사하는 상황이 된다. 이와 같이 사회의 권력에 기인한 법제도는 사회적 정의의 근원이 되는 국가의 본질에 반하는 것이다.

부족국가로 신분제도가 변화한 이후 사회의 상위계급의 권력이 강화되면서 군주는 단순히 명목상의 지위를 갖고 있을 뿐이고, 사회의 균형이 극도로 상실되면서 군주는 사회의 이해관계로부터 벗어나 국가권력의 한 요소로서 국가의 목적을 수행할 따름이다. 부유한 계급의 사회적 권력을 그대로 반영하고 있는 기존의 법제도를 변경하고자 할 때에는 이 상위계급의 동의를 얻기가 몹시 어렵기 때문에 군주가 독단적으로 기존의 제도를 타파하고 군주 자신의 권력을 통해 사회적 권력을 배제하고 억제하지 않고서는 불가능하다.

이와 같은 신분제도의 잔재가 남아 있는 상태에서 절대군주정을 건설한 것은 중세 말엽의 일이다. 즉 군주가 국가의 본래적 목적을 수행하기 위해서는 기존의 법제도를 타파해야 했다. 따라서

此事實은正義의觀念으로國家에在ᄒᆞ야法律以上의地位를有ᄒᆞᆫ者로社會的正義의原則과牴觸되ᄂᆞᆫ法制ᄂᆞᆫ國家의力으로不可不此를打破ᄒᆞᄂᆞᆫ理由를告白ᄒᆞᆷ이可ᄒᆞ다謂ᄒᆞᄂᆞ니라

專制君主國家ᄂᆞᆫ以上所述ᄒᆞᆫ바社會上意義外에尙且民族의關係上에大意義가有ᄒᆞᄂᆞ니中世紀의等級國家ᄂᆞᆫ統一의國家가아니오各地方이互相樹立ᄒᆞ야封建割據의勢로此를統御ᄒᆞᄂᆞᆫ君主의紀綱이甚弛ᄒᆞᆫ者ㅣ니此專制君主政体ᄂᆞᆫ是等의各地方을打破ᄒᆞ고一團을作ᄒᆞ야國家的의國家를形成ᄒᆞᄂᆞᆫ者이오又其國民的의國家를形成치못ᄒᆞᆯ지라도반다시其民族의統一에至ᄒᆞᆯ것은亦無疑ᄒᆞᆫ바ㅣ니라

等族制度의歷史的法制ᄂᆞᆫ各地方의根底上成立ᄒᆞᆫ者ㅣ니各地方은各其特別의團体制度를有ᄒᆞ얏스미君主가此歷史的法制를打破ᄒᆞᆷ에當ᄒᆞ야社會上及政治上上級者의所有ᄒᆞᆫ權勢를抹殺ᄒᆞᆷ에不止라其地方的의結合도亦可剖解ᄒᆞᆯ지니一方으로ᄂᆞᆫ君主가當時의社會的實力關係된等族制度를打破ᄒᆞ고因ᄒᆞ야社會的正義를恢復ᄒᆞᄂᆞᆫ것이오一方으로ᄂᆞᆫ從來의地方制度를廢ᄒᆞ고行政上各地方

이는 정의의 이념을 통해 국가에서 법률보다 더 위에 있는 지위를 갖는 자로 하여금 사회적 정의의 원칙에 반하는 법제도를 국가의 힘으로 타파해야 할 근거를 천명하도록 한 것이라 말할 수 있다.

이상에서 서술한 바와 같이 절대군주정 국가는 사회적 의미를 갖고 있을 뿐만 아니라, 민족의 문제와 관련해서도 커다란 의미를 갖고 있다. 중세의 신분국가는 통일된 국가가 아니라, 각 란트*(지방)가 서로 별개로 확립되어 있어서 봉건적 분할의 상태에 있었기 때문에 이를 통제하는 군주의 권력이 극이 약했다. 절대군주정은 이와 같은 란트를 타파하고, 하나로 결합시켜 국민국가를 형성했으며, 설령 국민국가를 아직 형성하지 못한 경우일지라도 반드시 민족의 통일에 도달할 수 있을 것이다.

신분제도라는 역사적 법제도는 각 란트의 토대 위에서 성립한 것이다. 각 란트는 특수한 단체제도를 갖고 있었다. 군주가 이러한 역사적 법제도를 타파하고자 했을 때에는 상위계급이 갖고 있는 사회적 및 정치적 권력을 말살해야 할 뿐만 아니라, 란트들 상호간의 결속도 해체해야 했다. 즉 한편으로는 군주가 당시의 사회적 권력관계를 반영한 신분제도를 타파함으로써 사회적 정의를 회복하고, 다른 한편으로는 기존의 란트제도를 폐지하고 행정적으로 각 란트

* '지방'의 원문은 'Land'이다. 봉건제하에서 상대적 독립성을 갖는 정치적 단위를 뜻한다. 오늘날의 의미의 '지방'과 혼동을 피하기 위해 원어를 음역한다.

을融合ᄒᆞ야單一의國家을成ᄒᆞ야비로소國民的國家即一大國家를成홈을得ᄒᆞᄂᆞ니라

如斯ᄒᆞᆫ社會上動機ᄂᆞᆫ政治上의理由와相待ᄒᆞ야써專制君主政体를成케ᄒᆞᄂᆞᆫ者ㅣ니君主國은等族國家의政体를打了ᄒᆞᆯ지라도新政体에對ᄒᆞ야ᄂᆞᆫ故且何等의社會的基礎가無홈으로써스ᄉᆞ로專制를行ᄒᆞᄂᆞᆫ것이니故로專制君主國体ᄂᆞᆫ一個歷史的事實로即革命的違法的性質을有ᄒᆞᆫ一事實에不過홈이니라

千八百十五年維也納會議以來로發達ᄒᆞᆫ正統의主義를依ᄒᆞ야古來브터繼續ᄒᆞ던王統으로適法이라謂ᄒᆞ되本來브터成立ᄒᆞᆫ權利ᄂᆞᆫ不有ᄒᆞ고如何ᄒᆞᆫ權利던지其現存ᄒᆞᆫ制度를破壞ᄒᆞᆫ事實에基因홈을不可不知得ᄒᆞᆯ지니此ᄂᆞᆫ法律에違反이라ᄒᆞ되其君主國으로ᄒᆞ야곰其天職을遂行케ᄒᆞᆫ範圍內에셔ᄂᆞᆫ歷史上에도此를이믜承認ᄒᆞᆫ者ㅣ라云ᄒᆞᆯ지니라

實力의關係가漸次固定ᄒᆞᄂᆞᆫ同時에專制君主政體가等族制度의遺物과調和ᄒᆞ야原狀의維持를勉勵홈에至ᄒᆞ야如上ᄒᆞᆫ事實을基礎로삼아新法制를發生ᄒᆞ되惟此發達이甚히遲緩홈을不免ᄒᆞᄂᆞ니今世紀에至ᄒᆞ기ᄭᅡ지도오히려貴族의領

를 통합해 하나의 국가를 형성할 때 비로소 국민국가, 즉 하나의 거대한 국가가 성립할 수 있었다.

이와 같이 사회적 동기가 정치적 이유와 결합함으로써 절대군주정이 성립한 것이다. 그러나 군주국은 신분국가의 정체를 타파했지만 새로운 정체와 관련해서는 어떠한 사회적 기초도 없었기 때문에 스스로 절대군주정을 수행한 것이다. 그렇기 때문에 절대군주국이라는 국가형태는 하나의 역사적 사실로서 위법적이고 혁명적 성격을 갖는 역사적 사실이다.

1815년의 빈 회의 이후부터 발전된 정통성원칙*을 통해 예전부터 계속되어 오던 왕통을 적법한 것으로 인정하게 되었다. 하지만 원래부터 성립해 있는 권력이라는 것은 존재하지 않으며, 어떠한 권력이든지 기존의 제도를 파괴한다는 사실에 기초한다는 것을 알 수 있다. 이는 법률위반이긴 하지만 군주국으로 하여금 소명을 이행하게 만드는 범위 내에서는 역사적으로도 이러한 위반을 승인하고 있다고 말할 수 있다.

권력관계가 점차 고정되는 동시에 절대군주정이 신분제도의 유산과 조화를 이루고 원래의 상태를 유지하려고 노력하게 되면서 앞에서 말한 사실을 기초로 삼아 새로운 제도가 형성되긴 했지만 그 발달은 상당히 더디게 이루어지지 않을 수 없었다. 19세기에 들어서도 귀족의 영

---

* 독일어 원어는 'Legitimitätsprinzip'이다. 주로 왕권의 세습적 정통성 또는 (예외적으로) 선출을 통한 정당성을 뜻한다.

土ᄂᆞᆫ其歷史上의權利를保全ᄒᆞ야國權의侵入을不受ᄒᆞ다가及其專制君主政体의基礎上으로發生ᄒᆞᆫ法規에依ᄒᆞ야絶對的의拘束을受ᄒᆞᆷ은今世紀에入ᄒᆞ야始認된바ㅣ니라

君主制ᄂᆞᆫ其形勢가自然專制를行ᄒᆞ나然이나其達코자ᄒᆞᄂᆞᆫ目的의範圍를超ᄒᆞ야專制됨을不得ᄒᆞᄂᆞ니自己가스사로凡百法制以外에超脫ᄒᆞ야地上에神의權化를持ᄒᆞ얏다稱ᄒᆞᄂᆞᆫ路易十四世의統御와如ᄒᆞᆫ것은西歐諸國에서不取ᄒᆞᄂᆞᆫ바ㅣ니故로新法制와相容ᄒᆞᆷ을得ᄒᆞᆯ範圍內에ᄂᆞᆫ從來의權利를侵奪치아니ᄒᆞ야依然히存續케ᄒᆞᄂᆞᆫ것이니要컨ᄃᆡ專制君主政體ᄂᆞᆫ其目的의範圍內에서舊來의法制를打破ᄒᆞᄂᆞᆫ者ㅣ로ᄃᆡ其此를打破ᄒᆞᆫ部分에ᄂᆞᆫ亦確固ᄒᆞᆫ秩序를建設ᄒᆞ야써新法制를胚胎케ᄒᆞᄂᆞ니라

專制君主政体에在ᄒᆞ야도其君主의絶對的權利를傷치아니ᄒᆞ고憲法上의制限을加ᄒᆞᆷ을得ᄒᆞᄂᆞ니所謂憲法上의制限이라ᄒᆞᆷ은一二의國家機能으로特히立法權을行使ᄒᆞᆷ에對ᄒᆞ야一定의形式을履行케ᄒᆞᄂᆞᆫ者ㅣ라若其形式을遵守치아니ᄒᆞᆯ時에ᄂᆞᆫ君主의意思表示가其効力이無ᄒᆞ다云ᄒᆞᆷ이니玆에所謂制限은國家의

지는 여전히 역사적으로 전승된 권리를 유지했고, 국가권력의 침해를 받지 않았다. 이러한 귀족의 권리가 절대군주정을 기초로 이루어진 법규를 통해 절대적으로 구속을 받는다는 것은 19세기에 들어서야 비로소 인정되기 시작했다.

군주정은 그 형식적 측면에 비추어 볼 때 당연히 전제정치를 행한다. 그러나 군주정이 달성하고자 하는 목적의 범위를 벗어나 전제정치를 행할 수는 없다. 자기 자신이 모든 법제도를 초월해 지상의 신으로서의 권력을 갖고 있다고 말한 루이 14세의 통치와 같은 것은 유럽의 국가들에 의해 수용되지 않았다. 따라서 새로운 법제도에 합치할 수 있는 범위 내에서는 기존의 권력이 침해되지 않고 계속 존재할 수 있는 것이다. 이 점에서 절대군주정은 이 정체가 지향하는 목적의 범위 내에서 과거의 법제도를 타파하지만, 타파된 부분을 대신해 다시 확고한 질서를 건설함으로써 새로운 법제도가 탄생하게 만든다.

절대군주정하에서도 군주의 절대적 권력을 손상하지 않으면서 이 권력에 대해 헌법적 제한을 가하는 것이 가능하다. 이 헌법적 제한이라는 것은 몇몇 국가기능, 특히 입법권을 행사할 때 일정한 형식을 이행하게 만드는 것이다. 만일 이 형식을 준수하지 않을 때에는 군주의 의사표시가 효력을 갖지 못한다. 여기서 제한이란 국가의

意思를確定ᄒᆞ기爲ᄒᆞ야臣民의叅助를待ᄒᆞᆫ다ᄒᆞᆷ이아니라君主가自己에加ᄒᆞᆫ制限이果然制限의實質이有ᄒᆞ던지否ᄒᆞ던지姑寘ᄒᆞ고此等의制度는國法의源泉되는君主라도亦不可不國法上의形式에依ᄒᆞ야此를拘束ᄒᆞᆷ을得ᄒᆞᆷ이分明ᄒᆞ다謂ᄒᆞᆷ이니彼歐洲諸國은專制君主政体로서專斷政治에陷ᄒᆞᆫ事가無ᄒᆞᆫ것은二三의例外에는諸國이大概純然ᄒᆞᆫ法治國으로專制君主라도國家最高의目的上不得已ᄒᆞᆫ境遇가아니면다시其法規에依ᄒᆞ야拘束되는故로專制政体는大概其本來의必要以外에奔逸치못ᄒᆞᄂᆞ니라

專制君主政体의本質은諸般國法上의權利와義務가君主一身에集中ᄒᆞᆫ者ㅣ라君主가스사로國家人格으로其國家의機能을行使ᄒᆞᆷ에對ᄒᆞ야는國家機關의叅與에依ᄒᆞ야拘束됨이無ᄒᆞ니國家의人格이君主一身에歸屬ᄒᆞ는思想은法律上流布ᄒᆞ는諺語로卽路易十四世가嘗言曰朕은國家라ᄒᆞ얏스니惟其肉体의人은生死가有ᄒᆞᆫ故로王位繼承法에依ᄒᆞ야此를子孫에게傳ᄒᆞ며君主가施政의能力이欠缺ᄒᆞᆫ境遇에는攝政으로써其人格을補充ᄒᆞᆷ에不過ᄒᆞᆷ이라ᄒᆞ나然이나國家는自己의目的이아니오集合体를爲ᄒᆞ야存在ᄒᆞᆫ者ㅣ則此路易大王의法諺을政

의지를 확정하기 위해 신민의 참여와 조력을 기다려야 한다는 뜻이 아니라, 군주가 자기 자신에게 부과하는 제한이다. 따라서 과연 실질적으로 제한이라 할 수 있을지 여부와는 별개로 이와 같은 제도에 비추어 볼 때 국가법의 근원이 되는 군주일지라도 국가법적 형식을 통해 구속할 수 있다고 분명하게 말할 수 있다. 유럽의 여러 국가들은 절대군주정이면서도 결코 전제정*이라는 함정에 빠지는 일이 없다. 즉 몇몇 예외를 제외하면 대부분의 국가는 순수한 법치국가로서 절대군주일지라도 최고의 국가목적을 위해 부득이한 경우가 아니라면 법에 의해 구속당한다. 따라서 절대군주정은 일반적으로 이 정체를 필요로 하는 본래의 범위를 벗어나지 못한다.

절대군주정의 본질은 국가법상의 여러 가지 권리와 의무가 군주 개인에게 집중된다는 점이다. 군주 자신이 국가 인격으로서 국가의 기능을 행사하는 것이 국가기관을 통한 구속을 받지 않기 때문에 국가 인격은 곧 군주 개인에게 귀속된다. 이러한 사고는 법률에까지 확산되어 있다. 즉 루이 14세는 "짐이 곧 국가다"라고 호언장담했다. 이 말은 오로지 육체적 의미의 인간에게만 삶과 죽음이 있을 뿐이고, 군주의 국가 인격은 왕위계승에 관한 법을 통해 후계자에게 물려줄 수 있고 또한 군주가 정치를 수행할 수 없을 경우에는 섭정에 의해 얼마든지 이 인격을 보충할 수 있다는 뜻이다. 그러나 국가는 결코 자기목적이 아니라, 공동체를 위해 존재하는 것이다. 따라서 루이 14세의 이 법언을 정

* 본문은 '專斷政治'라고 표현해 혼돈을 피하고 있지만, 앞에서는(예컨대 13쪽) 이를 '전제정'으로 표현했다. 이 제16장의 제목에 달린 역주에서 지적했듯이, 전제정과 절대군주정을 명확히 구별하지 않았기 때문에 갑작스럽게 '전단정치'라고 표현하지 않을 수 없었을 것이다.

治上의側面으로觀察ᄒᆞ면即후리ㅣ또릿大王의言에朕은國家第一의從僕이라ᄒᆞᆷ과大爲相反ᄒᆞᆫ者ㅣ라稱ᄒᆞᆯ지니타

凡國法上의權利ᄂᆞᆫ君主의一身에集中ᄒᆞᄂᆞᆫ者로君主가此等의權利ᄅᆞᆯ行使ᄒᆞᆷ에當ᄒᆞ야毫末도制限을不受ᄒᆞᄂᆞᆫ故로專制君主政體ᄂᆞᆫ必然의結果로無憲法이되ᄂᆞ니即國權의構成分子와及其機能에關ᄒᆞᆫ法規가無ᄒᆞ며又其王位의繼承과攝政의規則은其王家의特別法을由ᄒᆞ야定ᄒᆞ고其他公法의全部ᄂᆞᆫ國家行政의規則과符合ᄒᆞ고行政의規則은治者가官廳에依ᄒᆞ야國家의目的을遂行케ᄒᆞᄂᆞᆫ法規ᄅᆞᆯ包含ᄒᆞᆫ者ㅣ나然이나專制君主ᄂᆞᆫ반다시法의放釋者가아니니換言ᄒᆞ면法規의源泉되ᄂᆞᆫ故로法律의遵守ᄒᆞᄂᆞᆫ義務가無ᄒᆞ다ᄒᆞᆷ이아니라君主ᄂᆞᆫ其統治權의行使에對ᄒᆞ야一定ᄒᆞᆫ形式을設ᄒᆞ고此에依ᄒᆞ야自己ᄅᆞᆯ拘束ᄒᆞᆷ을得ᄒᆞ나니此形式이存在ᄒᆞᆫ以上에ᄂᆞᆫ君主의行爲라도此ᄅᆞᆯ遵守치아니면統治의行爲가無效ᄒᆞ니憲法의起源이實노玆에胚胎ᄒᆞᆫ자라然이나獨裁君主ᄂᆞᆫ他의獨立機關의同意가無ᄒᆞ고스ᄉᆞ로加ᄒᆞᆫ制限을變更ᄒᆞ거나廢除ᄒᆞᄂᆞᆫ力이有ᄒᆞ니是乃專制君主政體가立憲君主政體와不同ᄒᆞᆫ唯一의點이니라

치적 측면에서 고찰해보면 "짐은 국가의 첫 번째 공복이다"라는 프리드리히 대제의 말과는 완전히 상반되는 말이라 할 수 있다.

국가법상의 권리는 군주 개인에게 집중되는 것이고, 군주가 이 권리를 행사할 때에는 어떠한 제한도 받지 않기 때문에 절대군주정이 헌법을 갖지 않는 것은 이에 따른 필연적 결론이 된다. 즉 국가권력의 구성요소와 기능에 관한 법이 없으며, 왕위계승과 섭정에 관한 규칙은 왕족에 관한 특별법에 비추어 규정하며, 공법의 여타 규정들 전체는 국가행정에 관한 규칙에 해당하고 행정규칙은 통치자가 행정관청으로 하여금 국가의 목적을 수행하게 하는 법규를 포함한다. 그러나 절대군주가 반드시 법으로부터 벗어난 자인 것은 아니다. 다시 말해 절대군주가 법률의 원천이기 때문에 법을 준수할 의무가 없다는 뜻이 아니라, 군주가 자신의 통치권을 행사할 때에는 일정한 형식을 설정하고 이 형식을 통해 스스로를 구속할 수 있다. 이와 같은 형식이 존재하는 이상 군주의 행위일지라도 이 형식을 준수하지 않으면 통치행위로서 효력을 갖지 못한다. 실제로 헌법의 기원은 여기서 시작된 것이다. 그러나 독재적 권력을 갖고 있는 군주는 다른 독립된 기관의 동의를 필요로 하지 않으며, 스스로 부과한 제한마저도 마음대로 변경하거나 폐기할 수 있는 권력을 갖고 있다. 바로 이 점이 절대군주정과 입헌군주정을 구별하는 유일한 측면이다.

君主는不可侵으로答策이無ᄒᆞ다ᄒᆞᆷ은專制君主政體의觀念으로當然ᄒᆞᆫ結果ㅣ라何오ᄒᆞ면獨裁君主의上에는其責任을可問ᄒᆞᆯ國家의機關이無ᄒᆞ며又其君主를代ᄒᆞ야其責을任케ᄒᆞᆯ大臣을有ᄒᆞᆯ必要가無ᄒᆞ니盖君主는法의源泉으로其命令은大臣이라도此를違背치못ᄒᆞᄂᆞᆫ故ㅣ라然則大臣은君主를代ᄒᆞ야其責을任ᄒᆞᆫ者ㅣ아니오其君主에對ᄒᆞ야責을負ᄒᆞᄂᆞᆫ者ㅣ니國務大臣이君主의詔勅에副署ᄒᆞᄂᆞᆫ制度는專制君主政体下에도亦存在ᄒᆞ되專制君主國에서行ᄒᆞᄂᆞᆫ大臣의副署는立憲政体와如히其命令이適法에關ᄒᆞᆫ責任의意義가아니오反히君主에對ᄒᆞ야其命令을執行ᄒᆞᄂᆞᆫ責任을負ᄒᆞᆷ이니라

第十七章　立憲君主政体

立憲君主政体는歷史上專制君主政体를基礎ᄒᆞ야直接發生ᄒᆞᆫ者ㅣ니此制度에至ᄒᆞ야는第一君主가如何ᄒᆞᆫ法律區域內에서自己를拘束ᄒᆞ라ᄂᆞᆫ疑問이生ᄒᆞ니盖制限의觀念은其制限을加ᄒᆞᆫ上級의權力者를前提로爲ᄒᆞᆫ지라法律家ᄲᅣ라구氏가曰國王은法下에在ᄒᆞᆫ者ㅣ라何오ᄒᆞ면法이國王을作ᄒᆞᆫ故ㅣ라ᄒᆞᆷ이니此는獨逸諸國君中政体의本質과該當치못ᄒᆞᆫ者ㅣ라夫獨逸諸國의君主政体는法

군주가 불가침의 존재로서 어떠한 책임도 부담하지 않는다는 것은 절대군주정 사상의 당연한 결론이다. 왜냐하면 독재적 권력을 갖고 있는 군주에게 책임을 물을 수 있는 상위의 국가기관이 없고 또한 군주를 대신해 책임을 부담할 신하가 있어야 할 필요도 없기 때문이다. 군주는 법의 근원으로서 군주의 명령은 신하도 위반할 수 없다. 그러므로 신하는 군주를 대신해 책임을 부담하는 자가 아니라, 군주에 대해 책임을 부담하는 자이다. 각료가 군주의 칙령에 부서(副書)* 하는 제도는 절대군주정하에서도 존재하긴 하지만, 절대군주정에서 행해지는 신하의 부서는 입헌군주정에서처럼 군주의 명령의 적법성과 관련된 책임의 의미가 아니라, 오히려 군주에 대해 명령을 집행할 책임을 부담한다는 의미이다.

제17장 입헌군주정

입헌군주정은 역사적으로 볼 때 절대군주정에 기초해 이로부터 직접적으로 발생한 정체이다. 이 제도에서는 무엇보다 군주가 어떠한 법률의 범위 내에서 스스로를 구속하는가라는 문제가 제기된다. 제한이라는 이념은 제한을 부과하는 상위의 권력을 전제한다. 법률가 브랙턴**은 "법률이 국왕을 만들기 때문에 국왕은 법률 아래 있다"***라고 한다. 하지만 이 말은 독일 여러 국가의 군주정의 본질과는 부합하지 않는다. 독일의 군주정은 법

* Gegenzeichnung
** Henry de Bracton(? - 1268). 영국의 성직자이자 법률가. 중세 영국법에 관한 저작으로 유명.
*** Rex debet esse lege, quia lex facit legem

의製作物이아니오反히帝國及地方의法制에反ᄒᆞ야獨逸各國의成立과共히成立ᄒᆞᆫ歷史的의事實이라ᄒᆞ니盖公法上의新法制ᄂᆞᆫ新國家內部에서비로소發生ᄒᆞᆷ으로最高國權된君主로써其本源을삼ᄂᆞᆫ것이니若君主가스ᄉᆞ로最高의權力으로且其意思의活動에對ᄒᆞ야法律上制限됨이無ᄒᆞᆫ國家의人格이君主一身에集ᄒᆞ얏다ᄒᆞᆯ진ᄃᆡ其必然ᄒᆞᆫ結果로君主ᄂᆞᆫ法의釋放者라云ᄒᆞᄂᆞᆫ專制羅馬帝政時代의原則이生ᄒᆞᆯ터이니如此ᄒᆞᆫ則個人主義의思想을深染ᄒᆞ기爲ᄒᆞ야恒常國家에對ᄒᆞᆫ個人의權利를鼓吹ᄒᆞ며君權의無制限으로써不法이라ᄒᆞᄂᆞᆫ日耳曼民族의根本觀念과ᄂᆞᆫ能히相容치못ᄒᆞᆯ지라獨裁君主라도此國民的性質에脫ᄒᆞᆫ者ㅣ아니니雖其君主가스ᄉᆞ로法規의源泉되ᄂᆞᆫ同時에又法律에依ᄒᆞ야自己를拘束ᄒᆞᆷ을得ᄒᆞ랴ᄂᆞᆫ問題를可히解釋ᄒᆞᆯ지라卽君主ᄂᆞᆫ或種의國家機能을行使ᄒᆞᆷ에際ᄒᆞ야重要ᄒᆞᆫ形式을可經ᄒᆞᆯ것이오若此形式을不履ᄒᆞᆫ時에ᄂᆞᆫ君主의意思表示가되지못ᄒᆞᆷ을宣言ᄒᆞᆷ이니君主ᄂᆞᆫ何時던지此一定의形式을廢罷ᄒᆞ며又其變更ᄒᆞᄂᆞᆫ바를得ᄒᆞ되此를廢罷變更치아니ᄒᆞᆫ同에ᄂᆞᆫ此形式에依ᄒᆞ야不可不拘束됨을免치못ᄒᆞᄂᆞ니要컨ᄃᆡ君主ᄂᆞᆫ法律下에立ᄒᆞᆫ者ㅣ아니오又其上에立ᄒᆞ야法律以

의 소산이 아니라, 독일제국과 란트의 법제도를 위반하면서 독일에 여러 국가가 형성됨으로써 성립한 것이다. 입헌군주정이라는 이 새로운 공법적 제도는 새로운 국가 내에서 비로소 발생한 것으로 국가의 최고 권력을 갖고 있는 군주를 국가의 근본으로 삼는다. 만일 군주가 최고 권력으로서 자신의 의지와 활동이 법률에 의해 어떠한 제한도 받지 않고, 국가의 인격이 군주 개인에게 집중된다고 한다면, 군주는 법으로부터 벗어난 자라는 로마 황제정* 시대의 원칙에 따라야 하는 것이 필연적 결론이다. 그러나 이러한 결론은 개인주의 사상을 확산시키기 위해 언제나 국가에 대항하는 개인의 권리를 고취하면서 군주권력의 무제한은 곧 불법이라고 보는 게르만의 근본사상에 합치할 수 없다. 독재적 군주일지라도 국민의 성질로부터 벗어난 자라 할 수 없기 때문에 오로지 군주 자신만이 법의 근원임과 동시에 법을 통해 스스로를 구속할 수 있다는 식으로 문제를 해석하는 것이 가능하다. 즉 군주는 여러 가지 국가기능을 행사하면서 중요한 형식을 거칠 수 있으며, 이 일정한 형식을 언제든지 폐기하고 변경할 수 있지만, 이를 아직 폐기하거나 변경하지 않았을 때에는 이 형식을 통해 구속을 받는다. 그러므로 군주가 법률 아래 있는 것이 아니며, 그렇다고 법률의 위에 있어서 법률

* 독일어 원문에 'Kaisertum'으로 되어 있다.

外에超脫ᄒᆞᆫ者도아니오君主ᄂᆞᆫ卽法律中에存在ᄒᆞᆫ者ㅣ라謂ᄒᆞᆯ지니라
獨逸諸國의憲法法典은全히從來의獨裁君主로서發布ᄒᆞᆫ者ㅣ니其發布ᄒᆞᆷ에當ᄒᆞ야普漏西國과如히選出ᄒᆞᆫ國民代議院에서協賛을經ᄒᆞ되實際上其協賛을待ᄒᆞᆫ다ᄒᆞᆷ이別노關係가無ᄒᆞᆫ것은元來憲法法典을行ᄒᆞᄂᆞᆫ惟一의根據ᄂᆞᆫ其立法者된君主에依ᄒᆞ야發布되ᄂᆞᆫ一事에在ᄒᆞᆫ故ㅣ니라

此事實로브터生ᄒᆞᆫ第一의結果卽君主의權利ᄂᆞᆫ憲法으로從出ᄒᆞᆫ바ㅣ아니오憲法이反히君主의意思로서生ᄒᆞᆫ것이明白ᄒᆞᆫ지라故로君主ᄂᆞᆫ憲法에從ᄒᆞ야施政ᄒᆞᄂᆞᆫ義務가有ᄒᆞ나然이나憲法에據ᄒᆞ야統治ᄒᆞᄂᆞᆫ것이아니라君主ᄂᆞᆫ但其憲法의明文을依ᄒᆞ야付與ᄒᆞᆫ權利를有ᄒᆞᆯ뿐아니오諸般國法上의權利ᄂᆞᆫ悉皆君主의一身에集中ᄒᆞᄂᆞᆫ者ㅣ니故로憲法의典章이特別의制限을不加ᄒᆞᆫ範圍에ᄂᆞᆫ諸般의權能을行使ᄒᆞ야도何等의妨礙가無ᄒᆞ니是故로憲法은國家構成의全部를包括ᄒᆞᆫ者가아니오其重大ᄒᆞᆫ部分에關ᄒᆞᆫ典章뿐이니라

君主ᄂᆞᆫ憲法의典章을依ᄒᆞ야ᄉᆞᄉᆞ로一定ᄒᆞᆫ形式에拘束되ᄂᆞ니國家機能의行使에對ᄒᆞ야軍隊指揮에關ᄒᆞᆫ事項以外에ᄂᆞᆫ國務大臣의副署를要ᄒᆞ며立法에ᄂᆞᆫ代

을 초월한 것도 아니다. 오히려 군주는 법률 가운데 있는 자라 할 수 있다.

독일의 여러 국가의 헌법은 모두 기존의 절대군주가 공포한 헌법이다. 헌법을 공포할 때 프로이센과 같은 경우에는 선출된 국민의회의 협력을 거쳤지만, 실제로는 국민의회의 협력이 별다른 의미를 갖지 못했다. 왜냐하면 본래 헌법을 수행하는 유일한 근거는 헌법이 입법자인 군주에 의해 공포된다는 사실이기 때문이다.

이러한 사실로부터 도출되는 첫 번째 분명한 결론은 군주의 권리가 헌법으로부터 발생하는 것이 아니라, 오히려 헌법이 군주의 의지로부터 발생한다는 점이다. 따라서 군주가 헌법에 따라 정치를 행해야 할 의무가 있지만, 헌법에 근거해 통치하는 것이 아니고, 군주가 단지 헌법의 명문을 통해 부여된 권리만을 갖는다는 것도 아니다. 여러 가지 국가법상의 권리는 모두 군주 개인에게 집중되어 있기 때문에 헌법 규정이 특별히 제한을 부과하지 않은 이상 군주가 여러 권능을 행사하는 데 어떠한 방해도 받지 않는다. 그러므로 헌법은 국가의 구성 전체를 포괄하는 것이 아니라, 중요한 부분에 관련된 규정일 뿐이다.

군주는 헌법규정을 통해 스스로 일정한 형식에 구속되는 것이기 때문에 국가기능을 행사할 때 군대의 지휘에 관한 사항 이외에는 국무총리의 부서를 필요로 하고, 법률을 제정할 때에는 의

議院의叅助가有ᄒᆞ며裁判에ᄂᆞᆫ法律에依ᄒᆞ야獨立ᄒᆞᆫ裁判所가此ᄅᆞᆯ行使ᄒᆞᆷ을要ᄒᆞᄂᆞ니然이나君主의憲法上制限은但히自加ᄒᆞᆫ制限에不過ᄒᆞ고君主가國家人格이라ᄒᆞ야其意思ᄅᆞᆯ表示ᄒᆞ기爲ᄒᆞ야스ᄉᆞ로此等의形式을設ᄒᆞᆫ것인故로此에依ᄒᆞ야拘束될뿐이라此法典은他의法律과同一히改廢ᄒᆞᆷ을得ᄒᆞ되但此ᄅᆞᆯ改廢ᄒᆞᆷ에當ᄒᆞ야君主가自己ᄅᆞᆯ制限ᄒᆞ기爲ᄒᆞ야遵守ᄒᆞᄂᆞᆫ宣誓의形式을不可不要ᄒᆞᄂᆞ니何오ᄒᆞ면此形式에依치아니ᄒᆞ면國家人格된君主의意思表示가되지못ᄒᆞ고從ᄒᆞ야國法을變更ᄒᆞᄂᆞᆫ力이無ᄒᆞᆫ所以니라

立憲君主政体ᄂᆞᆫ立憲君主가立法權을行使ᄒᆞᆷ에對ᄒᆞ야拘束되ᄂᆞᆫ形式은代議院의同意에在ᄒᆞ니代議院의構成은一個人된君主의意思와獨立ᄒᆞᆫ者ㅣ니故로其議決은君主一個人의意思와殊異ᄒᆞᆫ지라君主가國家機能의行使에對ᄒᆞ야獨立機關의叅助ᄅᆞᆯ要ᄒᆞ며自己의單獨意思의決定에依ᄒᆞ야國家의命令을廢能變更치못ᄒᆞᄂᆞᆫ것은卽立憲君主政体의特質로君主가法規의源泉됨을不拘ᄒᆞ고其法規에依ᄒᆞ야拘束되ᄂᆞᆫ것은盖此ᄅᆞᆯ爲ᄒᆞᆷ이라君主의國家人格은統治者의純然ᄒᆞᆫ個人的의意思作用이法規範圍外에超脫ᄒᆞ야能히活動치못ᄒᆞᄂᆞᆫ點에至ᄒᆞ야ᄂᆞᆫ卽

회의 참여가 필요하고, 사법권은 법률에 기초해 독립된 법원에 의해 행사되어야 한다. 그러나 군주에 대한 헌법적 제한은 단지 자발적인 제한에 불과하다. 군주는 국가인격이기 때문에 군주의 의지를 표현하기 위해 스스로 이와 같은 형식을 설정한 것이다. 따라서 군주는 이러한 형식을 통해 구속될 뿐이고, 이 형식을 담은 법률은 다른 법률과 마찬가지로 개정 또는 폐지될 수 있다. 다만 이를 개정, 폐지할 때에도 군주가 자기 자신을 제한하기 위해 법률을 준수한다는 선서의 형식을 필요로 한다. 왜냐하면 이러한 형식을 거치지 않으면 국가인격으로서의 군주의 의지가 표현되지 못하고, 따라서 국가법을 변경하는 효력을 갖지 못하기 때문이다.

입헌군주정에서 입헌군주의 입법권 행사를 구속하는 형식은 의회의 동의이다. 의회의 구성은 한 개인으로서의 군주의 의지와는 별개의 독립성을 갖는다. 따라서 의회의 의결은 군주 한 개인의 의지와는 완전히 다르고, 군주가 국가기능을 행사할 때 의회라는 독립된 기관의 참여를 필요로 한다. 그리하여 군주 자신의 의지만으로는 국가의 명령을 폐기하거나 변경하지 못한다. 군주가 법의 근원임에도 불구하고 이 법에 의해 구속된다는 입헌군주정의 특징은 바로 이를 위한 것이다. 따라서 통치자의 순수한 개인적 의지의 작용이 법의 범위를 벗어나는 때에는 국가인격의 활동으로 볼 수 없다. 즉

其私人格과相殊ᄒᆞᆫ者ㅣ라謂치못ᄒᆞᄂᆞ니라

立憲君主政体에도國法上諸般의權利가君主一身에集中ᄒᆞ고國家의人格이治者의人格에歸着ᄒᆞᄂᆞᆫ것은全히專制君主政体와殊異ᄒᆞᆯ것이無ᄒᆞ니此二者의差異ᄂᆞᆫ國家機能의行使에對ᄒᆞ야獨立ᄒᆞᆫ國家機關으로써統治者를制限ᄒᆞᆷ과否ᄒᆞᆷ에在ᄒᆞᆷ이니即立法에對ᄒᆞ야代議院의叅助를待ᄒᆞᆷ이是也ㅣ라君主政体ᄂᆞᆫ其歷史的의發達과又此로브터生ᄒᆞᆫ憲法의体樣結果로써事實上君主로ᄒᆞ야곰公法的活動의最重大ᄒᆞᆫ分子가되ᄂᆞᆫ것이爲例나然이나此事로만可히君主主義의要件이라謂치못ᄒᆞᆯ지니라

立憲君主政体에ᄂᆞᆫ國家人格된統治者의意思ᄂᆞᆫ一部分即他의意思를依ᄒᆞ야條件을付ᄒᆞᆫ者ㅣ故로有形人된君主의意思와반다시符合ᄒᆞᆷ을不得ᄒᆞ야二者가互相衝突ᄒᆞᄂᆞᆫ事가不無ᄒᆞ니是ᄂᆞᆫ個人된君主가法規의禁ᄒᆞᆫ바를行코자ᄒᆞᆷ이오且君主ᄂᆞᆫ國家最高의權力이되ᄂᆞᆫ故로國家의實力을藉ᄒᆞ야其個人的의意思를遂行코자ᄒᆞᄂᆞᆫ것이니是乃立憲國法制上의最恐ᄒᆞᆫ危機라謂ᄒᆞᄂᆞ니라

英國法諺에曰國王은惡事를行키不能ᄒᆞ다ᄒᆞ니此言이姑且盡善치못ᄒᆞᆫ者ㅣ라

국가인격은 개인적 인격과는 완전히 다른 것이다.

입헌군주정에서도 국가법상의 여러 권리가 군주 개인에게 집중되고 국가인격이 통치자의 인격으로 귀착한다는 점에서는 절대군주정과 다르지 않다. 양자의 차이점은 국가기능의 행사와 관련해 독립된 국가기관에 의해 통치자를 제한하는지 여부에 달려 있다. 즉 입법과 관련해 의회의 참여를 필요로 하는지 여부에 달려 있다. 군주정은 역사적 발전 및 이로부터 발생한 헌법이라는 형태의 결과로서 사실상 군주가 공법적 활동의 가장 중요한 요소가 되는 것이 일반적이다. 그러나 이러한 사실만이 군주주의의 요건이라고 할 수는 없다.

입헌군주정에서는 국가인격인 통치자의 의지의 일부는 다른 의지에 의해 제한을 받는다. 따라서 국가인격으로서의 군주의 의지와 자연인으로서의 군주의 의지가 반드시 일치하는 것이 아니라, 양자가 서로 충돌하는 경우도 있다. 이러한 충돌은 개인으로서의 군주가 법이 금지하고 있는 것을 행하고자 할 때 발생한다. 군주는 국가의 최고 권력이기 때문에 군주가 국가권력을 빙자해 개인적 의지를 관철하고자 하는 것은 입헌군주제에서 가장 우려하는 위기라 할 수 있다.

영국에는 "국왕은 부당한 것을 행할 수 없다"*는 법언이 있다. 이 말이 전적으로 옳다고 볼 수는 없다.

* The king can do no wrong.

此原則은國家人格된國王에在ᄒᆞ야ᄂᆞᆫ可히一言의論難이無ᄒᆞ거니와盖國家ᄂᆞᆫ法律上無制限으로且制限ᄒᆞ기不得ᄒᆞᆫ者ㅣ故로國家人格된王者의所爲ᄂᆞᆫ德義上不正의事가有ᄒᆞ야도法律上에셔此ᄅᆞᆯ違法이라云ᄒᆞ기不能ᄒᆞ나然이나君主가國家人格의行動은其法規範圍內에行ᄒᆞᆯ時뿐이오若此範圍外에出ᄒᆞ야自己의意思表示ᄅᆞᆯ爲ᄒᆞ야設行ᄒᆞᆫ形式을遵奉치아니ᄒᆞᆫ時에ᄂᆞᆫ其行動은이믜君主된行動이아니오私人된行動이니私人된君主ᄂᆞᆫ但其德義上의不正行爲뿐아니라法規의秩序ᄅᆞᆯ紊亂ᄒᆞᆫ事實이英國歷史에照ᄒᆞ야도枚擧키不遑ᄒᆞ니要컨ᄃᆡ君主ᄂᆞᆫ國家人格으로ᄂᆞᆫ不法을能히行치못ᄒᆞ되私人으로ᄂᆞᆫ不法의行爲가有ᄒᆞ니라君主ᄂᆞᆫ其國法上人格以外의他凡常人에對ᄒᆞ야特別ᄒᆞᆫ地位ᄅᆞᆯ有ᄒᆞᆫ者ㅣ니是ᄂᆞᆫ君主의違法行爲ᄅᆞᆯ法律上에셔能히制裁치못ᄒᆞᄂᆞᆫ바ㅣ라然이나國家人格된國王은個人된君主以外의又特別ᄒᆞᆫ人格을有ᄒᆞᆫ者ㅣ아니라同一ᄒᆞᆫ人格이法律上의二個側面되ᄂᆞᆫ것은譬컨ᄃᆡ同一ᄒᆞᆫ國家로셔同時의國法上國際法及私法의主体됨이各個人이同時에國民及敎會의一員으로且私法上의權利主体되ᄂᆞᆫ것과如ᄒᆞᆫ지라故로刑法의力이國王一身에及ᄒᆞᆯ時에ᄂᆞᆫ國家의威嚴을損ᄒᆞ며從ᄒᆞ야

즉 이 원칙은 국가인격이 왕에게 있다는 점에 대해서는 논란이 있을 수 없고 국가가 법률을 통해 국왕을 제한할 수 없기 때문에, 국가인격인 왕이 행한 것은 설령 도덕적으로 부당할 수 있지만 결코 법적으로 위법이라고 말할 수 없다는 것이다. 그러나 군주가 국가인격으로서 행동하는 것은 법의 범위 내에서 행동하는 경우일 뿐이고, 만일 이 범위를 벗어나 군주 자신의 의지를 표현하기 위해 설정된 형식을 준수하지 않는다면 이 행동은 이미 군주의 행동이 아니다. 사적 개인으로서의 군주가 단순히 도덕적으로 부정한 행위를 할 뿐만 아니라, 법질서까지 문란하게 한 경우는 영국의 역사에 비추어 보더라도 열거하기 어려울 정도로 자주 있었다. 군주는 국가법상의 인격 이외에도 다른 사람과는 구별되는 특수한 지위를 갖는다. 즉 군주의 위법행위에 대해서는 제재를 부과할 수 없다는 특수성이 있다. 그러나 국가인격으로서의 국왕이 개인으로서의 군주 이외에 또 다른 특수한 인격을 갖는 것이 아니라, 동일한 인격이 법률에 의해 두 가지 측면을 갖고 있는 것이다. 이는 예컨대 동일한 국가가 국가법상 국제법의 주체인 동시에 사법의 주체가 되고 또한 각 개인이 국민이자 동시에 교회의 구성원이며 사법상의 권리주체가 되는 것과 마찬가지이다. 따라서 형법의 효력이 국왕 개인에게 미칠 때에는 국가의 존엄이 손상되며, 이로 인해

政府를危殆케홈을免치못ᄒᆞᄂᆞ니君主國에在ᄒᆞ야ᄂᆞᆫ君主로써最高權力이되ᄂᆞᆫ故로治者의無責任은其觀念上必然의結果라若君主의答責을認ᄒᆞᆯ時에ᄂᆞᆫ其責任을糺向ᄒᆞᄂᆞᆫ上長權이不無ᄒᆞᆯ것시오此上長權을認ᄒᆞᆯ진ᄃᆡ이믜君主로써最高權力이라ᄒᆞᄂᆞᆫ君主國本來의性質에違反되ᄂᆞᆫ故ㅣ라君主의不可侵과無責任이라홈은君主主義의當然ᄒᆞᆫ結果라是以로憲法典章에明文으로써宣言치아니ᄒᆞᆫ時라도宜乎其存在ᄒᆞᆫ것으로認치아니치못ᄒᆞᆯ지니라

私法上關係에ᄂᆞᆫ雖其君主라도私法의一般法規에服從ᄒᆞ며且裁判所의裁判에服從치아니치못ᄒᆞᄂᆞ니盖此範圍內에ᄂᆞᆫ君主가自己의臣民으로써自己固有ᄒᆞᆫ裁判所의裁判에服從케ᄒᆞᄂᆞᆫ擬制를誤ᄒᆞᆫ結果ㅣ라然이나君主가이믜스ᄉᆞ로憲法을設ᄒᆞ야自己를制限ᄒᆞᄂᆞᆫ境遇에ᄂᆞᆫ此制限을不可不貫徹코자ᄒᆞᆯ지니此의保障은卽大臣의責任制度가是也ㅣ라君主ᄂᆞᆫ憲法上其施政行爲를當ᄒᆞ야國務大臣의副署를依ᄒᆞ야拘束되ᄂᆞ니副署ᄂᆞᆫ大臣의責任을生케ᄒᆞᄂᆞᆫ所以라故로副署가無ᄒᆞᆫ君主의文書ᄂᆞᆫ憲法上의形式을不備ᄒᆞᆫ者ㅣ니則國家人格된君主의行爲가아니오私人된君主의行爲오且臣民의服從義務ᄂᆞᆫ國家人格된君主의行爲에對

정부를 위태롭게 만들지 않을 수 없다. 군주국가에서는 군주가 최고 권력이기 때문에 통치자가 책임을 부담하지 않는다는 것이 개념필연적인 결과이다. 군주의 책임을 인정할지라고 군주에게 책임을 묻는 상위의 권력이 존재하지 않는다. 만일 상위의 권력을 인정한다면 이것은 이미 군주를 최고 권력으로 삼는 군주국가의 본질적 성격에 위반되기 때문이다. 따라서 군주가 불가침이고 책임을 부담하지 않는다는 것은 군주주의의 당연한 결론이다. 이 점은 설령 헌법에 명문으로 선언하지 않았을지라도 당연히 인정해야 한다.

사법상의 관계에서는 설령 군주일지라도 사법의 일반법규에 복종해야 하고 법원의 재판에 복종해야 한다고 한다. 그리하여 이 범위 내에서는 군주가 곧 자신의 신민으로서 자신의 법원의 재판에 복종하는 것이라고 가정한다. 그러나 군주가 이미 스스로 헌법을 제정해 자신을 제한한 경우에는 이 제한을 관철해야 한다. 이 제한의 관철을 보장하는 것은 각료의 책임이라는 제도이다. 즉 군주가 헌법에 따라 정치적 행위를 할 때에는 각료의 부서에 의해 구속당한다. 이 부서가 각료의 책임을 발생시키기 때문이다. 따라서 부서가 없는 군주의 문서는 헌법상의 형식을 갖추지 못한 것이고, 국가인격으로서의 군주의 행위가 아니라, 사인으로서의 군주의 행위이다. 또한 신민의 복종의무는 국가인격으로서의 군주의 행위에 대

ᄒᆞ야有ᄒᆞᆯ뿐인故로副署가無ᄒᆞᆫ文書ᄂᆞᆫ國務大臣에對ᄒᆞᆫ命令이아닌以上에ᄂᆞᆫ法律上何等의意義가無ᄒᆞᄂᆞ니君主ᄂᆞᆫ大臣의叅助가無ᄒᆞ면其意思ᄅᆞᆯ能히行치못ᄒᆞ며自己單獨의意思로ᄡᅥ法規ᄅᆞᆯ紊亂치못ᄒᆞᄂᆞ니라

凡君主의行爲에對ᄒᆞ야大臣의副署가有ᄒᆞᆫ時에ᄂᆞᆫ外形上으로君主의國家行爲되ᄂᆞᆫ標識을生ᄒᆞᄂᆞᆫ者나然이나其實質上効力에至ᄒᆞ야ᄂᆞᆫ姑且何等의决ᄒᆞᆫ바ㅣ無ᄒᆞ니國家行爲의實質的効力은國務大臣이其違法行爲에副署ᄒᆞᄂᆞᆫ時에ᄂᆞᆫ其責任을明케ᄒᆞᆷ으로從生ᄒᆞᆷ이니大臣의責任은法規違反에對ᄒᆞᆫ一大制限이니是ᄂᆞᆫ오직君主ᄂᆞᆫ不可侵인故로大臣을犧牲合ᄂᆞᆫ것이아니오又大臣이君主ᄅᆞᆯ補佐ᄒᆞᄂᆞᆫ其所ᄅᆞᆯ不得ᄒᆞᆫ推測으로基因ᄒᆞᆷ이아니라大臣의責任을負ᄒᆞᆷ은治者의違法行爲에副署ᄒᆞ야此ᄅᆞᆯ外形上効力을生케ᄒᆞ며其結果로ᄉᆞᄉᆞ로法規違反에對ᄒᆞᆫ共同義務者가되ᄂᆞᆫ所以ㅣ라大臣의責任이法律上의責任됨은其當然의結果라謂치아니치못ᄒᆞᆯ지니國務大臣은國家行爲의適法인지否인지此ᄅᆞᆯ審査ᄒᆞ야其違法으로信ᄒᆞᄂᆞᆫ行爲에對ᄒᆞ야ᄂᆞᆫ不可不其副署ᄅᆞᆯ拒絕ᄒᆞᄂᆞ니大臣이其違法됨을知ᄒᆞ고副署ᄒᆞᆫ時에ᄂᆞᆫ此ᄂᆞᆫ自己行爲에對ᄒᆞ야責을負ᄒᆞᆷ이오君主行爲에對ᄒᆞ

해서만 존재할 뿐이기 때문에 부서가 없는 문서는 각료에 대한 명령이 아닌 이상 어떠한 법적 의미도 갖지 않는다. 그러므로 군주는 각료의 참여가 없이는 자신의 의지를 수행하지 못하고, 군주 혼자만의 의지로는 법률을 위반할 수 없다.

군주의 행위에 대해 각료의 부서가 존재할 때에는 외관상으로 군주의 국가행위로서의 형식을 갖추게 된다. 그러나 실질적 효력의 측면과 관련해서는 결정되어 있는 내용이 전혀 없기 때문에 국가행위의 실질적 효력은 각료가 군주의 위법한 행위에 부서한 경우에는 이에 대한 책임을 부담하도록 명시함으로써 발생한다. 이처럼 각료의 책임은 군주의 법위반에 대한 커다란 제한이다. 하지만 이는 군주가 불가침의 존재여서 각료를 희생시키기 위한 것이 아니고 또한 각료가 군주를 보좌하기 때문에 그의 책임을 전제하지 않을 수 없기 때문도 아니다. 오히려 각료에게 책임을 부과하는 것은 통치자의 위법행위에 부서함으로써 형식적 효력이 발생하게 만들어 결과적으로 각료 자신도 법위반에 대해 공동으로 책임을 부담하도록 하려는 것이다. 따라서 각료의 책임이 법적 책임이라는 것은 당연한 결론이라고 말할 수 있다. 각료는 국가행위의 적법성 여부를 심사해 위법하다고 생각하는 행위에 대해서는 부서를 거부해야 한다. 만일 각료가 위법한 행위임을 알고서 부서한 경우에는 자신의 행위에 대해 책임을 부담해야 하고, 군주의 행위에 대해

야責을任ᄒᆞᆷ이아니라

大臣의責任을問ᄒᆞᆷ에刑法上의方法으로써ᄒᆞᆯ가懲戒의手段으로行ᄒᆞᆯ가ᄒᆞᆷ은各國成文法의問題에屬ᄒᆞᆷ이라大臣의責任은其法律上範圍를越ᄒᆞ야政治上區域에及치못ᄒᆞᄂᆞ니君主ᄂᆞᆫ法規의區域에依ᄒᆞ야拘束되얏스나然이나其範圍內에在ᄒᆞ야ᄂᆞᆫ自己의自由認定에從ᄒᆞ야其施政의任을當ᄒᆞᄂᆞᆫ者ㅣ라故로其適法의命令에對ᄒᆞ야ᄂᆞᆫ一般히服從ᄒᆞᄂᆞᆫ義務가生ᄒᆞᄂᆞᆫ者로서大臣도亦此에違反ᄒᆞᆷ을不得ᄒᆞᄂᆞ니蓋全力을盡ᄒᆞ야元首를輔弼ᄒᆞᆷ은大臣의權利오且其義務로되大臣은君主의意思가違法이아닌範圍에셔此에對ᄒᆞ야스ᄉᆞ로其政治上의責任을負치아니ᄒᆞᄂᆞ니何오ᄒᆞ면此政治上의責任은獨히君主의게存在ᄒᆞᆫ것으로大臣이此點에對ᄒᆞ야ᄂᆞᆫ君主의命令을依ᄒᆞ야左右ᄒᆞᄂᆞᆫ所以ㅣ라若大臣이議會에對ᄒᆞ야政治上의責任을不可不負擔ᄒᆞᆫ다ᄒᆞᆯ진ᄃᆡ必然의結果로其責任을問ᄒᆞᄂᆞᆫ議會의權利를認치아니치못ᄒᆞ리니如此ᄒᆞᆫ則國家의最高權을移ᄒᆞ야此를議會의掌中에置ᄒᆞᄂᆞᆫ者로所謂議會內閣의組織에不外ᄒᆞᆷ이라然則是ᄂᆞᆫ君主主義를無視ᄒᆞ며立憲君主國을變ᄒᆞ야議會國家를成ᄒᆞᆷ은반다시其言을俟ᄒᆞᆯ바ㅣ아니라大

책임을 부담하는 것이 아니다.

각료에게 책임을 묻는 것을 형법을 방법으로 삼아 할 것인지 아니면 징계를 수단으로 삼아 할 것인지는 각 국가의 법률에 속하는 문제이다. 각료의 책임은 법적 영역을 뛰어넘어 정치적 영역에까지 영향을 미친다. 군주는 법률에 규정된 한계를 통해 구속되지만, 이 한계 내에서 군주에게 인정되는 자유에 따라 정치를 수행할 수 있다. 따라서 군주의 적법한 명령에 대해서는 누구나 복종해야 할 의무가 발생한다. 각료 역시 군주의 명령을 위반할 수 없으며, 모든 힘을 다해 군주를 보필하는 것은 각료의 권리이자 의무이다. 다만 군주의 의지가 위법하지 않은 범위 내에 있을 때에는 각료 스스로는 정치적 책임을 부담하지 않는다. 왜냐하면 이러한 정치적 책임은 오로지 군주에게만 존재하고, 각료의 책임은 전적으로 군주의 명령에 좌우되기 때문이다. 만일 각료가 의회에 대해 정치적 책임을 부담해야 한다면, 각료의 책임을 묻는 의회의 권리를 인정하는 것이 필연적 결론이다. 의회가 이러한 권리를 갖는 것은 곧 국가의 최고 권력이 의회의 수중으로 옮겨지는 것이고, 따라서 이른바 의회내각제가 된다는 것을 뜻한다. 따라서 이는 군주주의를 무시한 것이고 입헌군주국이 변화해 의회국가가 성립한 것이라 하지 않을 수 없다. 각

ᄯᅢ은政治上의理由로써其職을辭ᄒᆞᄂᆞᆫ事가有ᄒᆞ되是ᄂᆞᆫ君主의信任을失ᄒᆞᆷ이오議會가其不信任을鳴ᄒᆞᄂᆞᆫ바를爲ᄒᆞᆷ이아니라立憲君主國은歷史上專制君主國을承繼ᄒᆞᆫ者ㅣ故로其稱號及名譽權이皆後者와殊異ᄒᆞᆯ것이無ᄒᆞ니此等點에對ᄒᆞ야ᄂᆞᆫ何等의變更을促ᄒᆞᆯ理由가無ᄒᆞᆫ것은憲法施行의前後를不問ᄒᆞ고君主ᄂᆞᆫ自己固有의權利로서政을施ᄒᆞᄂᆞᆫ것이오惟其行使에就ᄒᆞ야憲法上制限됨에止ᄒᆞᆯᄲᅮᆫ이니라

第十八章　共和政體

近世開明諸國의共和政體ᄂᆞᆫ歷史上特殊ᄒᆞᆫ條件下에서成立ᄒᆞᆫ者로一般히君主政体의後를襲起ᄒᆞᆷ者ㅣ라共和政體ᄂᆞᆫ其歷史的根源이殊異ᄒᆞᆷ을從ᄒᆞ야三種에區別ᄒᆞ얏스니

(一)神聖羅馬와獨逸帝國이瓦解ᄒᆞᄆᆡ中世紀末葉以來로其根底上若干의共和國을建設ᄒᆞ얏스니是等共和國은中世紀의國權弛廢를乘ᄒᆞ야市府及大地方의主된國法上의權利를所得ᄒᆞ야맛참ᄂᆡ帝國의權能을奪ᄒᆞᆫ市府的團体가되얏스니利太利의共和諸市와瑞西의各州等의起源이皆是也ㅣ오其外알볌谿

료가 정치적 이유 때문에 직책을 사임하는 경우가 있는데, 이는 군주의 신임을 상실했기 때문이지 결코 의회가 각료를 불신임하기 때문이 아니다. 입헌군주국은 역사적으로 보면 절대군주정을 계승한 것이기 때문에 칭호와 명예권이 절대군주정과 특별히 다르지 않다. 이와 같은 점과 관련해서는 변경을 요구해야 할 이유가 없다. 헌법을 제정하기 이전이든 이후이든 불문하고 군주는 군주 고유의 권리를 통해 정치를 수행하는 것이고, 오로지 군주의 정치권력의 행사와 관련해 헌법적 제한이 부과될 뿐이다.

제18장 공화정

근대의 여러 문화국가의 공화정은 특수한 역사적 조건하에서 성립했고, 일반적으로 군주정에 뒤이어 등장한 정체이다. 공화정은 역사적 근원의 차이에 따라 세 가지로 구별한다.

(1) 신성로마제국과 독일제국이 와해되면서 중세 말엽 이후 기본적으로 공화국을 토대로 삼는 국가들이 성립했다. 이들 공화국은 중세의 국가권력이 약화되고 파괴되는 기회를 이용해 도시와 란트 중심으로 국가법적 권리를 획득했고, 마침내 제국의 권능으로부터 벗어나 도시공동체가 되었다. 이탈리아의 공화정 도시와 스위스의 여러 주는 이러한 역사적 과정에 기원을 두고 있다. 이밖에도 알프스 계

間에點在ᄒᆞᆫ農民團体도亦此ᄅᆞᆯ奧國의主權下의置ᄒᆞᄂᆞᆫ計畫을反抗ᄒᆞ고드듸여其獨立不羈의根底ᄅᆞᆯ遺ᄒᆞᆷ에至ᄒᆞ얏고此等共和團体中瑞西ᄂᆞᆫ國際法上의基礎에立ᄒᆞᆫ大國家의聯合이니如此히古帝國의分裂을由ᄒᆞ야生ᄒᆞᆫ共和諸國中에오히려今日ᄭᆞ지存續ᄒᆞᆫ者가有二ᄒᆞ니聯邦을搆成ᄒᆞᆫ瑞西의各州와獨逸帝國의一部分으로聯邦的集合体에屬ᄒᆞᆫ한ᄲᅡ三市及ᄲᅮ너면等이是也라

(二)歐洲의他國家即佛蘭西及西班牙國에在ᄒᆞ야其以前의君主政体ᄅᆞᆯ倒ᄒᆞ고共和國을立ᄒᆞ얏ᄉᆞ니是等諸國은王室의權勢가이믜墜地ᄒᆞ고其內部의腐敗가到底히收拾키難ᄒᆞᆷ에至ᄒᆞᆷ을因ᄒᆞ야人民이處處蜂起ᄒᆞ야革命的暴動을行ᄒᆞ야드듸여從來의政体와歷史上의君主制ᄅᆞᆯ打破ᄒᆞᆫ지라君主主義ᄅᆞᆯ基礎ᄒᆞᆫ國憲이革命에因ᄒᆞ야一朝墜地ᄒᆞᆷ에當ᄒᆞ야ᄂᆞᆫ新國家組織의基礎ᄂᆞᆫ君主의覆沒以來로殘存ᄒᆞᆫ團体即人民의集合体에求치아니치못ᄒᆞᄂᆞ니革命後人民의恩惠로브터新王統(即民意ᄅᆞᆯ奉戴ᄒᆞᆫ新王統)을迎ᄒᆞ야ᄡᅥ民主的專政의危險을免ᄒᆞᆯ者ᄂᆞᆫ即惟此共和政體而已니라

(三)國家的獨立의地位에到達ᄒᆞᆫ殖民地域의關係도亦酷似ᄒᆞᆷ이有ᄒᆞ니歐洲系

곡 사이에 있는 수많은 농민공동체 역시 오스트리아가 자신의 주권에 복속시키려는 계획에 저항하면서 마침내 독립의 토대를 마련하게 되었다. 이들 공화주의 공동체 가운데 스위스는 국제법적 토대 위에 있는 국가연합이다. 이와 같이 제국의 분열로 말미암아 발생한 여러 공화국 가운데 오늘날까지도 존재하는 공화국은 두 개가 있는데, 하나는 연방을 구성한 스위스의 각 주이고, 다른 하나는 독일제국의 일부분으로서 연방공동체에 속하는 한자동맹의 세 도시가 그것이다.*

(2) 유럽의 다른 국가, 즉 프랑스와 스페인은 과거의 군주정을 폐지하고 공화정을 수립했다. 이들 국가는 황실의 권세가 이미 땅에 떨어지고 황실 내부의 부패가 도저히 수습하기 어려울 정도로 심각해져 도처에서 인민이 봉기하고 혁명적 폭동을 일으켜 마침내 기존의 정체와 역사적 전통을 가진 군주제를 타파하게 되었다. 즉 군주주의에 기초한 국가질서가 혁명을 통해 하루아침에 몰락했고 새로운 국가조직의 기초는 군주의 멸망 이후 남아 있던 공동체, 즉 인민들의 결사에서 찾지 않을 수 없었다. 혁명 이후 인민들의 은덕을 입은 새로운 왕조(즉 민의를 존중하는 새로운 왕조)를 맞이했다. 민주적 독재의 위험을 피할 수 있는 정체는 오로지 이 공화정뿐이었던 것이다.

(3) 독립국가의 지위에 도달한 식민지의 상황도 이와 비슷했다. 상당히 많은 유럽 계

* 독일어 원문에는 "한자동맹의 세 도시, 함부르크, 뤼베크, 브레멘"으로 되어 있는데, 본문에는 "세 도시 및 브레멘"으로 잘못 번역되어 있다.

統의夥多ᄒᆞᆫ人口ᄅᆞᆯ領有ᄒᆞᆫ歐洲殖民地ᄂᆞᆫ國家的獨立의感情을懷抱ᄒᆞᆷ으로써專制君主政体에對ᄒᆞᆷ과如ᄒᆞᆫ態度로母國의片面的統御ᄅᆞᆯ反抗ᄒᆞᄂᆞ니故로母國이殖民地의請求ᄅᆞᆯ依ᄒᆞ야此에十分自治의權을與치아니면殖民地ᄂᆞᆫᄉᆞᄉᆞ로國家的獨立을求ᄒᆞ리니殖民地가此時期에到達ᄒᆞᆫ時에ᄂᆞᆫ其形勢가不可不母國과分離ᄒᆞᆷ을得ᄒᆞᆯ지오其母國과分離ᄒᆞᆫ同時에ᄂᆞᆫ又母國의王統과脫却ᄒᆞᄂᆞᆫ者ㅣ라假令其支統을奉戴ᄒᆞ야君主國을創造ᄒᆞᆯ지라도此新國家의王統은歷史的根底가姑爲未固ᄒᆞᆫ故로些細의刺激을因ᄒᆞ야顚覆의厄을遇ᄒᆞᆯ지오又殖民地內部에ᄂᆞᆫ獨立ᄒᆞ야新君主政体ᄅᆞᆯ立ᄒᆞᆯ要素가缺ᄒᆞᆫ故로新國家의基礎ᄂᆞᆫ此ᄅᆞᆯ不可不人民의게求ᄒᆞᆯ지니人民者ᄂᆞᆫ實로固有의意義로國家ᄅᆞᆯ創造ᄒᆞᆫ者라謂ᄒᆞᆯ지니라

如斯히近代의共和政体ᄂᆞᆫ別노原始的으로成立ᄒᆞᆷ이無ᄒᆞ고悉皆其君主國家로셔分離ᄒᆞ거나不然이면君主制ᄅᆞᆯ打破ᄒᆞᆫ結果ㅣ라人民은國家의創造者ㅣ되거나(譬컨ᄃᆡ殖民地와如히)又新政体ᄅᆞᆯ建設者ㅣ即(君主制ᄅᆞᆯ打破ᄒᆞᆫ者)是也ㅣ니二者ㅣ如何ᄒᆞᆫ境遇던지國家的團体로서新히發生ᄒᆞᆫ諸般公法上의法制ᄂᆞᆫ人民으로써其源泉됨을得ᄒᆞ야於是에國民主權도亦君主主權과同一히一個歷史

통의 인구를 포함하고 있던 유럽 식민지들은 국가의 독립에 대한 심정을 품고 마치 절대군주정에 대항하는 태도로 본국의 일방적 통제에 대해 저항했다. 이로 인해 본국이 식민지의 요구를 받아들여 충분한 자치권을 부여하지 않으면, 식민지 스스로 국가적 독립의 길을 찾았다. 식민지가 이와 같은 시기에 도달한 때에는 이미 식민지의 형세가 본국으로부터 분리될 수 있을 정도로 커지고, 본국으로부터의 분리와 동시에 본국의 왕권으로부터 벗어나게 되었다. 설령 식민지 스스로 왕가를 추대해 군주국을 수립할지라도 이 새로운 국가의 왕통은 역사적 근거가 견고하지 않은 탓에 사소한 자극만으로도 전복될 우려가 있기 때문에 식민지 내부에는 독립 이후에 새로운 군주정을 수립할 수 있는 조건이 형성되어 있지 않다. 그 때문에 새로운 국가의 기초를 어쩔 수 없이 인민에게서 찾게 된다. 그리하여 참으로 고유한 의미에서 인민이 국가를 창조한 자라고 말할 수 있다.

이와 같이 근대의 공화정은 처음부터 공화정으로 성립하지는 않았고, 거의 모두 군주국으로부터 분리되거나 또는 군주제를 타파한 결과이다. 인민이 (예컨대 식민지의 경우처럼) 국가를 창조하거나 (군주제를 타파하는 경우처럼) 새로운 정체를 건설한 것이다. 이 두 가지 가운데 어느 경우이든 국가공동체에서 새롭게 탄생한 공법적 법제도는 인민을 그 근원으로 삼을 수 있었다. 그리하여 이제 국민주권도 군주주권과 마찬가지로 명백히 하나의 역사

的의事實됨이明瞭ᄒᆞᆫ바ㅣ라

凡國家法制의基礎源泉은人民의集合体에在ᄒᆞ니此國民主權은諸般公法的法制의前提로서公法上權力이其組織의如何를勿問ᄒᆞ고皆其國民의意志로出ᄒᆞ야直接又間接으로其權能을付與ᄒᆞᆫ者라謂ᄒᆞᆯ지라凡國家의目的은平衡的正義의源泉으로社會各種의利害關係의衝突을調和ᄒᆞ야써集合体를爲ᄒᆞᆷ에在ᄒᆞ고且共和國에在ᄒᆞ야ᄂᆞᆫ國家存立ᄒᆞᆫ集合体가即國家自体와同一ᄒᆞᄂᆞ니이믜人民以外에國家의安素가不有ᄒᆞᆫ故로其社會上宗教上民族關係와其他關係上錯綜分岐ᄒᆞᆫ人民自体가單獨으로ᄂᆞᆫ此等의利家關係의牴觸을調和키不能ᄒᆞᆫ故로共和政体가此等目的을達코ᄌᆞᄒᆞᆷ에ᄂᆞᆫ彼此等利害關係以外에超脫ᄒᆞᆫ君主를奉戴ᄒᆞᆫ君主國家에比ᄒᆞ야크게困難ᄒᆞᆫ것은理勢의必然ᄒᆞᆫ바ㅣ라共和國이其目的을達코ᄌᆞᄒᆞᆷ에ᄂᆞᆫ或人類의不能ᄒᆞᆯ事를行ᄒᆞᄂᆞᆫ것이有ᄒᆞᆫ故로國家가不斷ᄒᆞᆫ革命的爭擾에陷ᄒᆞ야法制의永續性을傷ᄒᆞ야終來共和政体로ᄒᆞ야곰根本的不能케ᄒᆞᆷ에至ᄒᆞᆷ이有ᄒᆞ니是以로共和政體를貫徹ᄒᆞᄂᆞᆫ條件에至ᄒᆞ야ᄂᆞᆫ國을隨ᄒᆞ야不一ᄒᆞ니라

적 사실이 되었다.

국가의 법제도의 기초와 근원이 인민 공동체에 속하게 됨으로써 이 국민주권은 모든 공법적 법제도의 전제가 되었다. 따라서 어떠한 조직이든 불문하고 공법적 권력을 가진 조직은 국민의 의지로부터 나온 것이고, 국민의 의지가 직접 또는 간접적으로 권능을 부여한 것이라 할 수 있다. 국가의 목적은 평균적 정의이다. 즉 국가는 사회 내의 다양한 이해관계의 충돌을 조율함으로써 공동체를 위해 존재하는 것이다. 또한 공화국에서는 국가 내에 존재하는 공동체가 곧 국가 자체와 동일하기 때문에 인민 이외에는 국가를 구성하는 다른 요소*가 존재하지 않는다. 따라서 다양한 사회적, 종교적, 민족적 관계 및 여타의 관계가 서로 뒤엉켜 있고 분리되어 있는 인민 자체가 혼자 힘으로 이들 사이의 이해관계의 충돌을 조율할 수는 없다. 그렇기 때문에 공화정이 이와 같은 목적을 달성하고자 한다면 이러한 이해관계를 초월한 군주를 추대한 군주국가에 비해 커다란 어려움을 겪는 것은 당연한 이치이다. 즉 공화국이 이러한 목적을 달성하는 것은 인간이 할 수 없는 일을 하는 셈이다. 그리하여 국가가 끝없는 혁명적 투쟁에 빠져 법제도의 지속성이 손상을 당한 나머지 공화정이 근본적으로 불가능한 상태에 도달하는 경우가 있다. 그 때문에 공화정을 실현하는 조건은 국가마다 다르다.

* 본문의 '安素'는 '要素'의 오타이고, 독일어 원어는 'Faktor'이다.

同一의宗教를奉ᄒᆞ야同種의民族을有ᄒᆞ며且社會的各種의利害關係가亦甚ᄒᆞᆫ衝突을不呈ᄒᆞᄂᆞᆫ小共和團體에在ᄒᆞ야ᄂᆞᆫ國家의目的을遂行ᄒᆞᆷ이반다시不難ᄒᆞ니如斯ᄒᆞᆫ者ᄂᆞᆫ瑞西地方의團体와其市府的各州及英國과分離ᄒᆞ던當時北米合衆國의狀態라國家ᄂᆞᆫ自已의活動範圍를狹隘케ᄒᆞ야此를皆私人의經營에放任ᄒᆞᆷ을得ᄒᆞ며且人民自已가公共의事業을監督ᄒᆞᆷ도亦不難ᄒᆞᆫ故로從ᄒᆞ야自治制를馴致ᄒᆞᄂᆞ니此等의前陳條件即同一宗教同一民族及單純ᄒᆞᆫ利害關係가存續ᄒᆞᆫ間에ᄂᆞᆫ數百年間重大의紛擾가無ᄒᆞ야共和政体를維持ᄒᆞᆷ을得ᄒᆞ되是를反ᄒᆞ야貧富가互相懸隔ᄒᆞ고資本主와被傭者가其利害를相異케ᄒᆞ야相爲爭鬩ᄒᆞ며農工이相爲凌轢ᄒᆞᆫ時代에ᄂᆞᆫ共和政治의靜謐을可히得望치못ᄒᆞᆷ에至ᄒᆞᆯ지니라他共和的團体ᄂᆞᆫ自初로此利害의衝突이有ᄒᆞ니是ᄂᆞᆫ一般大國에比ᄒᆞ야國家의目的이且難ᄒᆞᆫ지라共和國에ᄂᆞᆫ人民上에獨立ᄒᆞᆫ國權이無ᄒᆞᆫ故로利害關係의調和을惟此人民自身中에求ᄒᆞᆯ지니即一의利害關係로써諸般他關係를壓倒ᄒᆞᄂᆞᆫ强力이無ᄒᆞ고諸種의關係로ᄒᆞ야곰互相平等케ᄒᆞ야써스사로權衡을得케ᄒᆞᆷ이라自治의風이裕盛ᄒᆞᆫ앙굴삭손人種과如히集合体의利益을顧ᄒᆞ야自其黨派的

한 민족이 동일한 종교를 믿고 동일한 종족일 뿐만 아니라, 각종의 사회적 이해관계가 심하게 충돌하지 않는 작은 공화국에서는 국가의 목적을 수행하기가 크게 어렵지 않을 것이다. 이와 같은 공화국은 스위스 지방의 공동체나 도시 칸톤* 및 영국으로부터 분리되던 당시의 북미합중국의 상태에 해당한다. 이러한 상태에서 국가는 자신의 활동범위를 좁게 만들고 이를 각 개인이 처리하도록 맡길 수 있으며 또한 인민 스스로 공적인 업무를 감독하는 것도 어렵지 않다. 이렇게 해서 점차 자치제도가 정착하게 된다. 공화국과 관련된 이와 같은 전제조건, 즉 동일한 종교, 동일한 민족, 이해관계의 단순성이 지속되는 동안에는 수백 년에 걸쳐서도 분란이 없이 공화제를 유지할 수 있다. 이에 반해 빈부의 격차가 현격해지고 자본가와 고용자 사이의 이해관계가 상이해 서로 투쟁하며 농업과 공업이 서로 알력을 빚는 시대에는 공화정의 안정을 기대할 수 없는 상태가 된다. 공화정적 공동체에는 처음부터 이러한 이해관계의 충돌이 존재한다. 그 때문에 다른 커다란 국가에 비해 국가 목적의 실현이 어려움을 겪는다. 공화국에는 인민의 상위에 있는 독립적인 국가권력이 존재하지 않기 때문에 이해관계의 조율을 전적으로 인민 자체에서 실현할 수밖에 없다. 즉 하나의 이해관계가 다른 모든 이해관계를 압도할 수 있는 강한 힘을 갖고 있지 않고, 여러 가지 이해관계가 서로 평등하기 때문에 인민들 스스로 권력의 균형을 이룰 수 있어야 한다. 자치의 전통이 강한 앵글로색슨족과 같이 공동체의 이익을 고려함으로써 각자의 당파적

* 본문에는 '市府的 各州'로 되어 있고, 원문은 'städtische Kantonen'이다. 스위스의 칸톤 가운데 도시인 칸톤을 지칭한다.

主張을抑制ᄒᆞᄂᆞᆫ慣習에富ᄒᆞᆫ種族에在ᄒᆞ야ᄂᆞᆫ此條件下에共和政體의存續期間을能히長久케ᄒᆞᆷ을得ᄒᆞᆯ지오此前提가無ᄒᆞᆫ國家에ᄂᆞᆫ全히不然ᄒᆞᄂᆞ니譬ᄒᆞ면數百年間專制君主政體下의人民은自治의風이無ᄒᆞ야集合體의利害關係ᄅᆞᆯ不顧ᄒᆞ고專혀其個人的利益을追ᄒᆞ기甚急ᄒᆞᆫ國家에在ᄒᆞ야ᄂᆞᆫ權衡을破ᄒᆞ기甚히容易ᄒᆞᄂᆞ니人民自己로ᄒᆞ야곰獨立的其調和ᄅᆞᆯ圖ᄒᆞ기殆히不能에屬ᄒᆞᆫ지라如此히社會上危險을感ᄒᆞᆷ이最深ᄒᆞᆫ者ᄂᆞᆫ其政治上의自由ᄅᆞᆯ擧ᄒᆞ야此ᄅᆞᆯ一人의手에委ᄒᆞ고其下에立ᄒᆞ야僅히其身體財産의安全을享受ᄒᆞᆷ에至ᄒᆞᄂᆞ니라

獨裁君主政體ᄂᆞᆫ原則上으로無憲法이로ᄃᆡ立憲君主制에ᄂᆞᆫ憲法이君主의制定ᄒᆞᆫ바ㅣ니故로君主가有ᄒᆞᆫ後에야憲法이有ᄒᆞᆫ者ᄅᆞᆯ反ᄒᆞ야共和國은其憲法을設ᄒᆞᄂᆞᆫ同時에法律的活動을開始ᄒᆞᄂᆞ니盖國民團體ᄂᆞᆫ本來何等의人格이無ᄒᆞ미其行爲能力을生ᄒᆞ기爲ᄒᆞ야憲法에依ᄒᆞ야始認ᄒᆞᆫ組織을必要ᄒᆞᆷ이라憲法의制定은國民主權의主義ᄅᆞᆯ廢止ᄒᆞᄂᆞᆫ것이아니니何오ᄒᆞ면憲法이國民外에特殊ᄒᆞᆫ國權을生ᄒᆞᄂᆞᆫ者가아니라憲法을定ᄒᆞ야써國民主權의主義ᄅᆞᆯ實行코ᄌᆞᄒᆞᆷ이니共和國의憲法形式은社會上의條件과歷史上의發達을依ᄒᆞ야반다시不一ᄒᆞ미即

주장을 억제하는 관습이 강하게 정착된 종족에서는 이와 같은 조건을 통해 공화정이 얼마든지 장기간에 걸쳐 지속될 수 있다. 그러나 이러한 전제가 충족되지 않은 국가에서는 사정이 완전히 다르다. 예컨대 수백 년 동안 절대군주정 치하에 있던 인민들은 자치의 전통이 없고 공동체의 이해관계를 고려하지 않고 오로지 개인적 이해관계만을 추구하는 현상이 극심하다. 이러한 국가에서는 권력의 균형이 쉽게 파괴되고, 인민들 스스로 독자적으로 조화를 이루는 것은 불가능에 가깝다. 인민들이 이와 같은 사회적 위험을 극단적으로 감지하는 경우에는 정치적 자유를 포기하고 이를 한 사람의 손에 위임해서 이 한 사람의 지배하에 단지 신체와 재산의 안전만을 향유하는 상태에 도달한다.

절대군주정에서는 원칙적으로 헌법이 없지만, 입헌군주정에서는 군주에 의해 헌법이 제정되어 있기 때문에 군주가 존재한 이후에 비로소 헌법이 존재한다. 이에 반해 공화정에서는 헌법을 제정함과 동시에 법적 활동이 시작된다. 이처럼 국민공동체는 처음에는 어떠한 법적 인격도 갖고 있지 않기 때문에 공동체의 행위능력이 성립하기 위해서는 헌법이 인정하는 조직이 필요하다. 따라서 헌법의 제정은 국민주권의 원칙을 폐기하는 것이 아니다. 왜냐하면 헌법이 국민 이외의 특별한 국가권력을 형성하는 것이 아니라, 국민주권의 원칙을 실현하기 위한 것이기 때문이다. 공화국이라는 헌법형태는 사회적 조건과 역사적 발달에 따라 얼마든지 달라질 수 있다. 즉

地方市邑及市府的共和國에는政治上의權能을付與ᄒᆞᆫ國家所屬者는積極的으로國家의事務를參與ᄒᆞᆷ을得ᄒᆞᆯ것이오又國民을選擇에依ᄒᆞ야國家의機關을生ᄒᆞᆯ뿐아니라立法에對ᄒᆞ야人民이直接으로可否를決ᄒᆞᆷ이有ᄒᆞ니或은諸般法律에此를必要ᄒᆞᆫ者도有ᄒᆞ며或은國家所屬者의一定數의要求가有ᄒᆞᆯ時에만此에由ᄒᆞ는者도有ᄒᆞ며其他國權의作用은二個合議体에委任ᄒᆞ는事가有ᄒᆞ니一은大合議体로서專혀立法에參與ᄒᆞᆫ者이오一은小合議体即元老院과如ᄒᆞᆫ者ㅣ라立法機關으로又行政執行의任을當ᄒᆞ니二者ㅣ共히直接或間接으로國家所屬者를選出ᄒᆞ는바이오其他國家의官吏를置ᄒᆞᆷ은或人民의選擧에依ᄒᆞ며或小合議体의任命에依ᄒᆞ는것이有ᄒᆞ니라

大共和國은自初로其困難ᄒᆞᆫ地位를自覺ᄒᆞ야憲法의特別的搆成으로共和大統領의職으로此를補充케ᄒᆞᆷ이니此大統領을置ᄒᆞᆷ은君主國家에屬ᄒᆞ거나又從前君主政體를取ᄒᆞ던國家에在ᄒᆞᆫ者ㅣ니故로大統領은君主의共和的變形에不外ᄒᆞᆷ이라唯大統領은其地位에對ᄒᆞᆫ固有의權利가不有ᄒᆞ고從ᄒᆞ야世襲의地位가無ᄒᆞ며任期의一定ᄒᆞᆫ制限의差가有ᄒᆞ느니大統領은一個君主制의遺物로서異種

란트나 도시국가와 같은 소규모 공화국에서는 정치적 권능을 가진 국가구성원이 적극적으로 국가의 업무에 참여할 수 있고, 국민의 선출을 통해 국가기관이 생성될 뿐만 아니라, 입법과 관련해서도 인민이 직접 가부를 결정하거나 몇몇 법률에 대해서는 인민의 결정을 필요로 하는 경우도 있다. 또는 국가구성원 가운데 일정 수 이상의 구성원이 요구할 때에만 입법이 가능한 경우도 있고, 국가기관의 작용을 두 개의 합의체에 위임하는 경우도 있다. 이 두 개의 합의체 가운데 대규모 합의체는 오로지 입법에 참여하는 합의체이고, 소규모 합의체는 원로원과 같은 합의체이다. 입법기관 및 행정의 집행을 위임받은 이 두 합의체는 모두 국가구성원들에 의해 직접 또는 간접으로 선출된다. 여타 국가 공직자들은 인민들의 선거에 의해 선출되거나 소규모 합의체에 의해 임명된다.

대규모 공화국은 처음부터 공화국의 실현과 관련된 난점을 의식하면서 특별히 공화국 대통령이라는 직위를 헌법에 규정함으로써 이러한 난점을 극복하고자 한다. 이 대통령 제도는 군주국가에 속하거나 과거에 군주정을 취했던 국가에 있는 제도이다. 따라서 대통령은 군주를 공화정에 맞게 변형한 것이다. 다만 대통령이라는 지위는 고유한 권리를 갖고 있지 않고, 따라서 세습되는 지위가 아니며, 임기가 제한된다는 점에서 군주와는 차이가 있다. 대통령은 군주제의 유산으로서 다양한

의利害關係上에超脫ᄒᆞᆫ國權을有ᄒᆞᆫ者ㅣ라然이나唯其權力이甚大치못ᄒᆞᆫ故로君主에比ᄒᆞ야國家의目的을充滿치못ᄒᆞᆷ을有憾ᄒᆞᆷ이니大統領은通常行政權의全部ᄅᆞᆯ委任ᄒᆞ고又一朝可決ᄒᆞᆫ法律案을再議에付ᄒᆞ며或時에ᄂᆞᆫ第二次可決에付ᄒᆞ야代議院에特別多數의議決을求ᄒᆞᆷ을得ᄒᆞᄂᆞᆫ故로立法權에對ᄒᆞ야下級의叅與權이有ᄒᆞᆫ者라稱ᄒᆞ야도可ᄒᆞᆯ지라大統領의職이從來二種의殊異ᄒᆞᆫ形式에셔發達ᄒᆞ얏스니即獨立的形式과議會的形式이是也라

第一　境遇에在ᄒᆞ야大統領(獨立的大統領)을置ᄒᆞᆷ은一種特別의思想에基因ᄒᆞᆫ者ㅣ니諸般國法의基礎源泉되ᄂᆞᆫ人民이其任命ᄒᆞᆫ特別機關에由ᄒᆞ야個個의國家機能을行使ᄒᆞᄂᆞᆫ者로셔各種의機關은同樣으로其權利ᄅᆞᆯ直接人民의게取得ᄒᆞᄂᆞᆫ故로全히同等의權能으로互相對峙코자ᄒᆞᄂᆞᆫ思想이是也라人民은其選出ᄒᆞᆫ集會에立法權을委ᄒᆞ얏스되立法院은國民의一般的代表者가아니오其委托ᄒᆞᆫ事務에만人民을代表ᄒᆞᆫ者ㅣᆫ故로他國家의機關으로ᄒᆞ야곰自己에從屬케ᄒᆞᆯ主張을能히提起치못ᄒᆞᄂᆞᆫ者ㅣ라夫大統領은直接間接의選擧ᄅᆞᆯ依ᄒᆞ야人民自体로브터選出ᄒᆞᆫ者인故로其行政權及立法에對ᄒᆞᆫ叅與權은立法議會와全히

이해관계를 초월한 국가권력을 갖고 있다. 그러나 대통령의 권력이 강하지 못하기 때문에 군주에 비해 국가의 목적을 온전히 충족할 수 없다는 문제점이 있다. 대통령은 통상 행정권 전체를 위임받고 일단 가결된 법률안을 다시 토의에 붙이거나, 경우에 따라서는 재차 표결에 붙여 의회의 특별 다수의 찬성을 요구할 수 있다. 이 점에서 대통령은 의회에 비해서는 낮은 수준이지만 입법권에 참여할 권리가 있다고 말할 수 있다. 대통령이라는 직위는 지금까지 두 가지 서로 다른 방식으로 발달해왔다. 하나는 독립적 방식이고, 다른 하나는 의회를 통한 방식이다.

첫 번째 경우에는 대통령(독립적 대통령) 제도가 특수한 사상에 기초한다. 즉 대통령은 모든 국가법의 기초적 근원인 인민이 임명한 특별기관으로서 개별적인 국가기능을 행사하는 자이고, 여러 국가기관은 모두 직접 인민으로부터 권리를 부여받은 것이기 때문에 대통령과 다른 모든 국가기관은 동등한 권능을 갖고 서로 관련을 맺는다는 사상이다. 인민은 자신들이 선출한 의회에 입법권을 위임하지만, 입법부는 모든 문제와 관련해 일반적으로 인민을 대표하는 것이 아니라, 인민이 위임한 업무에 국한해서만 인민을 대표한다. 따라서 입법부는 다른 국가기관이 자신에게 복종해야 한다는 주장을 제기할 수 없다. 대통령은 직접 또는 간접선거를 통해 인민 자체에 의해 선출된 자이기 때문에 행정권과 입법에 대해 대통령이 참여할 수 있는 권한은 입법부인 의회로부터 완전히

獨立ᄒᆞ야此를行使ᄒᆞᄂᆞᆫ者ㅣ라但二三의官吏를任命ᄒᆞᆷ에上院의同意를要ᄒᆞ면上院에서此同意를與ᄒᆞᆫ時에ᄂᆞᆫ行政權은곳獨立으로議會의意思에拘束되ᄂᆞᆫ것이無ᄒᆞ고且大統領이其事務를行ᄒᆞᆷ은法律範圍內에서自由認定을要ᄒᆞᄂᆞ니此行政權에對ᄒᆞᆫ議會의影響이立法에對ᄒᆞᆫ大統領의叅與보다多大ᄒᆞᆯ것이無ᄒᆞᆫ지라最後各法權은立法及行政의二者로브터獨立存在ᄒᆞ야人民의直接機關으로裁判ᄒᆞ며司法官은人民으로直接選出ᄒᆞ야大統領의單獨任命에依ᄒᆞ거나上院의同意를經ᄒᆞ야大統領이此를任ᄒᆞᆷ은勿論ᄒᆞ고職務行爲에對ᄒᆞ야ᄂᆞᆫ大統領이라도亦他의官吏와同一히其責에任ᄒᆞᄂᆞ니라

第二 國會的大統領制도亦君主制의模倣ᄒᆞᆫ者ㅣ라然이나此制度ᄂᆞᆫ獨立君主의思想을退ᄒᆞ고一般流布ᄒᆞᄂᆞᆫ國民的見解에從ᄒᆞᄂᆞᆫ者ㅣ니此制度ᄂᆞᆫ人民自己로ᄒᆞ야곰直接其大統領을選擧케ᄒᆞᄂᆞᆫ制度를憂慮ᄒᆞᄂᆞᆫ바ㅣ라何오ᄒᆞ면此等大統領이國民의君主的本能을乘ᄒᆞ야國民의被選者로써代議院에對ᄒᆞ야獨立의地位를占ᄒᆞ야其極에民主的專制를建設ᄒᆞᆷ에至ᄒᆞ고虞가有ᄒᆞᆫ지라是故로大統領은一定ᄒᆞᆫ期間을限ᄒᆞ야此를代議院에서選出ᄒᆞᆷ이니旣爲代議院에서選出된

독립해서 행사된다. 몇몇 공직자의 임명과 관련해 상원의 동의를 필요로 하는 경우에도 상원이 이에 동의한 때에는 행정권은 독립성을 갖고 있고 의회의 의지에 구속되지 않는다. 그리고 대통령의 업무 수행은 법률의 범위 내에서 자유롭게 이루어지도록 인정되어야 한다. 따라서 대통령의 행정권에 대해 의회가 미치는 영향은 입법에 대통령이 참여하는 권리보다 더 강해서는 안 된다. 또한 최종적인 사법권은 입법과 행정 양자로부터 독립해서 존재한다. 그리하여 인민이 국가기관으로서 직접 재판을 하거나 인민이 법관을 직접 선출할 수도 있고, 대통령이 단독으로 법관을 임명하거나 상원의 동의를 거쳐 대통령이 임명할 수도 있다. 또한 대통령일지라도 그의 직무행위와 관련해서는 다른 공직자와 똑같이 책임을 부담해야 한다.

두 번째 경우인, 의회를 통한 대통령제 역시 군주제를 모방한 것이다. 그러나 이 제도는 군주의 독립성이라는 사고를 배제하고, 일반적으로 확산되어 있는 국민의 견해를 따른다. 즉 이 제도는 인민들이 직접 선거를 통해 대통령을 선출하는 것을 위험하다고 여긴다. 왜냐하면 인민에 의해 직접 선출된 대통령은 군주제를 지지하는 국민의 경향에 편승해 국민이 선출한 자로서 의회에 대항해 독립적 지위를 갖게 되어, 극단적인 경우에는 민주적 독재를 수립할 위험이 있기 때문이다. 이러한 우려 때문에 대통령을 일정한 임기를 정해 의회에서 선출하게

故로此와獨立ᄒᆞ야自己固有의權利를能히行使치못ᄒᆞ며就中代議院을凌駕ᄒᆞᆯ權利가無ᄒᆞᄂᆞ니라

大統領은憲法上獨立으로其權能을行使ᄒᆞᄂᆞᆫ딕行政權의全部를掌握ᄒᆞ며議院을召集ᄒᆞ야其開會閉會를命ᄒᆞ고又或境遇를因ᄒᆞ야此를解散ᄒᆞᆷ을得ᄒᆞ나然이나代議院의優勢力은大統領으로ᄒᆞ야곰其憲法上이權利를行使ᄒᆞ기爲ᄒᆞ야不可不內閣에依據ᄒᆞᄂᆞ니此內閣은下院의多數決로써成立ᄒᆞ며又直接間接의不信任投票로써此를顚覆ᄒᆞᄂᆞᆫ故로大統領의憲法上權利ᄂᆞᆫ純然ᄒᆞᆫ虛名에不過ᄒᆞ고單히其代議院의希望을從ᄒᆞ야大臣을任免ᄒᆞ고此에由ᄒᆞ야行政權의行使와官吏의任命을司ᄒᆞᆷ에止ᄒᆞᆫ지라如此히行政部의全体를擧ᄒᆞ야此를代議院下에隨從케ᄒᆞᆷ이니大統領自己도亦何等의原因을不問ᄒᆞ고議會의輿望을失ᄒᆞᆫ時에ᄂᆞᆫ何時던지不可不辭職ᄒᆞᆷ을得ᄒᆞᄂᆞ니盖議會ᄂᆞᆫ內閣의成立을妨礙ᄒᆞ야大統領으로써其地位에居치못ᄒᆞ게ᄒᆞᄂᆞᆫ故ㅣ라

如此ᄒᆞᆫ名義上으로立法事務를委任된國民代議院은主權國民의唯一直接受任者로서諸般國家의活動關係를統御ᄒᆞᆷ에對ᄒᆞ야何等의制限을受ᄒᆞᆷ이無ᄒᆞ니個

함으로써 대통령이 의회로부터 독립해 고유의 권리를 행사하지 못하며, 대통령이 의회를 무시할 수 있는 권리가 존재하지 않게 된다.

대통령은 헌법상 독립적으로 권능을 행사하고 행정권의 전부를 장악하며 의회를 소집해 개회와 폐회를 명령할 수 있다. 또한 경우에 따라서는 의회를 해산할 수도 있다. 그러나 의회의 권한이 더 우월해 대통령이 헌법상의 권한을 행사하기 위해서는 내각에 의존하지 않을 수 없다. 내각은 하원의 다수결을 통해 구성되고, 직접 또는 간접적으로 불신임투표를 통해 내각이 해체될 수 있다. 따라서 대통령의 헌법상의 권리는 명목상의 권리에 불과하다. 즉 대통령의 권리는 오로지 의회의 희망에 따라 각료를 임면하고, 행정권을 행사하며 공직자의 임명을 행하는 데 그친다. 이처럼 행정부 전체를 의회에 복종하게 만드는 제도이기 때문에 대통령 자신도 어떤 이유에서든 의회의 신임을 상실한 때에는 언제든지 사직하지 않을 수 없다. 의회가 내각의 구성을 반대해 대통령이 그 지위에 머물러 있지 못하게 만들기 때문이다.

이와 같이 형식적으로 입법업무를 위임받은 국민대표로서의 의회는 주권자인 국민으로부터 직접 권한을 위임받은 유일한 기관이다. 그 때문에 의회는 국가의 활동이 이루어지는 상황을 통제하는 것과 관련해 어떠한 제한도 받지 않는다. 따라서 개

個獨立의機關에對ᄒᆞᆫ權力의分配는但히名義에止ᄒᆞ고事實上諸般의機關이皆議會에隷屬ᄒᆞᆫ者ㅣ라且大統領도决코其獨立國權의觀念을代表ᄒᆞᆫ者가아니기로人民의利害衝突은議會內部에서此를調和ᄒᆞᄂᆞ니若此不然이면何處에서能히此를調和ᄒᆞᆷ을得ᄒᆞ리오是故로大統領制度의共和政体는大國에在ᄒᆞ야最脆弱ᄒᆞᆫ政体로써時時民主的專政에陷ᄒᆞᄂᆞᆫ危險下에在ᄒᆞ며又其國家의內部狀態가亦對外政策上에도其影響의所及을不免ᄒᆞᄂᆞ니盖政府成立의不安及憲法의動搖ᄂᆞᆫ其國際關係上國家의信用을經케ᄒᆞ야此外交上國步의難을惹起케ᄒᆞᆷ이有ᄒᆞ니라盖共和政体의條件을不具ᄒᆞ고但其共和的憲法의外形을有ᄒᆞᆫ國家ᄂᆞᆫ革命이踵起ᄒᆞ야頗히紛糾錯綜의妙趣가有ᄒᆞ되是ᄂᆞᆫ玆에詳論ᄒᆞᆯ바ㅣ아니니何오ᄒᆞ면此境遇에ᄂᆞᆫ形式上成法은毫末도現實의關係에適合치못ᄒᆞ고反히其法規에違背되ᄂᆞᆫ制度라謂ᄒᆞᆯ지니라

國家의憲法은國家人格된主權國民으로發生ᄒᆞᄂᆞ니此憲法은立憲君主國家의憲法라區別치아니치못ᄒᆞᆯ지라後者에在ᄒᆞ야ᄂᆞᆫ國家人格이變更됨이無ᄒᆞ고存續ᄒᆞ며君主가憲法에遵ᄒᆞ야施政ᄒᆞ미是ᄂᆞᆫ憲法을根據로삼아施政의任의當ᄒᆞ

개의 독립된 국가기관에게 권력을 분배하는 것은 단지 형식적인 것에 그치고, 실질적으로는 다른 국가기관은 모두 의회에 예속된다. 대통령 역시 독립된 국가권력이라는 이념을 대표하는 자가 아니기 때문에 인민들의 이해충돌은 의회 내부에서 조율하게 된다. 그렇기 때문에 대통령제를 취하는 공화제는 거대한 국가에서는 가장 위험하고 약한 정체이고, 때로는 민주적 독재로 빠질 위험이 있다. 또한 국가의 내부 상황은 대외정책에도 영향을 미치지 않을 수 없기 때문에, 정부 성립의 불안정성과 헌법의 동요는 국제관계에서도 국가의 신뢰를 떨어트리고 외교적으로도 국운이 난관에 처하는 상황을 야기할 수 있다. 더욱이 공화정을 위한 조건을 갖추지 못하고 단순히 공화정 헌법의 외형만을 갖추고 있을 뿐인 국가는 혁명이 발생해 커다란 분규와 혼란을 겪을 가능성이 있다. 이에 대해서는 여기서 자세히 논의할 필요가 없다. 왜냐하면 이와 같은 경우에는 형식적으로 성립한 법률이 사실상의 상태와 전혀 부합하지 못하고, 오히려 정반대로 법을 위반하는 제도라고 할 수 있기 때문이다.*

국가의 헌법은 국가인격인 주권자 국민으로부터 발생한다. 이러한 헌법은 입헌군주국의 헌법과 구별되지 않는다. 후자의 헌법에서는 국가인격이 변경되지 않고 지속되며, 군주가 헌법을 준수해 정치를 수행하긴 하지만, 헌법을 근거로 삼아 정치를 수행하는

* 공화정에 관한 본문의 서술은 Konrad Bornhak, *Allgemeine Staatslehre*, 제2부 제2장의 §1(Die Republik)에 의존하고 있고, §1은 여기서 끝나고, 의회군주정(Die parlamentarische Monarchie)에 관한 §2가 시작된다. 본문의 다음 단락부터 제18장의 마지막까지는 원문 §2의 중간쯤에 해당하는 부분(57쪽)부터 몇 단락을 번역한 것이다. 그 때문에 공화정에 관한 그 이전의 설명과는 반대로 군주제를 전제한 서술이 이어진다. 앞뒤의 서술 사이의 모순은 이 점에 기인한다.

ᄂᆞᆫ者ㅣ아니라國民主權主義의國家의在ᄒᆞ야ᄂᆞᆫ全히是와相反ᄒᆞ야盖個人의多數가其機關이업시活動ᄒᆞ기不能ᄒᆞ미團体가其機關을經由ᄒᆞ야活動ᄒᆞᄂᆞᆫ것은반다시一定의組織이不可無ᄒᆞ니此組織을定ᄒᆞᆫ者가即憲法이라是故로憲法은國民的意思의第一宣言으로諸般公法의基礎가되ᄂᆞ니但此宣言은반다시其單一ᄒᆞᆫ憲法典章을包含ᄒᆞᆷ이아니오個個의法律로써新法制ᄅᆞᆯ保障ᄒᆞᆷ을得ᄒᆞᄂᆞᆫ者ㅣ니라

諸種의國家機能이憲法에依ᄒᆞ야各個의國家機關을分配ᄒᆞᄂᆞ니立法의機能은君主와代議院에서行政은君主로셔裁判은裁判所에歸屬ᄒᆞ니然則君主議會及裁判은憲法上의國家機關으로形式上互相並立ᄒᆞᆫ者ㅣ라君主ᄂᆞᆫ國家人格을具体ᄒᆞᆫ者가아니오又國法의源泉도아니오亦國民과同一物의國家機關이라然이나此地位에至ᄒᆞ야ᄂᆞᆫ君主도亦其世襲의權能을依ᄒᆞ야憲法上直接으로其權利ᄅᆞᆯ取得ᄒᆞᆷ이他二個의機關과無異ᄒᆞᆫ故로其委托된權能이他機關과完全히獨立ᄒᆞ야此ᄅᆞᆯ行使ᄒᆞᄂᆞᆫ것이니라然이나理論上採用ᄒᆞᄂᆞᆫ各機關의互相間獨立이決코其國家活動의實際에對ᄒᆞ야遂行치못ᄒᆞᄂᆞ니라

것은 아니다. 이와는 반대로 국민주권주의 국가에서는 다수의 개인은 기관이 없는 상태에서는 활동할 수 없기 때문에 단체가 기관을 거쳐 활동하기 위해서는 일정한 조직이 존재해야 한다. 이러한 조직에 대해 규정하고 있는 것이 바로 헌법이다. 그렇기 때문에 헌법은 국민의 의지를 표현하는 첫 번째 선언이고, 모든 공법의 기초가 된다. 이러한 선언이 반드시 단 하나의 헌법에 포함되어 있는 것은 아니고, 개개의 법률을 통해 새로운 법제도를 보장할 수도 있다.

여러 가지 국가기능이 헌법에 의해 각 기관에게 분배된다. 즉 입법 기능은 군주와 의회에, 행정 기능은 군주에게, 사법 기능은 법원에 귀속된다. 따라서 군주, 의회 및 사법부가 헌법상의 국가기관으로서 형식적으로 서로 병존하는 것이다. 군주는 국가인격을 체화하는 자가 아니고 또한 국가법의 근원도 아니며, 국민과 동일시되는 국가의 한 기관일 따름이다. 그러나 국가기관의 지위를 갖게 된 군주는 세습되는 권능을 통해 직접 헌법으로부터 권리를 취득한다는 점에서 다른 기관과 차이가 없다. 그렇기 때문에 군주는 위임받은 기능을 다른 기관으로부터 완전히 독립해서 행사한다. 그렇지만 이론상 전제되는 각 기관의 상호 독립성은 현실의 국가 활동에서는 결코 이론적 전제 그대로 수행되지는 못한다.

國民으로써國家統治의源泉이되는故로諸般權利의淵源되는此國民으로選出된機關은가장主權에接近혼者이오且國民主權의主義는此議員의選擧를由ᄒ야永續的으로活動ᄒ는者ㅣ니議會는實로主權國民으로每回의委任을受혼唯一의機關인則直接國民을代表혼者는議會를措ᄒ고他求홀바ㅣ無혼지라議會는此代表名義에基因ᄒ야他의國家機關에對ᄒ야上長權을揮코자ᄒ니國王에對혼關係가亦殊然혼지라盖王者는歷史上固有의權利를不有ᄒ고王位에就혼結果로主權國民에密接혼議會에對ᄒ야其膝을不可不屈ᄒᄂ니라

國民代議院이此上長權을實行홈에當ᄒ야議會는其豫算權으로國家의收入支出에關혼事務를其手中에收ᄒ야써君主로ᄒ야금永續的으로議會의掣肘를免키不能케홈이니若君主가議會의意思即財政에關係되는下院의意思에背혼時는其委托된機能을可히行使홀道가無혼지라故로君主는議會의信任을能收홀內閣을造成ᄒᄂ니如此혼後下院의黨派關係의動搖를從ᄒ야內閣을更迭ᄒ는慣例가生ᄒ며下院의直接間接의不信任投票로써即內閣의更迭을促홈에至ᄒᄂ니라君主의詔勅은大臣의副署를要ᄒ는故로君主는其施政事務의行使에對

국민은 국가통치의 근원이기 때문에 모든 권리의 연원이 되는 국민에 의해 선출된 기관은 주권에 가장 근접한 기관이다. 또한 국민주권의 원칙은 의원을 선출함으로써 지속적으로 활동하게 된다. 의회는 주권을 갖고 있는 국민으로부터 그때그때 위임을 받은 유일한 기관이다. 즉 직접 국민을 대표하는 것은 의회를 통해 이루어지면 되고, 다른 것을 필요로 하지 않는다. 이처럼 의회는 국민을 대표한다는 형식에 근거하고 있기 때문에 다른 국가기관에 대해 지휘권을 행사하려고 한다. 이로 인해 국왕과의 관계에서도 특수한 측면을 보인다. 즉 국왕은 역사적 연원을 갖고 있는 권리가 없는 상태에서 왕위에 오르기 때문에 주권자인 국민과 밀접한 관계가 있는 의회에 복종하지 않을 수 없다.

의회가 이러한 지휘권을 실제로 행사할 때 의회는 예산권을 통해 국가의 수입과 지출에 관한 업무를 장악함으로써 군주가 지속적으로 의회의 간섭으로부터 벗어나기 어렵다. 만일 군주가 의회의 의지, 즉 국가재정과 관련된 하원의 의지를 위배한 때에는 군주에게 위임된 기능을 행사할 수 없다. 그 때문에 군주는 의회의 신임을 받을 수 있는 내각을 구성하고, 그 이후 하원의 당파들 사이의 관계가 동요를 일으키면 그에 따라 내각을 개편하는 관례가 생긴다. 또한 하원은 직접 또는 간접적으로 불신임투표를 통해 내각의 개편을 불러일으킬 수 있다. 군주는 각료의 부서를 필요로 하기 때문에 군주가 정치권력을 행사하는 업무에 대

ᄒᆞ야責任이有ᄒᆞᆫ內閣의叅助를待홈이오又內閣은議會의同意가無ᄒᆞ고行動을不得ᄒᆞᄂᆞᆫ故로其結果로君主ᄂᆞᆫ內閣의提出ᄒᆞᆯ事件以外에對ᄒᆞ야何等의決意를不得홈에至ᄒᆞ니是乃君主가議會에對ᄒᆞᆫ屈從의關係로玆에全혀宣言ᄒᆞᆫ바ㅣ라官吏ᄂᆞᆫ議會內閣의責任으로써任命ᄒᆞᆫ者인則裁判所의準據ᄒᆞᄂᆞᆫ法律은議會에셔何時던지可히此를變更홈을得ᄒᆞᄂᆞᆫ故로代議院은國家의最高權力이되고他의機關은皆此에從屬ᄒᆞ야其意思에因ᄒᆞ야左右되ᄂᆞ니라

君主ᄂᆞᆫ憲法上所認ᄒᆞᆫ範圍內에셔도獨立的으로其統治權을行使치못ᄒᆞ고其活動은純然ᄒᆞᆫ形式的作用에制限되ᄂᆞ니所謂形式的作用은國家의投票로써內國諸大臣을變更ᄒᆞ며且上下院의多數決을經ᄒᆞ야內閣으로提出ᄒᆞᆫ法律條例를執行홈이即是也ㅣ라君權은其固有ᄒᆞᆫ活動을行ᄒᆞᆯ道가無ᄒᆞᆫ故로스ᄉᆞ로國家의目的을充키不能ᄒᆞ고오직國務大臣을任免黜陟ᄒᆞ야國家事務의永續을保證ᄒᆞᆯᄲᅮᆫ이라大臣의任免도亦君主單獨의意思에出홈이아니오議會의投票에掣肘되ᄂᆞᆫ故로國家의目的은社會自体의內部에셔此를追行치아니치못ᄒᆞᆯ지니互相凌轢ᄒᆞᄂᆞᆫ各種의利害關係ᄂᆞᆫ互相的平衡의手段에訴ᄒᆞ야此를調和ᄒᆞᄂᆞᆫ外의他道理

한 책임을 부담하는 내각은 참여와 협력을 필요로 한다. 또한 내각은 의회의 동의가 없이는 행동할 수 없다. 그 결과 군주는 내각이 제출한 사안 이외에는 어떠한 결정도 내릴 수 없다. 이로써 군주가 의회에 대해 복종하는 상태에 있다는 사실이 명백해진다. 공직자는 의회 내각의 책임 하에 임명된다. 법원(法院)의 준거가 되는 법률은 언제든지 의회에 의해 개정될 수 있다. 따라서 의회가 국가의 최고 권력이 되고 다른 기관은 모두 의회에 종속되어 의회의 의지에 좌우된다.

군주는 헌법이 인정하는 범위 내에서도 독립적으로 통치권을 행사하지 못하고, 군주의 활동이 오로지 형식적인 작용에 국한된다. 이른바 형식적 작용은 국회의 투표를 통해 내각 각료를 교체하고, 또한 상하원의 다수결을 거쳐 내각에 제출된 법률규정을 집행하는 작용을 말한다. 따라서 군주권이 고유한 활동을 수행할 길이 없기 때문에 군주 스스로 국가의 목적을 충족할 수 없고, 오로지 각료를 임면하고 등용함으로써 국가의 업무가 지속되도록 보장할 뿐이다. 각료의 임면마저도 군주 혼자만의 의지에 의한 것이 아니라, 의회의 투표가 개입되기 때문에 국가의 목적은 사회의 목적을 따르지 않을 수 없다. 서로 알력을 빚는 다양한 이해관계를 조율하기 위해서는 상호적 평형을 수단으로 삼는 것 말고는 다른 방법

가無ᄒᆞᆷ은共和國과無異ᄒᆞ니라

內閣의成立은變轉無極ᄒᆞᆫ議會의投票에從ᄒᆞᄂᆞᆫ故로國務大臣의法律上責任은政治上責任에併呑됨이라內閣이法規에違反되ᄂᆞᆫ行動을爲ᄒᆞᆫ境遇에在ᄒᆞ야도亦議會로ᄒᆞ야곰此에責任解除를與ᄒᆞᆯ時ᄂᆞᆫ其瑕疵를醫ᄒᆞᆷ을得ᄒᆞᆯ지오又若議會에셔內閣의行動을政治上不可라ᄒᆞᆯ진ᄃᆡ內閣의不利ᄒᆞᆫ投票를爲ᄒᆞ야其辭職을促ᄒᆞᆷ을得ᄒᆞᄂᆞᆫ지라議會가旣爲此等의權勢를蓄有ᄒᆞᆫ以上에ᄂᆞᆫ國務大臣의法律上責任을問ᄒᆞᆫ다ᄒᆞᆷ은實로無用의贅物에屬ᄒᆞᆫ者니假令形式上其法律의責任을明言ᄒᆞ얏스되此를嘗行ᄒᆞᆷ을不見ᄒᆞᆫ지라國務大臣이政治上責任을負ᄒᆞᆷ은即最高權力이議會에存ᄒᆞᆫ事實을更히反映ᄒᆞᆷ이니盖內閣이議會의信任을失墜치아니면君主ᄂᆞᆫ自巳의單獨意思를依ᄒᆞ야能히內閣을更迭치못ᄒᆞᆯ것이오議會ᄂᆞᆫ恒常內閣으로ᄒᆞ야곰自己의從屬케ᄒᆞ며國務大臣이其責에任ᄒᆞᆷ은議會에對ᄒᆞᆫ責任이有ᄒᆞᆷ에止ᄒᆞᆷ이니라

如此ᄒᆞᆫ議會國家의實際ᄂᆞᆫ其發足點에復歸ᄒᆞᄂᆞ니議會國家ᄂᆞᆫ歷史的事實과從來君主國家의滅亡ᄒᆞᆫ後를承ᄒᆞ야最高權이社會自體에歸ᄒᆞᆫ境遇에成立ᄒᆞ며又

이 없다는 점은 공화국과 아무런 차이가 없다.

내각의 구성은 변화무쌍한 의회의 투표에 따르기 때문에 각료의 법적 책임은 정치적 책임과 일치한다. 즉 내각이 법규에 위반되는 행동을 한 경우일지라도 의회가 내각의 책임을 배제한 때에는 법규위반으로 인한 하자가 치유될 수 있다. 또한 만일 의회가 내각의 행동을 정치적으로 옳지 않다고 본다면, 내각에게 불리한 방향으로 표결함으로써 내각의 사직을 야기할 수 있다. 의회가 이와 같은 권력을 보유하고 있는 이상, 각료에게 법적 책임을 묻는다는 것은 실제로는 쓸데없는 장식품에 불과하다. 즉 형식상으로는 법적 책임이라고 확언할지라도 실제로 법적 책임을 묻는 경우를 보기 어렵다. 각료가 정치적 책임을 부담한다는 것은 최고 권력이 의회에 있다는 사실을 그대로 반영한 것이다. 즉 내각이 의회의 신임을 잃지 않으면 군주 혼자만의 의지로 내각을 개편하지 못한다. 의회는 언제나 내각을 자신에게 복종하게 만든다. 결국 각료의 책임은 의회에 대한 책임에서 그치는 것이다.

의회국가의 이와 같은 현실은 이 국가의 출발점으로 복귀하게 된다. 즉 의회국가는 역사적 사실과 과거의 군주국의 멸망 이후에 등장한 것으로서 최고 권력이 사회 자체에 속하는 경우에 성립한다. 또한

此를爲ᄒᆞ야國民主權의主義가此新法制의基礎를作ᄒᆞ며事實上及慣習法上統治權은國民의直接代表者되는議會의手에歸ᄒᆞᆷ에至ᄒᆞᆫ지라議會大臣과國民主權의主義는互相密着의關係가有ᄒᆞᆫ者니國家人格의單一은此로因ᄒᆞ야事實上及法律上에가장確實持續ᄒᆞᄂᆞᆫ바이오又權力分配의主義는同主義는基礎ᄒᆞᆫ君主政体와共히其形式的의意義가有ᄒᆞᆯ뿐이오事實上國家의活動으로는排除되는것이니라

第十九章 二國間의並立關係

二國은偶然의事實로써同一의君主를戴ᄒᆞᆷ이有ᄒᆞ니如此ᄒᆞᆫ事實은往往政治上重大의價値가不無ᄒᆞ나然이나此를法律上으로見ᄒᆞ면全히何等의意義가不有ᄒᆞᆫ者ㅣ라此境遇에在ᄒᆞᆫ該當國家는同一의君主를有ᄒᆞᆫ故로二國間의交戰ᄒᆞᆯ事가無ᄒᆞ나其他關係에對ᄒᆞ야는但其國法上互相의獨立뿐아니라二國이獨立的으로其政策을追行ᄒᆞᆷ을得ᄒᆞᆯ지오尤對外政策의方針이君主單獨의意思에不出ᄒᆞ고他國家機關에依ᄒᆞ야定ᄒᆞᆫ境遇와如ᄒᆞᆷ이最然ᄒᆞᆫ바ㅣ라如斯히二國家가全히獨立ᄒᆞᆫ者ㅣ故로其王位繼承法도亦相異ᄒᆞᆷ이不無ᄒᆞᄂᆞ니譬컨ᄃᆡ其一國은女

이를 위해 국민주권의 원칙이 새로운 법제도의 기초를 구성한다. 사실적 및 관습법적으로 통치권은 국민을 직접 대표하는 의회에게 귀속된다. 따라서 의원내각제와 국민주권 원칙은 서로 밀접한 관계가 있다. 이를 통해 국가인격의 통일성이 사실적 및 법적으로 가장 확실하게 지속된다. 또한 권력분립의 원칙은 이 원칙에 기초한 군주정과 마찬가지로 형식적 의미가 있을 뿐, 사실상으로는 국가의 활동에서 배제된다.

第19장 두 국가의 병립관계

두 개의 국가가 우연한 사실로 말미암아 동일한 군주를 추대하는 경우가 있다. 이와 같은 사실은 대개 정치적으로는 중요한 의미가 없다. 그러나 이 사실을 법적으로 고찰해보면 전혀 의미가 없다고 볼 수는 없다. 이러한 경우에 해당하는 국가는 동일한 군주를 갖고 있기 때문에 두 국가 사이에 전쟁을 할 이유가 없지만, 여타의 관계에서는 국가법상 서로 독립되어 있을 뿐만 아니라, 두 국가가 독립적으로 정책을 수행할 수도 있다. 더욱이 대외정책의 노선이 군주 단독의 의지로부터 나오는 것이 아니라, 다른 국가기관을 통해 규정되는 경우가 많을 것이다. 이와 같이 두 국가가 완전히 독립되어 있기 때문에 각 국가마다 왕위의 승계도 서로 다를 수 있다. 예컨대 한 국가는 여

性의王位繼承을禁홈을反ᄒᆞ야他一國은此를禁치아니ᄒᆞᄂᆞᆫ事가有ᄒᆞ니上述ᄒᆞᆫ二國間의聯結은其君位가同一ᄒᆞᆫ人에歸ᄒᆞ얏다云ᄒᆞ며單純ᄒᆞᆫ事實에依ᄒᆞ야發生홈과同樣으로王位繼承法이殊異ᄒᆞᆫ結果로二國의王位가別異ᄒᆞᆫ人에移ᄒᆞ얏다云ᄒᆞ니此單純의事實은即時의消滅ᄒᆞᄂᆞᆫ者로何等法律的의行動을不待ᄒᆞᆯ지라如此二國이事實上聯結ᄒᆞ야同一의君主를戴ᄒᆞᆫ關係를稱ᄒᆞ야身上合同이라謂ᄒᆞᄂᆞ니라

身上連合關係ᄂᆞᆫ事實上現象으로法律上의意義를不有홈은旣已說明ᄒᆞᆫ바어니와專制君主國에ᄂᆞᆫ單純ᄒᆞᆫ身上合同의關係를依ᄒᆞ야即一層密接의聯結關係를生ᄒᆞᄂᆞ니盖專制君主國에所謂公法者ᄂᆞᆫ王室家族法과行政規定의二者에不過홈이라同一王家를奉戴ᄒᆞᆫ二國에ᄂᆞᆫ惟一의王室家族法만有홈은勿論인故로該王統이滅絶ᄒᆞ기前에ᄂᆞᆫ此二國은其王位繼承法을殊異케ᄒᆞ기不能ᄒᆞᆫ지라男系子孫이絶滅에瀕ᄒᆞᆫ時ᄂᆞᆫ女性繼承의道를開ᄒᆞ야此唯一의王統繼承法을維持存續케ᄒᆞ기로勉勵홈이라然이나一方의行政規定은專혀獨裁君主의定ᄒᆞᆫ바로二國에君臨ᄒᆞᆫ統治者ᄂᆞᆫ官廳의劃一的組織으로써漸次二國을融合케ᄒᆞ야一團을

성의 왕위계승을 금지하는 반면, 다른 국가는 이를 금지하지 않는 경우가 있다. 앞에서 서술한 두 국가 사이의 연결은 군주가 동일인이라는 단순한 사실로 인해 발생하는 것이듯이 왕위계승법이 서로 다른 결과 두 국가의 왕위가 각각 서로 다른 사람에게 이양된 때에는 이 단순한 사실이 즉시 소멸하게 되어 어떠한 법적 행동도 기다릴 필요가 없다. 이와 같이 두 개의 국가가 사실상으로 연결되어 동일한 군주를 추대하고 있는 상태를 인적 결합*이라고 부른다.

인적 결합 관계는 사실상의 현상으로 법적 의미를 갖지 않는다는 점은 앞에서 설명했다. 절대군주국가에서는 단순한 인적 결합 관계를 통해 한층 더 밀접한 연결 관계가 발생한다. 절대군주국가에서 공법은 왕실의 가족법 및 행정규정이라는 두 가지 법에 불과하다. 따라서 동일한 왕가를 추대한 두 국가에서는 당연히 동일한 왕실 가족법을 갖고 있기 때문에 왕통이 단절되기 전에는 두 국가가 서로 다른 왕위계승법을 가질 수 없다. 남성 자손이 절멸하는 경우가 자주 있을 때에는 여성 승계 원칙을 개시해서 유일한 왕통을 계승하는 법을 유지하고 존속시키기 위해 노력하게 된다. 그러나 한 국가의 행정규정이 완전히 절대군주가 규정한 것이고 두 국가에 군림하는 통치자가 행정관청을 통일적으로 조직하게 되면 점차 두 국가를 융합해 하나의 단체로

* Personalunion

作ᄒᆞ고終來儼然ᄒᆞᆫ純一의國家ᄅᆞᆯ成케ᄒᆞᄂᆞ니라

二國이同一民族에屬ᄒᆞᆫ故로其間에存ᄒᆞᆫ大障壁이無ᄒᆞ야他國을視ᄒᆞᆷ이猶他府와如ᄒᆞᆫ境遇에ᄂᆞᆫ專政君主가行政의劃一的組織으로ᄡᅥ全히新單一ᄒᆞᆫ國家ᄅᆞᆯ建設ᄒᆞᆷ을得ᄒᆞ고以前의諸國은이믜此新國家에收用되야各其內部에惟歷史的紀念이存ᄒᆞᆷ에不過ᄒᆞ니普漏西及獨逸의中級諸國이古帝國當時의多數國主領을併合ᄒᆞ야一國을成ᄒᆞᆷ에至ᄒᆞᆷ이即此例니라

物上合同은單純ᄒᆞᆫ事實的關係가아니오二個의國家가法律上必然의關係로一人의君主ᄅᆞᆯ戴ᄒᆞᄂᆞᆫ者닌故로其法律關係ᄅᆞᆯ設定ᄒᆞᆷ은法律的行動에依ᄒᆞᄂᆞᆫ바ㅣ라以前에ᄂᆞᆫ結合ᄒᆞᆫ各國家의憲法으로ᄡᅥ二國의物上合同關係ᄅᆞᆯ生ᄒᆞᆫ法律的公文이라ᄒᆞ더니近時에至ᄒᆞ야ᄂᆞᆫ此學說을駁破ᄒᆞ야往時의誤解ᄅᆞᆯ啓發ᄒᆞᆫ지라曰現今存在ᄒᆞᆫ物上合同關係ᄂᆞᆫ當事國의契約에基因ᄒᆞᆷ이라瑞典諸威二國의關係ᄂᆞᆫ千八百十五年七月三十一日帝國條例에依ᄒᆞ얏고奧地利匈牙利二國間에ᄂᆞᆫ千七百二十三年普及條例와千八百六十七年의協約으로合意에由ᄒᆞ야生ᄒᆞᆫ者ㅣ라大抵獨立二國間의結合은契約으로ᄡᅥ其法律上의根底ᄅᆞᆯ삼ᄂᆞ니何오ᄒᆞ면

만들고 마침내는 하나의 국가를 형성시키게 된다.

만일 두 국가가 동일한 민족에 속한 탓에 두 국가 사이에 존재하는 커다란 장벽이 없어서 다른 국가를 마치 같은 국가의 다른 지역처럼 여길 경우에는 절대군주가 행정을 통일적으로 조직해 새롭게 하나의 국가를 건설할 수 있고, 그 이전의 두 국가는 이미 이 새로운 국가에 수용되어 이 새로운 국가에서 오로지 역사적 기억으로만 존재할 따름이게 된다. 프로이센과 독일의 여러 작은 국가들이 구 제국 당시의 다수의 제후국을 병합해 하나의 국가를 형성한 것이 이러한 사례에 해당한다.

물적 결합*은 단순한 사실적 관계가 아니라, 두 개의 국가가 법적으로 필연적 관계를 맺어 동일한 군주를 추대하는 것이다. 따라서 물적 결합이라는 법적 관계를 설정하는 것은 법적 행위에 근거한다. 과거에는 결합하는 각 국가의 헌법을 두 국가의 물적 결합 관계를 생성하는 법적 문서라고 부르다가, 최근에는 이 학설을 반박하고 과거의 오류를 밝히게 되었다. 즉 현재 존재하고 있는 물적 결합 관계는 당사자들의 계약에 기인한 것이라고 한다. 스위스와 노르웨이 양국의 관계는 1850년 7월 31일 제국조약에 의한 것이고, 오스트리아와 헝가리 양국 사이에서는 1723년의 프로이센 조약과 1867년의 협약을 통한 합의에 기초해 성립한 것이다. 일반적으로 독립된 두 국가 사이의 결합은 계약을 법적 근거로 삼는다. 왜냐하면

* Realunion

一方的國家行爲된法律은其國家臣民에對ᄒᆞᆫ關係로其效果를生ᄒᆞᆯ뿐이오國家의對外關係에至ᄒᆞ야ᄂᆞᆫ其效果를現出치못ᄒᆞᄂᆞ니國家ᄂᆞᆫ何時던지其法律을廢罷變更ᄒᆞᆷ을得ᄒᆞᄂᆞᆫ故로法律로써國家를羈束ᄒᆞᆫ다ᄒᆞᄂᆞᆫ것은法律上觀念으로ᄂᆞᆫ通치못ᄒᆞᄂᆞᆫ說이라謂ᄒᆞᆯ지오是를反ᄒᆞ야國際法上의契約은當事國家의雙方을拘束ᄒᆞᄂᆞᆫ것으로國際契約의目的事項이二國一人의君主를奉戴ᄒᆞᆫ時ᄂᆞᆫ當事國家間에法律的聯鎖를生케ᄒᆞ나然이나此種의契約은國際的效果를有ᄒᆞᆷ에止ᄒᆞ고結合各國의臣民으로其臣民된資格에至ᄒᆞ야ᄂᆞᆫ此契約으로써何等의影響을蒙케ᄒᆞᆷ이無ᄒᆞᆫ者ㅣ라是故로此契約으로써國法上의効力을生케ᄒᆞᆯ진ᄃᆡ結合各國의憲法에同一種ᄒᆞᆫ規定을設치아니치못ᄒᆞᆯ지니此ᄂᆞᆫ瑞典諾威又奧地利匈牙利等國의實例를徵ᄒᆞ야容疑ᄒᆞᆯ바ㅣ아니니라

物上合同의目的은治者의共同에在ᄒᆞ니物上合同은身上合同과如히治者의共同으로써一의事實을爲ᄒᆞᆷ이아니오法制의目的ᄒᆞᆫ바ᄂᆞᆫ結合ᄒᆞᆫ二國이共同의利害關係를有ᄒᆞ며特히他列强에對ᄒᆞ야自衛의途를法律上保障으로ᄉᆞᆷᄂᆞᆫ故로二國의共同ᄒᆞᆫ바ᄂᆞᆫ但此를君主一身에限ᄒᆞᆯ뿐아니라二國이共通의制度를設ᄒᆞ야

일방적인 국가행위로서의 법률은 한 국가의 신민과의 관계에서 효력이 발생할 뿐이고, 국가의 대외관계에서는 효력을 발생시키지 못하기 때문이다. 국가는 언제든지 법률을 폐지, 개정할 수 있기 때문에 법률을 통해 국가를 구속한다는 것은 법적 관점에서는 통용될 수 없는 학설이다. 이에 반해 국제법적 계약은 당사자인 국가 쌍방을 구속하는 것으로 국제조약의 목적이 곧 두 개의 국가가 한 명의 군주를 추대하는 것일 때에는 조약당사자인 국가 사이에 법적 유대를 발생시킨다. 그러나 이와 같은 종류의 계약은 국제적 효력을 갖는 데 그치고, 결합하는 각 국가의 신민에게는 신민의 자격에 관련해 어떠한 영향도 미치지 않는다. 그렇기 때문에 이 계약을 통해 국가법상의 효력을 발생하게 하려면 각 국가의 헌법에 동일한 내용의 규정을 두어야 한다. 이는 스위스와 노르웨이 그리고 오스트리아와 헝가리의 사례에 비추어 보더라도 충분히 이해할 수 있다.

물적 결합의 목적은 공동의 통치자이다. 그러나 물적 결합은 인적 결합에서처럼 공동의 통치자라는 하나의 사실을 위한 것이 아니라, 이를 법적으로 제도화하는 것을 목적으로 삼는다. 따라서 서로 결합한 두 국가에게 공통의 이해관계가 있고, 특히 다른 열강에 대항해 국가를 방위하는 것을 법적으로 보장하려는 목적을 갖고 있다. 그 때문에 두 국가의 공통성은 단순히 공동의 군주라는 사실에 한정되는 것이 아니라, 두 국가가 공동의 제도를 수립해

써合同에趣意를貫徹코자홈이니라

結合二國은各別個의國家로存續ᄒᆞ되共同君主下에立ᄒᆞᆫ故로君主ᄂᆞᆫ國法上二個의人格을其一身의集ᄒᆞᆫ者이오從ᄒᆞ야各國에稱號를併稱ᄒᆞᄂᆞ니（譬如奧地利皇帝匈牙利王稱號）此重複의稱呼ᄂᆞᆫ舊君主國과如히集合國家構成時代의單純ᄒᆞᆫ歷史的紀念에不止ᄒᆞ고眞個國法上關係에適應ᄒᆞᆫ지라君主共同制ᄂᆞᆫ其共通의王位繼承法에依ᄒᆞ야永續的으로保障ᄒᆞᄂᆞ니其共同의王位繼承法을取ᄒᆞᆫ所以ᄂᆞᆫ殊異ᄒᆞᆫ繼承有權者가王位相續에依ᄒᆞ야國家의分裂을防코자홈이라此聯結國家ᄂᆞᆫ他國에對ᄒᆞ야集合力으로發現ᄒᆞᄂᆞ니是ᄂᆞᆫ二國의對外政策이統一홈을期코자홈이라宣戰媾和及政治的同盟의締結은二國이共同히行使ᄒᆞᄂᆞᆫ者로되政治的內容을不有ᄒᆞᆫ條約即通商條約과如홈은各國이別別히締結홈도無妨ᄒᆞ며且政治的集合力되ᄂᆞᆫ地位를有ᄒᆞᆫ結果로써數多의共通法制를生홈은自然의理니라

瑞典諾威의此共通制度ᄂᆞᆫ對外行政에限ᄒᆞ니從來二國의外交官領事官이皆共通이오合同國에對ᄒᆞ야派遣ᄒᆞᆫ外交官도亦共通으로外務行政指揮의權은瑞典

서로 결합하려는 의도를 관철하는 데 있다.

결합한 두 국가는 각각 별개의 국가로 존속한다. 하지만 공동의 군주 하에 있기 때문에 군주는 국가법상 두 개의 인격을 한 개인에게 집중시킨 것이다. 따라서 두 국가의 칭호를 병기하게 된다(예컨대 오스트리아 황제 및 헝가리 국왕 칭호). 이와 같은 칭호의 중복은 과거의 군주국과 같이 연합 국가를 구성했던 시대를 역사적으로 상기하는 데 그치는 것이 아니라, 진정한 의미에서 국가법적 상황에 적응한 결과이다. 공동의 군주에 복종하는 제도는 공통의 왕위계승법을 통해 지속성을 갖도록 보장된다. 공통의 왕위계승법을 취하는 이유는 서로 다른 왕위계승권자가 왕위를 승계하게 되어 국가가 분열되는 것을 방지하고자 하기 때문이다. 이러한 연합 국가는 다른 국가에 대해 결집력을 발휘한다. 이는 두 국가의 외교정책이 통일성을 갖도록 만들기 위한 것이다. 즉 선전포고나 강화조약 및 정치적 동맹의 체결은 두 국가가 공동으로 행해야 한다. 통상조약과 같이 정치적 내용이 없는 조약은 각국이 별개로 체결해도 무방하다. 이러한 정치적 결집력에 기초한 지위를 갖게 되는 결과 두 국가에게 공통되는 다수의 법제도가 형성되는 것은 자연스러운 이치이다.

스웨덴과 노르웨이 사이의 이러한 공통의 제도는 대외정책에 한정되기 때문에 두 국가가 이미 예전부터 설치했던 대사관과 영사관도 모두 공통성을 갖게 되고, 다른 국가가 결합된 두 국가에 파견하는 외교관 역시 공통성을 갖는다. 외교행정에 관련된 지휘권은 스웨덴의

外務大臣이此를行ᄒᆞᄂᆞᆫ지라夫立憲諸國間의物上合同에對ᄒᆞ야其各國의君主ᄂᆞᆫ憲法上制限된者ㅣ니故로共通法制ᄂᆞᆫ國王의個人的意思로써此를擴張치못ᄒᆞ고漸次獨立의國家를融合ᄒᆞ야써單一ᄒᆞᆫ國家를新成키不能ᄒᆞᄂᆞ니此共通法制ᄂᆞᆫ諸般法律上其根據를結合ᄒᆞᆫ各國의意思에求치아니치못ᄒᆞ되憲法上君主를制限ᄒᆞᆫ諸機關은政治上에도共同君主에對峙ᄒᆞ야國家의獨立을保障ᄒᆞᄂᆞ니라

第二十章　二國間의從屬關係

二國間에存ᄒᆞᆫ並立關係ᄂᆞᆫ近代國家에드되여物上合同의惟一形式에歸着ᄒᆞᆷ을反ᄒᆞ야此從屬의關係ᄂᆞᆫ如斯單一的形式을不存ᄒᆞᆫ지라從屬關係에對ᄒᆞ야法律上政治上種種의形式이有ᄒᆞ야甚히錯綜ᄒᆞᆫ故로此를一槪히論斷키不能ᄒᆞ고唯諸種形式에共通ᄒᆞᆫ一點은一國이他國에對ᄒᆞᆫ關係에存ᄒᆞᆫ故로假令一國이他數國으로ᄒᆞ야곰自己에從屬케ᄒᆞ드라도其從屬諸國은各各上長國家에對ᄒᆞ야法律上關係를生ᄒᆞᆯᄲᅮᆫ이오從屬國家互相間에ᄂᆞᆫ何等의法律關係가生ᄒᆞᆷ이아니니是ᄂᆞᆫ數國聯合의關係와殊異ᄒᆞᆫ所以니라

國家의從屬關係와不可不區別ᄒᆞᆯ者ᄂᆞᆫ國家와國家의關係가아닌各地方間에在

외무장관이 갖고 있고, 그가 지휘권을 행사한다. 입헌국가 사이에 물적 결합이 이루어진 경우에는 각국의 군주가 헌법적 제한을 받기 때문에 양국에 공통된 법제도는 국왕의 개인적 의지를 통해 확대되지 못하고, 군주가 독립된 국가들을 점차 융합함으로써 단일국가로 새롭게 형성할 수도 없다. 이러한 공통의 법제도는 각국의 법률에 근거하는 것으로 서로 결합한 각 국가의 의지에 따른 것이다. 이 점에서 헌법을 통해 군주를 제한하는 여러 기관들은 정치적으로도 공동의 군주에 대항해 국가의 독립을 보장한다.

제20장 두 국가의 종속관계

두 국가 사이에 존재하는 병립관계는 근대국가에서 물적 결합이 이루어지는 유일한 형식에 해당한다. 이에 반해 여기서 서술하게 될 종속관계와 관련해서는 이와 같은 유일한 형식이 존재하지 않는다. 두 국가의 종속관계와 관련해서는 법적 및 정치적 측면에서 여러 가지 형식이 있어서, 상당히 복잡하게 얽혀있다. 따라서 종속관계 전체를 논의할 수는 없고, 단지 한 국가의 다른 국가에 대한 관계라는 점에서만 공통점을 찾을 수 있을 뿐이다. 예컨대 한 국가에 다수의 다른 국가들을 종속시킬지라도 종속된 다수의 국가들에게는 각각 상위의 국가와의 법적 관계만이 발생할 뿐이고, 종속된 국가들 상호간에는 어떠한 법적 관계도 발생하지 않는다. 이는 다수의 국가들의 연합과는 다른 측면이다.

다음과 같은 경우는 국가들 사이의 종속관계와 뚜렷이 구별해야 한다. 즉 국가와 국가 사이가 아니라, 각 란트 사이에 혼同樣의關係라特히歐洲諸國의殖民地는別노一國을成홈이無ᄒ고國際法上에殖民國國權의補充的構成部分을成홈에止혼者ㅣ라殖民地는國法上關係에도亦母國의一部로惟其地域이本土와隔離홈에不過홈이니何오殖民地는國法上의別個性을不有혼所以라蓋多數의國家가殖民地의住民으로ᄒ야곰母國議會의選擧에叅與치못ᄒ게ᄒ는故로殖民地는憲法正條에所謂國家領土의一部를成혼者가아니라假令殖民地가國家의性質을不具혼時를當ᄒ야도亦法律上의人格을有ᄒ고且其固有혼事務를行홈에當ᄒ야甚히廣濶혼自治權을認홈도不妨혼지라英國의大殖民地의多數는其固有의議會及議會內閣을有ᄒ야互相間에聯合國家와類似혼關係를成ᄒ는故로此를將成홀國家라謂ᄒ야도亦過言이아니로다如斯此等의殖民地는高度의政治的獨立性을有홈을不計ᄒ고法律上英國의一州에不外ᄒᄂ니是를反ᄒ야若英吉利聯合國의計畫으로此를貫徹홀진ᄃ英國及諸大殖民地는聯邦制度에至ᄒ고殖民地는法律上國家되는性質을具ᄒ야國際法上의契約關係로써母國과聯結됨에至ᄒᄂ니라

國家間의關係는是를反ᄒ야殖民地以上에存혼保護關係로서譬컨ᄃ佛國이世

종속관계가 존재하는 경우이다. 특히 유럽 여러 국가의 식민지는 국가로 형성되지 않고, 국제법상 식민지 본국의 국가권력을 보충하는 구성부분으로 형성될 뿐이다. 식민지는 국가법적 관계서도 역시 본국의 일부이고, 단지 식민지 지역이 본토와 격리되어 있을 뿐이다. 왜냐하면 식민지는 국가법적으로 개별성을 갖고 있지 않기 때문이다. 다수의 국가는 식민지 주민들이 본국의 의회 선거에 참여하지 못하게 한다. 따라서 식민지는 헌법적으로도 이른바 영토의 일부를 구성하는 것이 아니다. 물론 식민지가 국가로서의 성질을 갖추지 못했을지라도 법적 인격은 갖고 있고, 식민지 고유의 문제에 대해 상당히 넓은 자치권을 인정할 수 있다. 영국의 식민지들 가운데 다수는 독자적인 의회와 내각을 갖고 있어서 서로 연합한 국가와 유사한 관계를 맺고 있다. 이와 같은 식민지는 완전한 국가라고 불러도 무방할 정도이다. 하지만 이들 식민지가 고도의 정치적 독립성을 갖는 것은 허용되지 않으며, 법적으로는 영국의 한 주에 불과할 뿐이다. 이에 반해 영국 연합국가 계획이 관철되면 영국과 식민지는 연방 제도를 갖게 되고, 식민지는 법적으로 국가의 성질을 갖추게 되어 국제법적 계약관계를 통해 본국과 연결될 것이다.

이러한 연방과는 달리 국가 상호간의 관계가 식민지를 뛰어넘는 보호관계가 될 수도 있다. 예컨대 프랑스가 세

界各部分에擴張ᄒᆞᆫ其殖民地에對ᄒᆞᆷ과如히又印度及亞非利加에英國의所有와如ᄒᆞᆷ이是라此種契約의實例ᄂᆞᆫ印度의諸侯와締結ᄒᆞᆫ英國의諸條約과佛國이安南과千八百七十四年三月十五日條約과주ㅣ니스와千八百八十一年五月十二日條約과마당아스갈과千八百八十五年十二月十七日條約等이是也라

此關係ᄂᆞᆫ國家와國家間의關係인故로條約에依치아니면此關係의生ᄒᆞᆷ을不得ᄒᆞᄂᆞ니小弱國이此條約에依ᄒᆞ야强大國의保護ᄅᆞᆯ受ᄒᆞᆷ에至ᄒᆞᆫ者ㅣ라條約締結ᄒᆞᆯ際에其完全ᄒᆞᆫ獨立을享有ᄒᆞᆫ小弱國이此條約에依ᄒᆞ야其國家的生存을放擲ᄒᆞᄂᆞᆫ者가아니나然이나其國家高權의行使에對ᄒᆞ야ᄂᆞᆫ條約上의制限을蒙ᄒᆞᄂᆞᆫ者로保護國國權을利케ᄒᆞᆷ이라故로被保護國은法律上其主權의全部又一部ᄅᆞᆯ失ᄒᆞᆫ者ㅣ아니오條約의解除와同時에國際法上의契約關係된保護關係가又當然解除되ᄂᆞᆫ것이라然이나此條約은永續的으로締結ᄒᆞᆫ者ㅣ則當事國雙方의協議가아니면能히此ᄅᆞᆯ廢罷치못ᄒᆞᆷ으로被保護國은政治上永續的으로保護權下에從屬ᄒᆞᆫ關係ᄅᆞᆯ生ᄒᆞᆷ에至ᄒᆞᄂᆞ니라

數多의保護條約의內容은其細目에至ᄒᆞ야如何히區區ᄒᆞᆫ者ㅣ有ᄒᆞᆯ지라도外國

계 각지로 확장한 식민지나 인도 및 아프리카의 영국 소유 식민지가 여기에 해당한다. 이러한 형태에 속하는 계약의 실제 사례는 영국이 인도의 제후와 체결한 여러 조약, 프랑스가 베트남과 1874년 3월 15일에 체결한 조약, 프랑스가 튀니지와 1851년 5월 12일 체결한 조약 및 마다가스카르와 1815년 12월 7월에 체결한 조약이다.

이 관계는 국가와 국가 사이의 관계이기 때문에 조약을 통하지 않으면 이 관계가 발생할 수 없다. 이러한 조약을 통해 약소국은 강대국의 보호를 받게 된다. 조약을 체결할 때 완전한 독립성을 갖고 있던 약소국이 조약에 의해 국가로서의 존립을 포기하는 것은 아니다. 그러나 국가의 고권을 행사하는 것과 관련해 조약에 따른 제한을 받기 때문에 보호국의 국가권력에 유리하게 된다. 따라서 피보호국은 법적으로 볼 때 주권의 전부 또는 일부를 상실하는 것이 아니고, 조약의 해제와 동시에 국제법적 계약관계인 보호관계도 당연히 해제된다. 하지만 이 조약은 영구적으로 체결되기 때문에 당사국 쌍방의 협의가 없이는 조약을 폐기할 수 없다. 그리하여 정치적으로는 피보호국이 지속적으로 보호국의 보호권에 종속되는 관계가 성립한다.

대부분의 보호조약은 설령 구체적인 내용에서는 다를 수 있지만 외국에對ᄒᆞ야被保護國을代表ᄒᆞᆫ者ᄂᆞᆫ保護國의外交로서保護國의對外代表ᄒᆞᆫ同時에又被保護國을代表ᄒᆞᆫ者ㅣ一點에至ᄒᆞ야ᄂᆞᆫ諸般保護條約에共通ᄒᆞᆫ바ㅣ라被保護國은保護國과共同히永續的國際法上諸種의關係가生ᄒᆞᄂᆞᆫ故로決코其國際法上의人格을失ᄒᆞᆷ이아니오惟其對外代表權의行使가保護國及其國家機關에委ᄒᆞᆯ뿐이라通常네지뎬도라稱ᄒᆞᄂᆞᆫ被保護國駐在保護國代表者ᄂᆞᆫ其保護國代表者된同時에又他列强에對ᄒᆞᆫ被保護國代表者의地位를兼ᄒᆞᄂᆞᆫ者ㅣ라其外多數의保護條約은保護權의行使로ᄒᆞ야금實效가生ᄒᆞ기爲ᄒᆞ야保護國에認ᄒᆞᆫ被保護國에戍兵을設置ᄒᆞᄂᆞᆫ權이有ᄒᆞ며商業及交通에關ᄒᆞᆫ規定은保護條約의要素를成ᄒᆞᄂᆞᆫ者ㅣ아니로ᄃᆡ大概條約條項中에包含ᄒᆞᆷ이爲例니라

保護關係의法律上性質은上來所述ᄒᆞᆷ과如ᄒᆞ거니와其政治的意義에至ᄒᆞ야ᄂᆞᆫ其趣가稍異ᄒᆞ니保護關係ᄂᆞᆫ法律上他列强에對ᄒᆞ야小弱國에永續的助力을不可不加ᄒᆞᄂᆞᆫ保護國의義務가生ᄒᆞᆷ에反ᄒᆞ야政治上該小弱國의保護必要ᄒᆞᆫ點은其保護國의侵害에對ᄒᆞᆷ보다甚ᄒᆞᆷ이無ᄒᆞ니他列强에對ᄒᆞ야弱國을保護치아니치못ᄒᆞᆫ다ᄂᆞᆫ其保護國이其保護의美名下에匿ᄒᆞ야該小弱國을凌辱ᄒᆞ야此로ᄡᅥ

에 대해서는 보호국이 피보호국을 대표한다는 내용을 갖고 있다. 즉 보호국의 외교는 보호국을 대외적으로 대표함과 동시에 피보호국도 대표한다. 이 점은 모든 보호조약의 공통된 측면이다. 피보호국에게는 보호국과 공동으로 여러 가지 국제법적 관계가 지속적으로 발생하기 때문에 피보호국의 국제법적 인격이 상실되지 않는다. 단지 대외적 대표 권한이 보호국 및 보호국의 국가기관에 위임되어 있을 따름이다. 흔히 레지덴트*라 불리는, 피보호국에 주재하는 보호국 대표가 다른 열강에 대해 피보호국을 대표하는 지위를 겸하는 것이 일반적이다. 이밖에도 대다수 보호조약은 보호권의 행사가 실효성을 갖도록 만들기 위해 보호국이 인정하는 군대를 피보호국에 주둔시킬 권리를 갖는다고 규정한다. 상업과 교통에 관한 규정은 보호조약을 구성하는 내용은 아니지만, 일반적으로는 조약의 규정으로 포함되는 경우가 많다.

보호관계의 법적 성질은 앞에서 이미 설명했다. 이 관계의 정치적 의미는 각 경우마다 상당히 다르다. 즉 보호관계는 법적으로 다른 열강에 대항해 약소국에게 지속적인 조력을 제공해야 할 보호국의 의무를 성립하게 만들지만, 정치적으로 볼 때에는 오히려 보호국에 대항해 해당하는 약소국에 대한 보호의 필요성이 훨씬 더 높다. 왜냐하면 다른 열강에 대항해 약소국을 보호해야 한다는 것은 보호국이 보호라는 미명하게 이 약소국을 능멸하는 것이고, 약소국의

---

* Resident.

其獨立을能히維持치못ᄒᆞ게ᄒᆞᄂᆞᆫ所以ㅣ라盖保護關係ᄂᆞᆫ保護國이他國의領土를奪略코자ᄒᆞᄂᆞᆫ手段으로預先其內地의國權을維持存續케ᄒᆞ야뻐他日其住民으로ᄒᆞ야금全히保護國實權에服從케ᄒᆞ기爲ᄒᆞᄂᆞᆫ准備에不過ᄒᆞᆫ者ㅣ라故로歐洲諸國이其殖民地의區域을擴張코자ᄒᆞᆷ에當ᄒᆞ야ᄂᆞᆫ皆此手段을執ᄒᆞᄂᆞ니保護國關係ᄂᆞᆫ被保護國으로뻐保護國領土의一部로化ᄒᆞᄂᆞᆫ政治的傾向이有ᄒᆞᆫ者ㅣ라此變遷은或咄嗟間에行ᄒᆞᆷ도有ᄒᆞ고或代官이漸漸其權限을擴張ᄒᆞ야其極에ᄂᆞᆫ以前內地의國權代表者와如히單純ᄒᆞᆫ保護國의虛榮權으로뻐全히其實權을奪ᄒᆞᆷ과如히極히徐徐의態度를執ᄒᆞᄂᆞᆫ者ㅣ니荷蘭領印度가其獨立을失ᄒᆞᆷ이此方法에依ᄒᆞᆷ이오英領印度에도亦此同一ᄒᆞᆫ手段으로뻐今日에至ᄒᆞᆫ바ㅣ니라

歐洲諸國이無主의領土를占取코자ᄒᆞᄂᆞᆫ準備로近來頻頻히其土着種族과締結ᄒᆞᆫ바保護條約이란것은上述ᄒᆞᆫ國際法上의保護關係와크게其趣가不同ᄒᆞᆫ者ㅣ니此種條約은何等國際法上의關係를生ᄒᆞᆷ이無ᄒᆞ고但其領土의取得이土着種族의同意를得ᄒᆞ야行ᄒᆞᄂᆞᆫ專를明瞭케ᄒᆞᆷ에止ᄒᆞᆷ이라殖民國家ᄂᆞᆫ占領으로뻐其領土에對ᄒᆞᆫ完全의國權을取得ᄒᆞᄂᆞᆫ故로保護條約에依ᄒᆞ야數多ᄒᆞᆫ國家間에何

독립을 유지하지 못하게 만드는 것이기 때문이다. 따라서 보호관계는 보호국이 다른 국가의 영토를 침략해 강탈하기 위한 수단으로서 일단은 피보호국의 국가권력이 유지되게 한 이후 나중에 피보호국의 주민들이 완전히 보호국에 복종하게 만들도록 준비하는 것에 불과하다. 그 때문에 유럽의 여러 국가들이 식민지를 확대하고자 할 때에는 대개 이러한 수단을 이용한다. 보호국 관계에서는 피보호국이 결국 보호국 영토의 일부로 변하는 정치적 경향이 있다. 이러한 변화가 순식간에 이루어지는 경우도 있다. 또는 피보호국을 대표하는 보호국의 관리가 점차 권한을 확대함으로써 결국에는 보호국 국가권력의 대표자와 같이 단순히 명목상의 권리만을 갖다가 나중에는 완전히 실권을 장악하는 상태에 도달하는 것처럼 서서히 태도를 바꾸는 경우도 있다. 이와 같은 방법으로 네덜란드령 인도가 독립을 상실했고, 영국령 인도에서도 동일한 방법을 사용해 오늘날에 이르고 있다.

유럽의 여러 국가들이 국가에 속하지 않은 영토를 점령하기 위한 준비 작업으로 토착민들과 보호조약을 체결하는 경우가 자주 있다. 그러나 이러한 보호조약은 앞에서 서술한 국제법적 보호관계와는 의미가 완전히 다르다. 즉 이와 같은 보호조약을 통해 국제법적 관계가 전혀 성립하지 않으며, 단순히 영토의 취득이 토착민의 동의를 얻어 행해졌다는 사실을 명확하게 밝히기 위한 것에 불과하다. 식민지를 개척한 국가는 점령을 통해 영토에 대한 완전한 국가권력을 취득하기 때문에 이 보호조약을 통해서는 결코 다수의 국가 사이에

等法律의關係를設定ᄒᆞᆷ이無ᄒᆞᆫ지라

保護關係에對ᄒᆞ야被保護國은法律上完全ᄒᆞᆫ主權이有ᄒᆞᆯ保護國은惟其二三의權能을行使ᄒᆞᆷ에不過ᄒᆞᆷ을反ᄒᆞ야其主從關係를觀ᄒᆞ면從國은自初로惟國家權能의一部를獲得ᄒᆞᆷ에止ᄒᆞ고殘餘의部分은悉皆其主國에留保된바이오他一方으로從國의國權은決코主國으로委ᄒᆞᆫ權能이아니라何오從國은以前에이믜其固有ᄒᆞᆫ權利로서此權能을獲得ᄒᆞᆫ者ㅣ故로後日國際條約의法律行爲及후루만ᄉᆞ(即二國間의關係及其獨立의程度를一定ᄒᆞᆫ者)形式은但既存ᄒᆞᆫ事實에對ᄒᆞ야承認ᄒᆞᆷ에不外ᄒᆞᆷ이라是故로臣屬諸國과主國이國際法에依ᄒᆞ야保障된關係가生ᄒᆞ나然이나二者의關係ᄂᆞᆫ國際法上의關係가아니오國法上의關係니라

保護關係의趨勢ᄂᆞᆫ小弱國의屈從ᄂᆞᆫ反ᄒᆞ야主從關係ᄂᆞᆫ臣屬國의完全ᄒᆞᆫ獨立에到達코자ᄒᆞᄂᆞᆫ政治的傾向이有ᄒᆞᄂᆞ니從國이法律行爲에依ᄒᆞᆷ이아니오이믜歷史上事實로成立ᄒᆞᆫ後에其國家的存在를公認ᄒᆞᆫ境遇에在ᄒᆞ야ᄂᆞᆫ主國의權力에依ᄒᆞ야拘束된脆弱의聯鎖를解ᄒᆞ고完全ᄒᆞᆫ國家的獨立을獲得코자ᄒᆞᄂᆞᆫ運動이甚切ᄒᆞᆫ故로主從關係ᄂᆞᆫ過渡의狀態에不過ᄒᆞ야新國家ᄂᆞᆫ先其內部의關係를固

어떤 법적 관계가 성립하는 것이 아니다.

보호관계에서는 피보호국이 법적으로 완전한 주권을 보유하고, 보호국은 단지 몇몇 권능만을 행사할 뿐임에 반해, 국가 사이의 주종관계에서는 종속된 국가가 처음부터 국가권력의 일부만을 획득할 뿐, 나머지 부분의 권력은 모두 종속하는 국가에 유보되어 있다. 다른 한편 종속된 국가의 권력은 결코 종속하는 국가에게 위임한 권력이 아니다. 왜냐하면 종속된 국가는 이전에 이미 고유한 권리에 기초해 국가권력을 획득했기 때문이다. 따라서 훗날 국제조약이라는 법적 행위와 피르만*(두 국가 사이의 관계 및 독립성의 정도를 규정하는 것) 형식은 단지 기존의 사실을 승인한 것일 뿐이다. 그렇기 때문에 종속되는 국가와 종속하는 국가 사이에는 국제법적으로 보장되는 관계가 발생한다. 그렇지만 양국의 관계는 국제법적 관계가 아니라, 국가법적 관계이다.

보호관계에서는 약소국이 복종하는 경향을 보이는 추세임에 반해, 주종관계에서는 복종하는 국가가 완전한 독립에 도달하려는 경향이 있다. 이 경우 종속된 국가의 법적 행위를 통해서가 아니라, 종속관계가 이미 역사적 사실로 성립한 이후에 종속된 국가의 존립을 공적으로 인정하게 되면, 종속하는 국가의 권력에 의한 구속의 사슬이 약화되면서 이를 끊고 완전한 국가로 독립하려는 운동이 강화된다. 그렇기 때문에 주종관계는 과도기적 상황일 뿐이다. 새로운 국가는 먼저 국가 내부의 안

* Firman. 이슬람 문화권에서 주권자의 칙령이나 명령을 지칭한다.

定ᄒᆞ고이의羽翼이成ᄒᆞ기ᄅᆞᆯ待ᄒᆞ야歐洲諸國間에完全ᄒᆞᆫ平等權을有ᄒᆞᆫ一員으로國家團体에加入코자ᄒᆞᄂᆞᆫ準備的狀態니라

法律上主從關係와其類가同ᄒᆞ되政治上에至ᄒᆞ야其趣가殊異ᄒᆞᆫ者ᄂᆞᆫ即露國芬蘭國間의關係가是也라

千八百九年에至ᄒᆞ기ᄭᆞ지芬蘭은法律上瑞典의一州라其住民의多數가芬蘭種族이오瑞典人이아니며又地理上으로甚히瑞典國과隔絶ᄒᆞ얏스되特別의國家ᄅᆞᆯ構成ᄒᆞᆫ바ㅣ無ᄒᆞᆫ지라

千七百二十一年及千七百四十三年에兩次芬蘭의東南部ᄅᆞᆯ露國에讓ᄒᆞᆫ事가有ᄒᆞ되其他의部分은瑞典에對ᄒᆞᆫ從來의關係ᄅᆞᆯ存續ᄒᆞ얏더니千八百八年에至ᄒᆞ야芬蘭全土가露兵의占領ᄒᆞᆫ바ㅣ되야瑞典軍隊가不得已退却ᄒᆞᆷ에至ᄒᆞᆫ지라然이나芬蘭으로ᄡᅥ곳露國에倂有코자ᄒᆞᄂᆞᆫ當初의計畫은實行됨이無ᄒᆞ니何者오露帝歷山第一世가瑞典國과條約을締結ᄒᆞ기前에이믜芬蘭君主로ᄡᅥ法律上公認됨을謀ᄒᆞᆫ所以니라

此目的을達ᄒᆞ기爲ᄒᆞ야千八百九年三月二十二日에瑞典國議院法의所定을依

정성을 확보하고 완전한 독립을 이루는 날을 기대하면서 유럽의 국가들 사이에서 완전한 평등권을 갖는 국가로서 국가연합에 가입하려는 준비상태에 있게 된다.

법적 주종관계와 같은 종류이긴 하지만, 정치적으로는 의미가 다른 경우도 있는데 러시아와 핀란드의 관계가 여기에 해당한다.

1859년까지 핀란드는 법적으로 스웨덴의 한 주였고, 그 주민의 다수가 핀란드 종족이지 스웨덴 종족이 아니었으며, 지리적으로도 스웨덴으로부터 상당히 멀리 떨어져 있었지만 별개의 국가를 형성하지 않았다.

1721년과 1743년 두 번에 걸쳐 핀란드의 동남부 지역을 러시아에 이양했고, 나머지 지역은 스웨덴과 종래의 관계를 지속했다. 그러다가 1808년에 러시아 군대가 핀란드의 전 영토를 점령했고, 스웨덴 군대는 부득이 퇴각할 수밖에 없었다. 그러나 핀란드를 러시아와 별개로 존립하게 하려던 원래의 계획은 실행되지 못했다. 왜냐하면 러시아 황제 알렉산더 1세가 스웨덴과 조약을 체결하기 전에 이미 핀란드 군주로 공인받으려는 계획을 세웠기 때문이다.

알렉산더 1세는 이 목적을 달성하기 위해 1809년 3월 22일에 스웨덴 의회가 제정한 법률에

ᄒᆞ야芬蘭國會를새루고市에召集ᄒᆞ고國會를開ᄒᆞᆯ시露帝가스ᄉᆞ로芬蘭大侯가되야此國會를召集ᄒᆞ고此國會에서芬蘭住民의全部에對ᄒᆞᆫ特別保障을作ᄒᆞ니所謂保障은露帝가大侯領을掩有ᄒᆞᆫ後其宗敎及法制의全部를憲法에遵ᄒᆞ야承認確定코자ᄒᆞᄂᆞᆫ宣言이是也라玆에芬蘭國會ᄂᆞᆫ瑞典國王에對ᄒᆞᆫ忠實契約式에從ᄒᆞ야芬蘭大侯爵되ᄂᆞᆫ露帝와誓約ᄒᆞ니此契約을了ᄒᆞᆫ後國家의新組織에關ᄒᆞᆫ多數의議案을國會에提出케된지라千八百九年七月十八日國會가閉會ᄒᆞᆯ際에皇帝ᄂᆞᆫ佛語로演說ᄒᆞ야明確히芬蘭民族으로ᄡᅥ以來國民된資格을得ᄒᆞᆫ者로認ᄒᆞ니從來瑞典國의一部된芬蘭이以上의經過를依ᄒᆞ야露國에合倂됨이아니라何者오瑞典國의全部가征服됨이아님으로ᄡᅥ如此히倂有ᄒᆞᆷ은國際法上唯一의取得方法되ᄂᆞᆫ條約으로即露典二國間에締結ᄒᆞᆫ割讓條約으로ᄡᅥ아니면可히實行치못ᄒᆞᆯ者ㅣ라芬蘭이새루고議會의叅助에依ᄒᆞ야特別國家로芬蘭大公되ᄂᆞᆫ露帝下에構成되고露典二國間의平和條約은前項의經過를了ᄒᆞᆫ後千八百九年九月十七日에至ᄒᆞ야締結ᄒᆞ얏ᄂᆞᆫᄃᆡ瑞典國은現在의狀態를公認ᄒᆞᆷ에止ᄒᆞ고瑞典國王은露皇帝를爲ᄒᆞ야露國이占領ᄒᆞᆫ領域에關ᄒᆞᆫ諸般主張을抛擲ᄒᆞᆫ지라然

따라 보르고[*] 시에서 핀란드 의회를 소집해 국회를 개원하고 자신이 직접 핀란드의 대제후가 되어 국회를 소집해 이 국회에서 핀란드 주민 전체에 대해 특별한 보장을 약속한다. 이 보장의 내용은 러시아 황제가 대제후의 영지를 장악한 이후 핀란드의 종교와 법제도 전체를 헌법에 따라 승인하고 확정한다는 선언이었다. 이에 대해 핀란드 국회는 스웨덴 국왕에 대한 충성계약 의식을 통해 핀란드의 대제후인 러시아 황제에게 충성을 서약하고, 이로써 계약이 체결된 이후 국가의 새로운 조직에 관한 여러 개의 의안을 제출하게 된다. 1809년 7월 18일 국회가 폐회될 때 러시아 황제는 프랑스어로 연설하면서 자신이 분명히 핀란드 민족으로서 국민의 자격을 획득했다고 인정한다. 이러한 과정을 거쳐 과거에 스웨덴의 일부였던 핀란드가 러시아에 합병된 것은 아니다. 어떤 사람들은 스웨덴 국가의 전부가 정복당한 것이 아니기 때문에 이와 같은 병합은 국제법상 유일한 국가취득 방법인 조약에 해당한다고 말한다. 즉 러시아와 스웨덴 사이에 체결된 할양조약이 아니라면 병합이 결코 실현될 수 없다고 한다. 그리하여 핀란드가 보르고 의회의 참여를 통해 핀란드 대제후인 러시아 황제의 치하에서 특별한 국가로 구성된 것이고, 러시아와 스웨덴 양국 사이의 평화조약은 앞에서 서술한 과정을 거친 이후 1809년 9월 17일에 체결하게 되었으며, 스웨덴은 기존상태를 인정했고 그 때문에 스웨덴 국왕은 러시아 황제를 위해 러시아가 점령한 지역에 관한 모든 권리를 포기했다고 한다.

* 스웨덴어로는 Borgo, 핀란드어로는 Porvoo이다.

이나此歷史的事實은國際法上의新獨立主體가生홈이아니오瑞典은單히芬蘭을露國에委홈에不過ᄒᆞ며歐洲他國家도亦芬蘭으로써國際法上의獨立主體라公認홈이無ᄒᆞ고露國은國際法上의關係로芬蘭을兼倂ᄒᆞᆫ故로他國에對ᄒᆞᆫ國際的交涉을生ᄒᆞᄂᆞᆫ者ᄂᆞᆫ獨露國뿐이라故로芬蘭은國際法上即第三國에對ᄒᆞ야何等의特別國家를成ᄒᆞᆫ者ㅣ아니오此事實의當然ᄒᆞᆫ結果로芬蘭은露國皇帝及芬蘭大侯의地位가偶然同一人에歸ᄒᆞ얏스되露國과身上合同의關係에立ᄒᆞᆫ者ㅣ아니오實로露國과可히分離치못ᄒᆞᆯ法律上共同體를成ᄒᆞᆫ者ㅣ라故로芬蘭特殊의王位繼承及攝政法이有ᄒᆞᆫ바ㅣ아니오露國統治權의代表者가每必然의關係로芬蘭에셔其統治權을行ᄒᆞ되芬蘭은其以前瑞典國의一州됨과同樣의意義로露의一州됨이아니오其露國에對ᄒᆞᆫ關係ᄂᆞᆫ特別의國家를構成ᄒᆞ고其固有ᄒᆞᆫ憲法及法律에依ᄒᆞ야治ᄒᆞᄂᆞᆫ者ㅣ니라

露國과芬蘭의關係를譬컨ᄃᆡᆫ若土耳其帝로ᄒᆞ야곰ᄲᅮ루사리야侯가되게ᄒᆞ면土耳其와ᄲᅮ루사리야間에生ᄒᆞᆫ關係와全히同一ᄒᆞᆯ지라何者오此二의境遇된國은國際法上獨立存在를有홈이無ᄒᆞ고唯其固有ᄒᆞᆫ臣民及結合國家에對ᄒᆞ야만國

그러나 이러한 역사적 과정은 국제법적으로 독립성을 가진 새로운 주체가 탄생한 것이 아니라, 스웨덴이 핀란드를 러시아에 위탁한 것일 뿐이다. 유럽의 다른 국가들도 핀란드를 국제법적으로 독립된 주체로 인정하지 않았다. 국제법적 관계에 비추어 볼 때 러시아가 핀란드를 병합한 것이기 때문에 다른 국가에 대해 국제적 교섭관계를 발생시킨 것은 오로지 러시아일 뿐이다. 따라서 핀란드는 국제법적으로 제3국에 대해서는 별개의 국가가 되지 못한다. 이러한 사실에 따른 당연한 결과로 러시아 황제와 핀란드 대제후의 지위가 우연히 동일인에 속하긴 하지만, 핀란드가 러시아와 인적 결합의 관계에 있는 것이 아니라, 실제로는 러시아로부터 분리될 수 없는 법적 공동체를 형성한다. 그렇기 때문에 왕위계승과 섭정에 관련된 핀란드의 특수한 법률이 존재하지 않는다. 러시아의 통치권을 대표하는 자는 필연적으로 핀란드에서도 통치권을 행사하지만, 핀란드가 그 이전에 스웨덴의 한 주였을 때와 같은 의미에서 러시아의 한 주인 것이 아니라, 러시아에 대한 관계에서 별개의 국가를 형성하기 때문에 핀란드 고유의 헌법과 법률을 통해 통치한다.

러시아와 핀란드의 관계는 예컨대 터키의 황제가 불가리아의 제후가 됨으로써 터키와 불가리아 사이에 발생하는 관계와 완전히 동일하다. 어떤 사람은 이 두 가지 경우에 속하는 국가는 국제법적으로 독립된 존재가 아니고, 오로지 원래의 신민과 결합한 국가에 대해서만 국

家된資格을具ᄒᆞᆫ者이오國際法上의交涉에對ᄒᆞ야ᄂᆞᆫ(即第三國의對ᄒᆞᆫ關係)該結合國家에依ᄒᆞ야代表되ᄂᆞᆫ者ㅣ니如此ᄒᆞᆷ은前述ᄒᆞᆫ主從關係의特質로法律上土耳其國과其臣屬國에對ᄒᆞᆫ關係가是라然이나土耳其의從國은漸次其獨立의基礎를鞏固코자ᄒᆞ되露芬間의關係ᄂᆞᆫ漸漸其融合調和의關係를密勿ᄒᆞ야遂히從屬國領域을併合코자ᄒᆞᄂᆞᆫ政治的傾向이有ᄒᆞ니是ᄂᆞᆫ前陳ᄒᆞᆫ바政治上에對ᄒᆞ야크게其趣味가殊異ᄒᆞᆫ所以니라

土耳其帝國所屬地方以外에又主從關係라稱ᄒᆞᄂᆞᆫ法律關係ᄂᆞᆫ即英國과杜國의關係가是也ㅣ라

杜國이戰勝ᄒᆞ야英國으로獨立ᄒᆞᆫ後千八百八十年八月三日에平和條約이二者間에成立ᄒᆞ얏ᄂᆞᆫᄃᆡ此條約은杜國의自治權復舊를承認ᄒᆞᆫ바ㅣ라然이나英國은主國된關係에立ᄒᆞ야代表者一名으로ᄡᅥ杜國에差遣ᄒᆞ니是ᄂᆞᆫ杜國의對外關係를監督ᄒᆞ고又他國間의條約締結과及其他交涉을留保ᄒᆞᆷ이오其外英國을爲ᄒᆞ야杜國에在留ᄒᆞᄂᆞᆫ本國人保護에對ᄒᆞᆫ干涉의範圍를認ᄒᆞᆷ이甚히廣濶ᄒᆞ고且在留ᄒᆞᆫ英人에對ᄒᆞᆫ法律은반다시英國의承認을經치아니치못ᄒᆞᆫ지라平和條約은

가의 자격을 갖춘다고 한다. 또한 국제법상의 교섭(즉 제3국에 대한 관계)과 관련해서는 해당하는 결합국가에 의해 대표되기 때문에 이와 같은 상태는 앞에서 서술한 주종관계의 특성을 갖고 있고, 터키와 터키에 종속된 국가의 관계도 여기에 해당한다는 것이다. 그러나 터키에 종속된 국가는 점차 독립의 기초를 다지려고 하고, 이에 반해 러시아와 핀란드의 관계는 점차 서로 융합하고 조화하는 관계에 근접해서 종속된 국가의 영토를 병합하려는 정치적 경향이 있다. 이는 앞에서 서술했듯이 정치적 측면에서 성향이 다른 탓이다.

터키 제국에 속한 지방 이외에 주종관계라고 불리는 법적 관계는 영국과 트란스발 공화국의 관계이다.

트란스발* 공화국이 전쟁에서 승리해 영국으로부터 독립한 이후 1880년 8월 3일(1881년 3월 23일)에 양국 사이의 평화조약이 체결되었다. 이 조약은 트란스발 공화국의 자치권 회복을 인정했다. 그러나 영국은 종속하는 국가의 입장에서 대표자 한 명을 트란스발 공화국에 파견해 트란스발의 대외관계를 감독하고 다른 국가와의 조약체결 및 기타 외교관계를 유보했다. 이밖에도 트란스발에 체류하는 영국인의 보호를 위해 트란스발에 간섭하는 범위가 매우 넓었고, 트란스발 체류 영국인에 관한 법률은 반드시 영국의 승인을 거쳐야 했다. 평화조약은

* Transvaal. 현재의 남아프리카 공화국의 일부에 유럽에서 이주한 보어족이 세운 국가.

境界問題와賠償其他類似의規定을包括ᄒᆞ얏스되杜國對英國의從屬關係에至ᄒᆞ야ᄂᆞᆫ直接의關係가無ᄒᆞᆷ으로써玆에說明치아니ᄒᆞᆷ이라

杜國對英國의關係ᄂᆞᆫ此를主從關係라稱ᄒᆞ되彼土耳其臣屬諸國의地位와類似ᄒᆞᆫ國法上關係가아니오惟國際法上의保護關係를建設ᄒᆞᆫ者ㅣ라杜國은戰勝ᄒᆞᆫ結果로再次完全ᄒᆞᆫ獨立을獲得ᄒᆞ고此를因ᄒᆞ야再次其內外二個의關係에對ᄒᆞ야完全ᄒᆞᆫ國家主權에到達ᄒᆞ니英國이杜國과正式의平和條約을締結ᄒᆞᆷ은此事實을公認ᄒᆞᆷ에不外ᄒᆞᆷ이오且杜國은此條約에依ᄒᆞ야其國權行使의一方面即列强及在留本國人에對ᄒᆞᆫ關係에對ᄒᆞ야英國의監督을服ᄒᆞᆷ에不過ᄒᆞᆫ者ㅣ라故로主從臣屬關係와如히主權을分裂ᄒᆞ야二個歸屬者에委ᄒᆞᆷ이아니오反히國權의全部를享有ᄒᆞᆫ杜國이國際法上의契約을依ᄒᆞ야特히其外部關係에對ᄒᆞ야英國의一定ᄒᆞᆫ制限에服ᄒᆞᆷ에止ᄒᆞᆷ이니此關係ᄂᆞᆫ國際法上의保護關係에又特殊ᄒᆞᆫ法律上要素를併有ᄒᆞᆫ者라謂ᄒᆞᄂᆞ니라

杜國對英國의保護關係ᄂᆞᆫ前述ᄒᆞᆫ千八百八十一年條約을代替ᄒᆞᆫ千八百八十四年二月二十七日의條約結果에止ᄒᆞ니此新條約은再次杜國을南亞共和國의名

국경문제와 배상 및 여타의 규정을 포함하고 있는데, 트란스발과 영국 사이의 종속관계와 직접 관련이 없기 때문에 여기서 자세히 설명하지 않겠다.

트란스발과 영국의 관계는 주종관계라고 해야 하지만 터키의 속국들의 지위와 유사한 국가법적 관계가 아니라, 오로지 국제법적 보호관계를 창설한 것이다. 트란스발은 전쟁에서 승리한 결과 다시 완전한 독립을 획득했고, 이로 인해 대내외적 관계에서 다시 완전한 국가주권을 회복했다. 영국은 트란스발과 정식으로 평화조약을 체결함으로써 이 사실을 공적으로 인정한 것이다. 트란스발은 이 조약에 의해 국가권력의 한 측면, 즉 다른 열강과의 관계 및 트란스발에 체류하는 영국인과 관련해서만 영국의 감독에 복종할 따름이다. 따라서 주종관계와 같이 주권을 분할해 두 개의 담당자에게 위임한 것이 아니라, 국가권력의 전부를 향유하는 트란스발이 국제법적 조약을 통해 특히 대외관계에서 영국의 제한을 받을 뿐이다. 이러한 관계는 국제법상의 보호관계가 갖는 특수한 법적 요소를 포함한다고 말할 수 있다.

트란스발과 영국의 보호관계는 앞에서 말한 1881년 조약을 대체하는 1884년 2월 27일의 조약을 통해 트란스발에게 남아프리카 공화국이라는 명

稱을認ᄒᆞ고從前保護關係의惟一遺物로써該共和國이오련지自由國以外他國家와及其疆域外의同種族과條約을締結ᄒᆞᆯ진ᄃᆡ반다시英國王의承認ᄂᆞᆯ經치아니치못ᄒᆞᄂᆞᆫ一事ᄅᆞᆯ存ᄒᆞ얏스나若英國政府에條約을告知ᄒᆞᆫ後六個月에別異議ᄅᆞᆯ提出치아니ᄒᆞᆫ時ᄂᆞᆫ其承認을得ᄒᆞᆫ者로信認ᄒᆞ고其他國際法上의關係에至ᄒᆞ야ᄂᆞᆫ南亞共和國이全히獨立國家의地位ᄅᆞᆯ有ᄒᆞ니라

獨立國家가法律上其獨立을存續ᄒᆞ되政治上他國에從屬ᄒᆞᄂᆞᆫ特別形式이有ᄒᆞᆫ者ᄂᆞᆫ卽普漏西對우알뎃기候爵領의關係와如ᄒᆞᆫ附屬關係가是也라

此關係ᄂᆞᆫ先次千八百六十七年七月十八日條約에依ᄒᆞ야十年을期ᄒᆞ고締結ᄒᆞ얏스며其次千八百七十七年十一月二十四日條約에依ᄒᆞ야十年間을更新ᄒᆞ다가終來千八百八十七年三月二日條約에依ᄒᆞ아當事國雙方에屬ᄒᆞᆫ解約權을保留ᄒᆞ고無期限으로延長ᄒᆞᆷ에至ᄒᆞ니라

普漏西國이此條約에從ᄒᆞ야우알뎃기候爵領內政의全部ᄅᆞᆯ行ᄒᆞ되但敎會의最高官廳되ᄂᆞᆫ君主의寺院裁判所及其君主財產에關ᄒᆞᆫ者ᄂᆞᆫ此限에不在ᄒᆞ고一般行政은君主의名으로써候爵領의國憲及法律에據ᄒᆞ야普漏西國의任命ᄒᆞᆫ地方

칭을 인정하고, 과거의 보호관계를 규정했던 내용 가운데 단 한 가지만을 남겨 놓았다. 즉 남아프리카 공화국은 오라니엔 공화국* 이외의 다른 국가 및 국경 바깥에 있는 종족과 조약을 체결할 때에는 반드시 영국 국왕의 승인을 거치도록 했다. 만일 영국이 조약을 통지받은 후 6개월 이내에 이의를 제기하지 않으면 승인을 하는 것으로 간주하며, 여타의 국제법적 관계에 대해서는 남아프리카 공화국이 완전한 독립국가의 지위를 갖게 되었다.

독립국가가 법적으로는 독립성을 유지하지만, 정치적으로는 다른 국가에 종속되는 특수한 형식이 존재한다. 프로이센과 발덱 공국** 사이의 관계와 같은 종속관계가 여기에 해당한다.

이 관계는 먼저 1867년 7월 18일에 10년의 기간을 정해 조약을 체결함으로써 시작되었고, 1877년 11월 12일의 조약을 통해 다시 10년간 연장되었으며, 결국 1887년 3월 2일의 조약을 통해 양 당사국 쌍방에게 해지권을 유보한 상태에서 무기한으로 연장되었다.

이 조약에 따라 프로이센은 발덱 공국의 내정 전체에 대해 권한을 행사하고, 다만 교회의 수장인 공작의 종교재판소와 공작의 재산은 그 예외로 규정했다. 일반 행정권은 공작의 이름으로 발덱 공국 헌법과 법률에 따라 프로이센이 임명한 지방

---

* Oranje-Freistaat. 19세기 후반 남아프리카에 있던 자유국가. 명칭은 네덜란드의 왕가에 따른 것이다.

** Fürstentum Waldeck. 오늘날의 독일 헤센 북서부에 있던 공국. 18세기 초반에 신성로마제국의 독립된 공국으로 성립했다. 1849년부터 발덱-피르몬트(Waldeck-Pyrmont) 공국으로 확장되었다.

總長官이此를行ᄒᆞ고普漏西國은領域內收入의全部를掌ᄒᆞ며又其支出의全部를支辨ᄒᆞ되但敎會의最高官廳되ᄂᆞᆫ寺院裁判所의支出은此限에不在ᄒᆞᆷ이라普漏西國은內部行政에關ᄒᆞ야憲法上君主에屬ᄒᆞᆷ과同一ᄒᆞᆫ無限의國權을有ᄒᆞ고特히其意嚮에從ᄒᆞ야官廳의組織을定ᄒᆞ며又上級官廳의權限은此를普漏西國官廳의指定을得ᄒᆞᄂᆞ니우알텟기候에殘存ᄒᆞᆫ者ᄂᆞᆫ其恩赦權及憲法變更과其他法律에對ᄒᆞᆫ承諾權에不過ᄒᆞᆫ지라然이나우알텟기候ᄂᆞᆫ其權利를行使ᄒᆞ야普漏西의行政을妨礙치못ᄒᆞ고國家의對外代表權도亦候爵에存ᄒᆞ되地方總長官이其責任下에在ᄒᆞ야此를行使ᄒᆞ며獨逸國聯邦參議院에셔其發言投票權을行ᄒᆞᄂᆞᆫ者도亦普漏西國이니라

우알텟기國의完全ᄒᆞᆫ主權은法律上毫髮도妨礙가無ᄒᆞ야何時던지附屬條約을解除ᄒᆞ고再次其國家의法律上獨立에達ᄒᆞᆷ을得ᄒᆞᆯ者나然이나其國權의行使ᄂᆞᆫ殆히條約에依ᄒᆞ야全히他國에移ᄒᆞᆫ者ㅣ니候爵領은此로因ᄒᆞ야政治上普漏西에從屬ᄒᆞᆫ者로普漏西國의一行政區劃된外觀에不出ᄒᆞᆷ을免치못ᄒᆞᆯ지니라

第二十一章 國家聯合制

총독이 행사한다. 프로이센은 공국 영역 내에서 발생하는 모든 수입과 지출을 관리하지만, 교회의 수장인 종교재판소의 지출은 예외이다.

프로이센은 공국의 내부행정과 관련해 헌법상 공작에 속한다고 규정되어 있는 무제한의 국가권력을 갖는다. 즉 프로이센의 뜻에 따라 행정청의 조직을 정하고, 상급행정청의 권한은 프로이센 행정청이 규정한다. 이로써 발덱 공작에게 남아 있는 권한은 사면권과 헌법 개정 및 여타의 법률을 승인할 권리뿐이다. 그러나 발덱 공작은 자신의 권리를 행사해 프로이센의 행정을 방해해서는 안 된다. 국가를 대외적으로 대표할 권리 역시 공작에게 있긴 하지만, 지방 총독의 책임 하에 행사되며 독일연방의 상원에서 발언하고 투표할 권리 역시 프로이센이 보유한다.

발덱 공국의 완전한 주권은 법적으로는 아무런 방해도 받지 않기 때문에 언제든지 조약을 해지하고 다시 국가의 법적 독립을 회복할 수 있다. 그러나 공국의 국가권력의 행사가 조약을 통해 거의 모두 다른 국가에 이양되었기 때문에 공국은 정치적으로 프로이센에 종속되어 있어서 프로이센의 행정구역 가운데 하나라는 외관을 갖지 않을 수 없다.

제21장 국가연합

古代及中世紀多種國家의聯合制가今日에至ᄒᆞ야國法上及政治上何等의餘韻을不存ᄒᆞ고中世紀末에神聖羅馬帝國의殘壘上에國家聯合이라可稱ᄒᆞᆯ二個의共同團体가生ᄒᆞ니卽瑞西의誓約團体及니델란또集合國이是也ㅣ라然이나此二種團体에屬ᄒᆞᆫ各國家ᄂᆞᆫ決코近世的國家가아니오等族制度의根底上에生ᄒᆞᆫ者ㅣ니此事實은近世國家의聯合으로認치못ᄒᆞᆯ種種의形容이有ᄒᆞᆫ지라라니델란또集合國共和政府ᄂᆞᆫ千七百九十五年에滅亡ᄒᆞ야統一國家가되고瑞西ᄂᆞᆫ千八百十五年以降으로千八百四十八年ᄭᆞ지成立ᄒᆞᆫ新國家聯合을生ᄒᆞᆷ에至ᄒᆞ니先是北米에在ᄒᆞ야ᄂᆞᆫ이믜千七百七十八年의聯合條項을依ᄒᆞ야國家聯合을建設ᄒᆞ얏스나其後千七百八十九年憲法에依ᄒᆞ야改正ᄒᆞ야聯合國家制를成立ᄒᆞᆷ에至ᄒᆞ고且南部聯合諸國이千八百六十一年에國家聯合制度의復興을計畫ᄒᆞ다가南北戰爭의結果로共히水泡에歸ᄒᆞ고終來近世國家에至ᄒᆞ야聯合制度의最後實例ᄂᆞᆫ卽千八百十五年以降으로千八百六十六年에至ᄒᆞᆫ獨逸聯合이是也ㅣ라

瑞西誓約團体와及니델란또集合國에屬ᄒᆞᆫ各國은皆古帝國으로分離ᄒᆞ고其國

고대와 중세에 존재했던 다양한 종류의 국가연합은 오늘날 국가법적 및 정치적으로 아무런 영향도 남기지 않았다. 중세 말에 신성로마제국이 멸망하면서 국가연합으로 볼 수 있는 두 개의 공동체가 성립했다. 즉 스위스의 서약공동체와 네덜란드 연합국이다. 그러나 이 두 가지 공동체에 속했던 국가는 결코 근대적 국가가 아니라, 신분제도를 토대로 성립한 것이어서 이를 근대국가의 연합으로 볼 수 없을 정도로 상이한 형태를 갖고 있다. 네덜란드 연합국 공화정부는 1795년에 멸망해 통일국가가 되었고, 스위스에서는 1815년부터 1848년 사이에 새로운 국가연합이 탄생했다. 그 이전에 북아메리카에서는 1778년에 연합규정을 통해 국가연합을 창설했고, 그 이후 1789년 헌법을 통해 이 연합규정을 개정해 국가연합 제도가 성립하게 되었다. 또한 남부의 연합 국가들이 1861년에 국가연합 제도의 부흥을 계획하다 남북전쟁의 결과로 인해 수포로 돌아갔다. 끝으로 근대국가에서 국가연합에 해당하는 마지막 사례는 1815년부터 1866년 사이에 존재했던 독일연합이다.

스위스의 서약공동체와 네덜란드 연합국에 속한 각 국가는 모두 과거의 제국으로부터 분리되어 이 제국 군

主의羈絆을脫ᄒᆞ야主權共和國되ᄂᆞᆫ等族組織의共同團体라瑞西에在ᄒᆞ야ᄂᆞᆫ相當ᄒᆞᆫ領域을有ᄒᆞᆫ數多의市町村이어니와니덜란쓰에ᄂᆞᆫ其國主되ᄂᆞᆫ西班牙國王의羈絆을脫ᄒᆞ기以前의君主領으로國權의全部를等族議會에集中ᄒᆞᆫ地方的權力이니帝國의分裂로生ᄒᆞᆫ共和諸國은共同永久히其獨立을防衛ᄒᆞ기爲ᄒᆞ야互相結合ᄒᆞᆫ者로써政治的集合力에至ᄒᆞᆫ者ㅣ라是故로第十三世紀末期以來로行ᄒᆞ던瑞西의同盟과千七百九十五年ᄭᆞ지至ᄒᆞ던니델란쓰集合國의法律關係의基礎ᄂᆞᆫ多數主權의國家가國際法上同盟條約에不外ᄒᆞᆷ이니此二者ᄂᆞᆫ結合諸國의永續的攻守同盟을規定ᄒᆞᆫ者로諸國間의爭議가生ᄒᆞᆫ時에ᄂᆞᆫ仲裁裁判에依ᄒᆞ야此를調停ᄒᆞᄂᆞᆫ諸條項을包含ᄒᆞᆷ이니라

上述ᄒᆞᆫ二個의聯合으로ᄒᆞ야곰他同盟에比ᄒᆞ야政治上重大ᄒᆞᆫ價値가有ᄒᆞᆫ所以ᄂᆞᆫ諸國의永續的共同利害關係에基因ᄒᆞ야長久의聯合을作ᄒᆞᆷ에至ᄒᆞᆷ과又其蕞爾ᄒᆞᆫ小諸國이連合ᄒᆞ야政治上의集合力을成ᄒᆞᆫ바ㅣ是ㅣ라然이나永久에及ᄒᆞᄂᆞᆫ聯合을存續코ᄌᆞᄒᆞ면勢不得已一個의常置機關을設ᄒᆞ야集合力을代表케ᄒᆞᆷ을要ᄒᆞᄂᆞ니此政治上의同盟을依ᄒᆞ야結合ᄒᆞᆫ主權各國이常置機關을設ᄒᆞᆷ은此

주의 사슬에서 벗어나 주권 공화국이 된 신분조직 공동체이다. 스위스에서는 상당히 넓은 영역을 보유한 다수의 칸톤이 연합했고, 네덜란드에서는 국가의 주인이었던 스페인 국왕의 사슬에서 벗어나기 전부터 군주의 명령에 따라 국가권력의 전부를 신분의회에 집중시켰던 지방권력이 연합했다. 제국의 분열로 인해 성립한 여러 공화국은 지속적으로 독립을 방어하기 위해 서로 결합함으로써 정치적 결집력을 갖게 되었다. 그 때문에 13세기 말부터 행해지는 스위스 동맹과 1795년까지의 네덜란드 연합국의 법적 관계의 기초는 국제법적으로 볼 때 다수의 주권국가 사이에 체결된 동맹조약이다. 이 두 조약은 연합하는 국가들 사이에 지속적인 방위동맹을 규정하고 있고, 국가들 사이에 분쟁이 발생할 때에는 중재재판을 통해 조정한다는 내용도 포함하고 있다.

앞에서 서술한 두 개의 연합이 다른 동맹에 비해 정치적으로 중요한 의미를 갖는 이유는 다수의 국가의 지속적인 공통의 이해관계에 기초해 장기간에 걸친 연합관계를 형성했다는 점과 매우 작은 국가들이 연합해 정치적 결집력을 형성했다는 점 때문이다. 그러나 영구적으로 연합관계를 지속시키고자 하면 어쩔 수 없이 하나의 상설기관을 설치해서 연합한 국가들의 결집력을 대표하도록 해야 한다. 정치적 동맹을 통해 결합한 주권국가들이 설치한 상설기관은

ㅣ時時集合ᄒᆞᄂᆞᆫ使臣會議에不外ᄒᆞᆷ이라然이나其他幾多의機關이又有ᄒᆞ니卽結合國家가使臣을遣ᄒᆞ고又此를受ᄒᆞᆷ을得ᄒᆞᆷ이니라

聯邦은但其政治的集合의關係가有ᄒᆞᆯ섇아니라尙且集合領이有ᄒᆞ니盖聯邦은各國의獨立主權을侵ᄒᆞᆷ이無ᄒᆞᆫ故로各國은其聯合條約에依ᄒᆞ야負担ᄒᆞᆫ義務를妨害치아니ᄒᆞ고其他國과同盟을結ᄒᆞᆷ을得ᄒᆞᄂᆞ니如此永續的으로聯邦中一國과結合ᄒᆞᆫ國家ᄂᆞᆫ此로써聯邦自体와間接의關係가生ᄒᆞᄂᆞᆫ것이니卽瑞西同盟의附庸地方이生ᄒᆞᆫ所以오是等地方은其後大槪聯邦內의同等權能을有ᄒᆞᆫ一員이되고又聯邦은征服其他의方法을依ᄒᆞ야獲得ᄒᆞᆫ地方을集合体가保持管轄ᄒᆞᄂᆞᆫ事가有ᄒᆞ니卽瑞西同盟의共同地域과幷其니덜란또集合國共有地等이是也ㅣ라如此ᄒᆞᆫ者ᄂᆞᆫ其自治体의獨立範圍에其大小를勿問ᄒᆞ고皆聯合各國의共同領域에不外ᄒᆞᆷ이니라

國家聯合制ᄂᆞᆫ現代開明諸國에이믜滅亡ᄒᆞᆫ바ㅣ로ᄃᆡ今國家聯合制의三典型된者ㅣ有ᄒᆞ니千七百八十九年以降으로亞米利加合衆國과千八百四十八年來의瑞西及千八百六十七年以降으로組織ᄒᆞᆫ獨逸帝國等이是也ㅣ라此外亞米利加

그때그때 소집되는 각국 사절단 회의이다. 그러나 이밖에도 다수의 기관이 존재한다. 즉 연합한 국가가 다른 연합국가에게 외교사절을 파견하거나 다른 국가의 외교사절을 수용할 수 있다.

연방에서는 정치적 결합관계뿐만 아니라, 언제나 연방 전체에 속하는 소유*도 필요하다. 연방은 각국의 독립된 주권을 침해하지 않기 때문에 각국은 연합조약에 근거해 부담하게 되는 의무에도 불구하고 다른 국가와 결합할 수 있는 것이다. 이처럼 지속적으로 연방에 속하는 한 국가로 결합한 국가는 연합조약을 통해 연방 자체와 간접적인 관계를 맺게 된다. 스위스 동맹에 가입하면서도 완전한 구성원도 아니고 동맹에 복종하는 것도 아닌 지역**이 발생한 것은 바로 이와 같은 이유 때문이다. 이들 지역은 일반적으로 나중에 동맹 내에서 동등한 권한을 갖는 구성원이 된다. 또한 연방에서는 정복이나 여타의 방법을 통해 새롭게 획득한 지역은 공동체가 유지하고 관할해야 할 문제가 된다. 그리하여 스위스 동맹의 공동지역이나 네덜란드 연합국의 공유지 등이 여기에 해당한다. 이와 같은 지역은 이 자치지역의 독립성의 범위가 얼마나 넓은지에 관계없이 모두 연합한 국가들의 공동지역에 해당한다.

국가연합제는 오늘날의 문화국가에서는 이미 소멸했지만, 현재에도 세 개의 전형적인 국가연합제가 존재한다. 즉 1789년 이후의 아메리카 합중국, 1848년 이후의 스위스 그리고 1867년 이후에 결성된 독일제국이다. 이밖에도 아메리카 대륙의

---

* 독일어 원어는 'Gesamtbesitz'이다.
** 본문의 '附庸地方', 독일어의 'zugewandte Orte'를 그 역사적 의미에 따라 풀어서 번역했다.

中部及南部諸國이合衆國의先例를倣則ᄒᆞ야無數의聯合國家的組織을爲ᄒᆞᆷ에至ᄒᆞ야도是等諸國은其國法上政治上의內部關係가姑且未確ᄒᆞᆫ者ㅣ니以上三種의聯合國家가皆其初에ᄂᆞᆫ惟國家聯合的共同体를成ᄒᆞᆷ에不過ᄒᆞ야其不完全ᄒᆞᆫ所以로드ᄃᆡ여聯合國家에遷移됨에至ᄒᆞᆫ지라北米合衆國及瑞西의民主的聯合國家ᄂᆞᆫ共同의根底를有ᄒᆞᆫ者로後者ᄂᆞᆫ單히前者의模倣에不過ᄒᆞᆷ을反ᄒᆞ야獨逸帝國의君主的聯合國家ᄂᆞᆫ全히獨立的創造에屬ᄒᆞ고敢히他邦의模擬ᄒᆞᆯ바ㅣ아니니라

北米合衆國聯合條項의欠點은外部에對ᄒᆞ야結合諸國의集合意思를行使ᄒᆞ며又內部로서諸國에對ᄒᆞ야此를可히執行ᄒᆞᆯ固有權力을具ᄒᆞᆫ聯邦中央權의缺欠이有ᄒᆞ니우아지니야州의運動이其效를奏치못ᄒᆞ얏스나其後紐育立法院의發議로合衆國政府의斡旋을因ᄒᆞ야千七百八十七年憲法을改正ᄒᆞ기爲ᄒᆞ야費府會議를開ᄒᆞ니此會議에ᄂᆞᆫ로ㅣᄯᅩ아이란ᄯᅩ州以外他諸州의立法院委員이集合ᄒᆞᆫ지라然이나此會議ᄂᆞᆫ決코聯合條項을修正ᄒᆞᆷ에不止ᄒᆞ고一步를進ᄒᆞ야新憲法을起草ᄒᆞ야各州의權力으로獨立ᄒᆞᆫ聯邦中央權을設ᄒᆞ코ᄌᆞᄒᆞᆫ바ㅣ니當時會

중부와 남부의 여러 국가들이 합중국의 선례에 따라 수많은 연합국가 조직을 결성하게 되었다. 이와 같은 국가들의 국가법적 및 정치적 내부관계는 확실하지 않다. 앞서 말한 세 개의 연합국가는 모두 처음에는 국가연합과 유사한 공동체를 구성한 것에 불과했기 때문에 완전한 연합국가가 아니었다가 나중에야 연합국가로 변화하게 되었다. 북아메리카 합중국과 스위스의 민주적 연합국가는 공통의 토대를 갖고 있다. 스위스는 북아메리카 합중국의 모방일 따름이다. 이에 반해 독일제국의 군주주의 연합국가는 완전히 독자적인 창조에 속하고, 다른 국가가 모방할 수 없는 형태이다.

북아메리카 합중국 연합규정의 결점은 대외적으로 연합한 국가들의 결합된 의지를 행사하고 또한 대내적으로 연합한 국가들에 대해 결합된 의지를 집행할 수 있는 권력을 갖춘 연방 중앙권력이 결여되어 있다는 사실이다. 중앙권력을 설립하기 위한 버지니아 주의 노력은 효과가 없었고, 그 이후 뉴욕 의회의 발의로 합중국 정부의 중재를 거쳐 1787년에 헌법을 개정하기 위해 필라델피아 회의를 개최하게 된다. 이 회의에는 로드아일랜드 주 이외의 모든 주의 의원들이 참석했다. 그러나 필라델피아 회의는 연합규정을 수정하는 데 그치지 않고, 한 걸음 더 나아가 새로운 헌법을 통해 각 주의 권력으로부터 독립된 중앙권력을 설립하고자 했다. 이 당시 회

議가憲法改正의目的限界를確守치못홈은新憲法施行의方式으로見ᄒᆞ야도可히明瞭ᄒᆞᆫ지라即此新憲法은九個州의承諾을得ᄒᆞᆫ同時에直其効力이生ᄒᆞ되承諾치아니ᄒᆞᆫ國家를能히拘束치못ᄒᆞᄂᆞᆫ所以나然이나千七百九十年에至ᄒᆞ야十三州中의最後一州되ᄂᆞᆫ로ㅣ또아이란또도亦此를承諾홈에至ᄒᆞᆫ지라新憲法의緖言을依ᄒᆞᆫ則憲法은合衆諸國의人民一般의安寧及幸福의目的을達ᄒᆞ기爲ᄒᆞ야生ᄒᆞᆫ者ㅣ니所謂合衆諸國의人民이라홈은合衆國의集合國民을謂홈인지各國의人民을指홈인지크게論難홀點이라憲法의變更은合衆政府의兩院에서三分의二多數를得ᄒᆞᆫ後에其決議를從ᄒᆞ야各州의立法院과又諸國의特別會議에서此를行ᄒᆞᄂᆞᆫ것이오各州의立法院과又特別會議에서憲法을變更코ᄌᆞ홀時ᄂᆞᆫ諸國全數의四分三의多數同意를必要ᄒᆞᄂᆞᆫ바ㅣ라

聯邦中央權의組織은當時에專行ᄒᆞ고其權力分配ᄂᆞᆫ學說에依ᄒᆞ야定ᄒᆞ니立法權은二院組織을有ᄒᆞᆫ合衆政府가此를行홈이라上院(所謂元老院)은各州立法院에서選出ᄒᆞᆫ議員으로써此를組織ᄒᆞᆫ故로外交의元素를代表ᄒᆞᆫ者이오是를反ᄒᆞ야代議院은國民의全体를代表ᄒᆞᆫ者인ᄃᆡ各州立法院의議員을選擧홀資格이

의가 헌법개정이라는 목적을 뛰어넘어 명시적으로 새로운 헌법을 시행하는 방식이었다고 보아도 무방하다. 왜냐하면 새 헌법은 각 주의 동의를 얻음과 동시에 효력이 발생했고, 다만 동의하지 않는 국가에 대해서는 구속력이 없었기 때문이다. 그러나 1790년에 13개 주 가운에 가장 마지막으로 로드아일랜드 주가 새 헌법에 동의하게 되었다. 새 헌법의 전문에 따르면 헌법은 합중국 전체 인민의 안녕과 행복이라는 목적을 달성하기 위해 제정한 것이라고 한다. 여기서 합중국의 인민이 합중국 전체의 국민인지 아니면 각 국가의 인민을 말하는지는 논란의 여지가 있다. 헌법의 변경은 합중국 정부의 상하원에서 3분의 2 이상 다수의 찬성을 통해 의결되어야 하기 때문에 각 주의 의회 및 각 국가의 특별회의에서 헌법을 변경하게 된다. 그리고 각 주의 의회와 특별회의에서 헌법을 개정하고자 할 때에는 전체 국가 가운데 4분의 3의 동의를 필요로 한다.

연방 중앙권력의 조직은 그 당시 강한 영향력을 행사하고 있던 권력분립이론에 따라 규정했다. 입법권은 상하원 양원조직을 갖고 있는 합중국 정부가 행사한다. 상원(이른바 원로원)은 각 주 의회에서 선출한 의원으로 구성되기 때문에 각 주의 외교문제를 대표한다. 이에 반해 하원(대의원)은 국민 전체를 대표하고, 각주 의회의 의원으로 선출될 자격을

有ᄒᆞᆫ者로ᄒᆞ야곰代議士를選擧케ᄒᆞᆷ이라故로元老院에在ᄒᆞ야ᄂᆞᆫ各州各二名의議員을出ᄒᆞ야其代表를平等케ᄒᆞ고代議院은人口數에從ᄒᆞ야代議士의數를定ᄒᆞᄂᆞᆫ것이오各州同一의代表者를得ᄒᆞᆷ이아니며行政權은大統領에歸屬ᄒᆞᄂᆞ니此大統領及其副統領은各州의規定에依ᄒᆞ야上院議員及合衆政府의代議士數에同ᄒᆞᆫ選擧人이此를選擧케ᄒᆞᆷ이라大統領은其行政權을行使ᄒᆞ기爲ᄒᆞ야其就職ᄒᆞᆫ後上院의同意를得ᄒᆞ야其內閣을任ᄒᆞ며內閣은其他點에對ᄒᆞ야全히獨立ᄒᆞ고聯邦의固有ᄒᆞᆫ裁判權은聯邦最高裁判所及憲法上에規定ᄒᆞᆫ聯邦裁判所에셔此를行使ᄒᆞ며聯邦裁判所의職員은其過失이有ᄒᆞᆫ境遇外에ᄂᆞᆫ免黜ᄒᆞᄂᆞᆫ事가無ᄒᆞ고裁判官은上院의同意를經ᄒᆞ야大統領이任命ᄒᆞᄂᆞ니라

聯邦의權限은聯邦의目的을爲ᄒᆞᄂᆞᆫ直接間接의租稅(特히聯邦으로써單一의稅關區域을定ᄒᆞᆫ것)와聯邦의債務와商業交通及郵使과海事裁判所의裁判과聯邦에對ᄒᆞᆫ政治犯罪와官吏瀆職罪와憲法及聯邦法으로生ᄒᆞᆫ爭訟에對ᄒᆞᆫ裁判과外交上의代表及陸海軍과聯邦地方과國庫財産及聯邦直隸의行政等이是也ㅣ라

갖고 있는 사람을 하원 의원으로 선출되도록 한 것이다. 상원은 각 주마다 2인의 의원을 선출하기 때문에 모든 주가 평등하게 대표권을 갖고, 하원은 인구수에 따라 의원의 숫자를 정하기 때문에 각 주가 평등하게 대표권을 갖지 않는다. 행정권은 대통령에게 귀속되고, 대통령과 부통령은 각 주의 규정에 따라 상원 의원과 합중국 정부 의원과 동일한 숫자의 선거인에 의해 선출된다. 대통령은 행정권을 행사하기 위해 취임 이후 상원의 동의를 얻어 내각을 임명하고, 내각은 임명 이외의 다른 문제와 관련해서는 완전한 독립성을 갖는다. 연방 사법권은 연방 대법원과 헌법에 규정된 연방법원에 의해 행사된다. 연방법원의 판사는 과실이 있는 경우가 아닌 한 면직되지 않는다. 연방법원 판사는 상원의 동의를 거쳐 대통령이 임명한다.

연방의 권한에 속하는 것은 연방의 목적을 위한 직접세와 간접세 징수(특히 연방을 단일한 조세구역으로 규정했다), 연방의 채무와 상업, 교통 및 우편, 해사법원의 재판권, 연방정부에 대한 정치적 범죄와 공직자 부패범죄, 헌법과 연방법을 둘러싼 소송에 대한 재판, 외교적 대표, 육해군, 연방지역, 국고재산, 연방 직할행정 등이다.

瑞西에在ᄒᆞ야ᄂᆞᆫ千八百四十七年聯邦分離의戰爭이有ᄒᆞᆫ結果와千八百十五年聯邦契約으로써設定ᄒᆞᆫ諸州의聯結關係로一層密接의關係가生ᄒᆞᆫ지라故로千八百四十八年初期에憲法起草委員을置ᄒᆞ야此會議에서北米合衆國憲法의先例를倣則ᄒᆞ얏고最後合同議會에서此草案을國民에提議ᄒᆞ야其可決을求ᄒᆞ미十五州及住民全体의大多數가此에同意ᄒᆞ니於是에憲法의採納됨을宣言ᄒᆞᆫ지라此千八百四十八年의憲法을代ᄒᆞᆫ者ᄂᆞᆫ即千八百七十四年憲法이니後憲法은前者의比ᄒᆞ야更히中央集權의主義及民主的原則을貫徹케ᄒᆞᄂᆞᆫ大差異가有ᄒᆞᆫ지라聯邦憲法의變更은聯邦議會나若市民五萬人의發議로써此를行ᄒᆞ되投票에參與ᄒᆞᆫ市民及諸州의過半數가其議에同ᄒᆞᆫ時에ᄂᆞᆫ憲法의變更이可決된것으로認ᄒᆞ고但諸州의意思ᄂᆞᆫ各州內住民의投票結果로生ᄒᆞᄂᆞᆫ者ㅣ라此憲法의創設ᄒᆞᆫ바ᄂᆞᆫ同盟의聯結을固ᄒᆞ야써瑞西國民의統一勢力及名譽을維持進步케ᄒᆞᆯ目的으로可히瑞西契約國이라謂ᄒᆞᆯ지니라

最上立法官廳은聯邦議會에서國民議會及貴族院兩院으로成ᄒᆞ니前者ᄂᆞᆫ全國民을代表ᄒᆞᆫ것으로其議員은殆히同數의人口를有ᄒᆞᆫ選擧權에서投票權을有ᄒᆞᆫ

스위스에서는 1847년에 연방을 분리하려는 전쟁이 발생한 결과 및 1850년에 연방계약에 의해 설립된 각 주의 연합관계를 통해 한층 더 밀접한 관계가 형성되었다. 따라서 1848년 초에 헌법기초위원회를 설치했다. 이 위원회는 북아메리카 합중국 헌법을 선례로 삼아 위원회의 마지막 합동회의에서 헌법 초안을 국민에게 제안해 의결을 요청했다. 이에 15개의 주와 주민 전체의 대다수가 이 초안에 동의했고, 그에 따라 헌법의 수용을 선언하게 되었다. 이 1848년 헌법은 1874년 헌법에 의해 대체되었다. 후자의 헌법은 전자에 비해 중앙집권주의와 민주적 원칙의 관철이라는 점에서 커다란 차이가 있다. 연방헌법의 개정은 연방의회 또는 시민 5만 명이 발의할 수 있고, 발의한 헌법개정은 투표에 참여한 시민과 각 주의 과반수가 발의에 동의한 때에 가결된다. 다만 여러 주의 의사는 각 주에 거주하는 주민들의 투표 결과로 성립한다. 이러한 헌법을 창설한 목적은 동맹의 결합을 공고하게 만들어 스위스 국민의 단결력과 명예를 유지하고 발전시키려는 것이다. 이 점에서 스위스는 계약국가라고 말할 수 있다.

최상위 입법부인 연방의회는 국민의회와 귀족원 양원으로 구성된다. 전자는 전 국민을 대표하고, 의원은 거의 같은 숫자의 인구를 갖고 있는 선거구에서 투표권을 갖고 있는

瑞西市民의選ᄒᆞᄂᆞᆫ바라故로一州로브터出ᄒᆞᆫ代表者의數가一名以上二十七名에至ᄒᆞ되是ᄅᆞᆯ反ᄒᆞ야貴族院은外交的元素ᄅᆞᆯ代表ᄒᆞᆫ者ㅣ故로各州로브터二名의代表者ᄅᆞᆯ出ᄒᆞ며各半州에ᄂᆞᆫ一名의代表者ᄅᆞᆯ出ᄒᆞ니代表者의選擧ᄂᆞᆫ諸州가自定ᄒᆞᆫ바로或은各州立法院에셔選出ᄒᆞᆷ도有ᄒᆞ며或은各州住民의直接選擧에出ᄒᆞᆷ도有ᄒᆞ나然이나聯邦會議의權限은決코立法에限ᄒᆞᆷ이아니오重大ᄒᆞᆫ多數施政의行爲及行政處分에對ᄒᆞ야도議決ᄒᆞᄂᆞᆫ者이오其外最上의行政權은聯邦委員七名의掌中에存ᄒᆞᄂᆞ니此等委員은國民議會에셔選出ᄒᆞᆫ瑞西國民中으로三年任期로써聯邦議會에셔此ᄅᆞᆯ選任ᄒᆞ고一年任期로써選擧된聯邦大統領이此에長이되고其他各委員은聯邦七行政官廳의長官이되ᄂᆞᆫ것이라次에聯邦憲法이나若又特別聯邦法律의一定ᄒᆞᆫ爭議에關ᄒᆞᆫ司法事件을處理ᄒᆞ기爲ᄒᆞ야聯邦裁判所가有ᄒᆞ니其職員은聯邦議會에셔六年任期ᄅᆞᆯ限ᄒᆞ고此ᄅᆞᆯ選擧ᄒᆞᄂᆞᆫ者ㅣ니라

聯邦의權限을列擧ᄒᆞ건ᄃᆡ他諸國에對ᄒᆞᆫ瑞西國代表와關稅郵便及貨幣의制度ᄅᆞᆯ其專管케ᄒᆞ고他行政의系統을譬컨ᄃᆡ軍制高等敎育制度及公共建造物設立

스위스 시민에 의해 선출된다. 따라서 한 주에서 선출되는 의원의 숫자는 1명에서 20명에 이른다. 이에 반해 귀족원은 외교적(즉 각 주 상호간의) 문제를 대표하기 때문에 각 주에서 2명의 대표자가 선출되고, 반(半) 주에서는 1명의 대표자가 선출된다. 대표자의 선거는 각 주가 자율적으로 규정한다. 그 때문에 어떤 주에서는 하원에서 선출하기도 하고, 어떤 주에서는 국민이 직접 선거를 통해 선출하기도 한다. 그러나 연방의회의 권한은 결코 입법에 한정되지 않으며, 다수의 중대한 정치적 및 행정적 처분에 대해서도 의결하는 권한을 갖고 있다. 이밖에 최상위 행정권은 연방위원 7인에게 있다. 이 7인의 위원은 국민의회에서 선출한 스위스 국민 가운데 3년 임기로 연방의회가 선출한다. 1년의 임기로 선출되는 연방대통령은 이 위원회의 의장이 되고, 여타 위원들은 연방의 7개 행정관청의 장관이 된다. 연방헌법이나 특별한 연방 법률에서 규정하고 있는 쟁의에 관한 재판을 처리하기 위해 연방법원이 존재한다. 연방법원의 구성원은 연방의회에서 6년 임기로 선출한다.

스위스 연방은 다른 국가에 대해 스위스를 대표할 권한과 관세, 우편 및 화폐 제도를 독점적으로 관리할 권한을 갖는다. 또한 여타의 행정과 관련해서는 예컨대 군대, 고등교육 제도, 공공 건조물의 설립에至ᄒᆞ야ᄂᆞᆫ諸州의多少協力으로써聯邦에셔此를司掌ᄒᆞᄂᆞᆫ것이오且二三行政譬컨ᄃᆡ道路及初等敎育制度와如홈은聯邦이오직最上監督權을有홈에止ᄒᆞᆫ바ㅣ니라

獨逸聯邦은千八百七十年十一月及十二月北獨逸聯合과南獨逸諸國間에締結ᄒᆞᆫ우엘사이유條約에依ᄒᆞ야南獨逸諸國은其憲法에對ᄒᆞᆫ一定의變更을留保ᄒᆞ고聯合에加入홈으로써聯邦이始乃獨逸帝國의名稱을有홈에至ᄒᆞ니此等의諸條約은北獨逸聯合과南獨逸諸國이皆憲法法律의形式으로써立法機關의承諾ᄒᆞᆫ바ㅣ라前者ᄂᆞᆫ北獨逸聯合法律이오後者ᄂᆞᆫ各國의國法으로此條約을公布ᄒᆞᆫ者ㅣ니此諸條約을包含ᄒᆞᆫ千八百七十一年四月十六日憲法이是也ㅣ라此憲法은帝國의立法機關에셔此를確定ᄒᆞ고且帝國官報紙上에公布ᄒᆞ얏스나然이나此憲法에도亦우엘사이유條約의緖言形式을保有ᄒᆞ야曰

此獨逸聯合의名義ᄒᆞᆫ普漏西國國王及南獨逸諸國의諸君主ᄂᆞᆫ聯邦領土及其領域內에行ᄒᆞᄂᆞᆫ法制를保護ᄒᆞ며且獨逸國民의安寧幸福을維持ᄒᆞ기爲ᄒᆞ야如下ᄒᆞᆫ憲法에依ᄒᆞ야密接ᄒᆞᆫ聯合을締結홈이라云云ᄒᆞ얏고此憲法의變更은帝國立

등은 각 주의 협력을 전제로 연방이 관할한다. 그리고 예컨대 도로나 초등교육제도와 같은 몇몇 행정과 관련해서는 연방이 단지 최상위 감독권만을 행사한다.

독일연방은 1870년 11월과 12월에 북독일연맹과 남독일의 국가들 사이에 체결된 베르사유 조약을 통해 남독일 국가들이 헌법의 일부 개정을 유보한 상태에서 연맹에 가입함으로써 연방이 마침내 독일제국이라는 명칭을 갖게 되었다. 이와 같은 여러 조약에 대해 북독일연맹과 남독일의 여러 국가들은 헌법과 법률이라는 형식에 따라 입법기관의 동의를 거쳤다. 북독일연맹은 법률을 통해, 남독일 국가들은 국가법을 통해 이 조약을 공포했다. 이 여러 조약을 내용으로 포함하고 있는 것이 1871년 4월 16일에 제정된 헌법이다. 이 헌법은 독일제국의 입법기관에 의해 확정되었고 제국 관보에 공포되었다. 하지만 이 헌법도 베르사유 조약의 전문의 형식을 유지하고 있다.

북독일연맹의 존재는 프로이센 국왕과 남독일 국가들의 여러 군주가 연방의 영토 및 연방의 영역 내에서 행해지는 법제도를 보호하고 독일국민의 안녕과 행복을 유지하기 위해 헌법을 통해 긴밀한 연합을 체결한 것이라고 한다. 또한 이 헌법의 개정은 제국 입

法의方式으로써此를行ᄒᆞᄃᆡ各國의參與를待치아니ᄒᆞᆷ이라然이나聯邦參議院에서十四票反對가有ᄒᆞᆫ時ᄂᆞᆫ憲法變更의法律案을否決ᄒᆞᆫ것으로認ᄒᆞᄂᆞ니라

獨逸帝國도亦北米各衆國及瑞西聯邦과如히三種의憲法上機關을有ᄒᆞ니聯邦參議院皇帝及帝國議會가是也ㅣ라聯邦參議院은以前獨逸聯合에在ᄒᆞᆫ聯邦議會를連續ᄒᆞᆫ獨逸諸國政府의使臣會議ㅣ라但諸國의聯邦參議院內에投票權이有ᄒᆞᆷ은國을從ᄒᆞ야不一ᄒᆞ고次에皇帝의地位ᄂᆞᆫ普漏西國王의게委ᄒᆞᆫ聯邦參議院의議長된形式的權利와其聯邦陸海軍元帥된地位等의結合으로生ᄒᆞᆫ者ㅣ故로帝位ᄂᆞᆫ普漏西國王의必然的性質이오皇帝의地位ᄂᆞᆫ漸次其價値를大케ᄒᆞᆷ이니何者오漸漸擴張ᄒᆞᆫ帝國自体의行政長官된者ᄂᆞᆫ皇帝의任命ᄒᆞᆫ帝國宰相으로宰相은任命에依ᄒᆞ야直接皇帝의麾下에立ᄒᆞᆫ者이오又其普通選擧法에依ᄒᆞ야秘密投票의方法으로써直接選出ᄒᆞᆫ議員으로組織ᄒᆞᆫ帝國議會ᄂᆞᆫ獨逸國民의集合体全部를代表ᄒᆞᆫ者니라

以上三種의憲法上機關은互相平等의關係가有ᄒᆞ고憲法에依ᄒᆞ야附與된其權能을行使ᄒᆞᆷ이라立法은聯邦參議院及帝國議會가此를行ᄒᆞ며皇帝ᄂᆞᆫ普漏西國

법의 형식으로 이루어지지만, 각국의 참여를 필요로 하지 않는다. 그러나 연방 상원에서 14표의 반대가 있을 때에는 헌법을 개정하기 위한 법률안은 부결된 것으로 본다.

독일제국도 북미 합중국이나 스위스와 마찬가지로 세 가지 헌법기관을 갖고 있다. 연방 상원, 황제 및 제국의회가 그것이다. 연방 상원은 과거의 독일연합에서 존재했던 독일 의회를 이어받은 것으로 독일의 각국 정부가 파견한 대표자 회의이다. 다만 각 국가가 연방 상원에서 투표권을 갖고 있는지 여부는 국가에 따라 다르다. 또한 황제의 지위는 프로이센 국왕에게 위임된 상원 의장으로서의 형식적 권리와 연방 육해군의 원수라는 지위 등이 결합해서 성립한다. 따라서 황제의 지위는 프로이센 국왕이 필연적으로 갖게 되는 성질이고, 황제의 지위가 갖는 비중이 점차 확대되었다. 그 때문에 어떤 사람은 점차 확대된 제국 자체의 행정장관이 된 자는 황제가 임명한 제국의 재상이고, 이 재상은 직접적으로 황제의 지배하에 있는 자라고 한다. 보통선거법을 통해 비밀투표의 방법을 거쳐 직접 선출되는 의원으로 조직된 제국의회는 독일 국민의 결합체 전부를 대표한다.

이상의 세 가지 헌법기관 사이의 관계는 평등하고, 각 헌법기관은 헌법에 의해 부여된 권한을 행사한다. 입법권은 연방 상원과 제국의회가 행사하고, 황제는 프로이센 국

王이되고帝國法律에對ᄒᆞ야皇帝ᄂᆞᆫ單히審署及公布의形式的權能을有ᄒᆞᆯ뿐이오皇帝ᄂᆞᆫ適法으로成立ᄒᆞᆫ法律에對ᄒᆞ야審署及公布를拒ᄒᆞᄂᆞᆫ權能이無ᄒᆞᆫ지라次에施政은聯邦叅議院과皇帝間에此를分拿ᄒᆞ니聯邦叅議院은別段規定이無ᄒᆞᆫ時ᄂᆞᆫ各個境遇로帝國法律에對ᄒᆞ야執行命令을發ᄒᆞ며又法律施行ᄒᆞᆯ際에生ᄒᆞᆫ法의欠缺에關ᄒᆞ야決議ᄒᆞᄂᆞᆫ者라是를反ᄒᆞ야皇帝ᄂᆞᆫ他二種의帝國機關（聯邦叅議院帝國議會）을召集ᄒᆞ고其開會停會及閉會를命ᄒᆞ며又其陸海軍을統帥ᄒᆞ고他列國에對ᄒᆞ야帝國을代表ᄒᆞᆫ者로實로帝國直接의行政全部란集中ᄒᆞᆫ帝國機關이니라

帝國의權限은帝國憲法에依ᄒᆞ야列擧事項의形式에定ᄒᆞᆫ바이니其權限은國家行動의諸般範圍를擴充ᄒᆞᆫ者라然이나帝國이各國에對ᄒᆞᆫ關係ᄂᆞᆫ各個의行政範圍를因ᄒᆞ야반다시不一ᄒᆞᆫ지라陸海軍郵便電信行政區域內에在ᄒᆞ야ᄂᆞᆫ帝國이立法權을自己에收ᄒᆞ야各國의立法을禁호ᄃᆡ但南獨逸諸王國의留保權은此限에不在ᄒᆞᆷ이라帝國은此區域內에셔專혀豫算及命令權이有ᄒᆞ고此行政으로브터生ᄒᆞᆫ收入은帝國의所有에歸호ᄃᆡ但二三諸國의留保權이有ᄒᆞᆫ者ᄂᆞᆫ亦此限에

왕이며 제국의 법률에 대해 황제는 단지 서명과 공포라는 형식적 권리만을 가질 뿐이어서 황제는 합법적으로 제정된 법률에 대해 서명과 공포를 거부할 권한이 없다. 정치권력은 연방 상원과 황제 사이에 분할되어 있다. 즉 연방 상원은 별도의 규정이 없을 때에는 각 경우마다 제국법률에 대한 집행 명령을 발동하고 또한 법률의 시행과 관련해 발생하는 흠결에 대해 결정을 내린다. 이에 반해 황제는 다른 두 개의 제국기관(즉 연방 상원과 제국의회)을 소집하고 개폐회 및 정회를 명령하며 육해군을 통솔하며 다른 국가에 대해 제국을 대표하기 때문에 사실상 제국의 직접적 행정 전체가 집중되어 있는 제국기관이다.

제국의 권한은 형식적으로 제국헌법에 열거되어 있는 사항으로 규정되어 있다. 즉 제국의 권한은 국가 활동의 제반 범위를 확충하고 있다. 그러나 제국과 제국에 속하는 각 국가와의 관계는 각 행정의 범위에 따라 다르다. 육해군, 우편, 전신 행정의 경우에는 제국이 입법권을 장악하기 때문에 각 국가의 입법은 금지된다. 다만 남독일의 왕국들이 갖고 있는 유보권은 이러한 제한을 받지 않는다. 제국은 제국 내에서 독점적으로 예산권과 명령권을 갖고 있고, 행정으로부터 발생하는 수입은 제국에게 귀속된다. 다만 유보권을 갖고 있는 몇몇 국가는 이러한 제한을 받지

不在ᄒᆞᆷ이라最後에海軍區域內에ᄂᆞᆫ絶對的이오郵便電信區域內에ᄂᆞᆫ稍次其各國의個個的權能을認容ᄒᆞ야帝國直接의行政에屬케ᄒᆞ고其外帝國權限에擴充ᄒᆞᆫ行政範圍內에ᄂᆞᆫ帝國이各國보다卓出ᄒᆞᆫ立法權及國際條約權을有ᄒᆞᆫ지라然이나帝國이其立法權을行使치아니ᄒᆞᄂᆞᆫ範圍內에ᄂᆞᆫ諸國의立法을禁치못ᄒᆞ며帝國의發ᄒᆞᆫ法律에準據ᄒᆞ야其行政을司ᄒᆞᆷ은全然各國의事ㅣ라帝國은其固有機關에依ᄒᆞ야最高行政及裁判權을掌ᄒᆞᆷ에不過ᄒᆞ니譬컨ᄃᆡ帝國裁判所된大審院에셔民刑事의訴訟을審理ᄒᆞ며帝國保險局에셔勞働者保險을掌ᄒᆞᆷ과如ᄒᆞᆷ이是也ㅣ라

聯合國家라稱ᄒᆞᄂᆞᆫ以上三種의最重要ᄒᆞᆫ共同團体即北米各衆國瑞西及獨逸帝國의法制沿革과現是狀態ᄂᆞᆫ聯合國家의成立과其本質을明瞭케ᄒᆞᆷ에足ᄒᆞᆫ者ㅣ니故로玆에說述ᄒᆞᆷ이라

않는다. 마지막으로 해군의 영역에서는 제국이 절대적 행정권한을 갖고, 우편과 전신의 영역에서는 점차 각 국가의 개별적 권한을 인정하면서 제국의 직접행정에 속하게 만들었다. 이밖에도 제국의 권한을 확충한 행정의 범위 내에서는 제국이 각 국가보다 더 우월한 입법권과 조약체결권을 갖고 있다. 그러나 제국이 입법권을 행사하지 않는 범위 내에서는 각 국가의 입법을 금지하지 못하며, 제국이 공포한 법률을 근거로 행정을 관리하는 것은 전적으로 각 국가의 문제이다. 제국은 제국 고유의 기관을 통해 최상위 행정권과 사법권을 장악하고 있을 따름이다. 예컨대 제국법원의 합의부에서 민형사 소송을 심리하고, 제국보험청에서 노동자보험을 관리하는 것이 여기에 해당한다.

연합국가라고 부를 수 있는 세 가지 중요한 공동체, 즉 북아메리카 합중국, 스위스 그리고 독일제국의 법제도의 연혁과 현재 상태에 관한 이상의 서술은 연합국가의 성립과 본질을 분명하게 밝히기에 충분할 것이다.

옮긴이 후기

*

'국가'는 역사적으로 중세 후기부터 발전한 근대적 발명품이다. 그 때문에 국가에 대한 근대의 이론적 성찰은 인간과 공동체를 동일시했던 아리스토텔레스의 정치학 전통에서 벗어나, 국가를 인간 또는 시민과는 분리되는 독자적 존재로 인정하고, 이 존재의 외적 및 내적 전제조건과 조직을 밝히는 것을 과제로 삼기 시작했다. 영국과 미국에서는 이러한 이론적 과제를 고전적 전통에 따라 계속 '정치학(Political Science)'이라는 이름으로 부르고, 다만 방법적 측면에서 전통과는 분리되는 길을 걸어왔다. 이에 반해 독일에서는 18세기 말부터 '국가학(Staatswissenschaft)' 또는 '국가론(Staatslehre)'이라는 이름으로 아리스토텔레스의 전통과 구별되는 학문분과가 성립했으며, 이 분과를 주도한 것은 오늘날의 의미의 공법학과 국민경제학이었다. 실제로 독일에서는 제2차 세계대전 이전까지 대학교에 '정치학과'가 별도로 존재하지 않았으며, 그 때문에 정치학이 법학과 엄격히 구별되지도 않았다. 그리고 몇몇 대학교는 오늘날에도 법학과 경제학을 하나의 단과대학의 하위분과로 삼고 있을 정도로 '국가학'이 포괄하는 범위가 매우 넓었던 역사적 경험이 있다. 이런 이유 때문에 이미 18세기 말부터 주로 법학자들에 의해 '국가사전(Staats-Lexikon)', '일반 국가법(Allgemeines Staatsrecht)' 또는 '일반국가학(Allgemeine Staatslehre)'이라는 제목을 단 서적들이 다수 출간되었다. 이러한 추세는 20세기 초반까지도 이어져 우리에게 비교적 익숙한 법학자들인 게오르그 옐리네크, 한스 켈젠, 헤르만 헬러의 저작목록에서는 '일반국가학'이나 '국가학'이라는 제목을 찾아볼 수 있다.

일본은 서구학문을 수용할 때 주로 독일어권의 저작들에 크게 의존했기 때문에 이를 재수용한 우리나라 개화기의 학문에서 '국가학'이라는 제목의 책을 발견하는 것은 어쩌면 당연한 일로 여길 수 있다. 이 책《국가학》은 이러한 역사적 배경 속에서 성립한 것이다. '역술(譯述)'이라는 솔직한 표현을 표지에 내걸고 있는 것 또한 같은 맥락에서 이해할 수 있다. 물론 구체적으로 어떠한 경로를 거쳐 어떤 개인적, 사회적 동기에서 이 책이 세상에 존재하게 되었는지는 거의 고고학에 가까운 — 그 때문에 아예 불가능할 수도 있는 — 연구가 필요할 정도로 아직은 완전히 밝혀져 있지는 않다. 단지 19세기와 20세기 초에 일본의 학문이 국가학에 상당히 높은 관심을 갖고 있었다는 사실은 www 시대에 사는 덕분에 앉아 있는 자리에서도 얼마든지 확인할 수 있다. 그리고 우리의 시각에서는 개화기의 국가학과 국가사상의 전개과정을 추적한 — 거의 독보적이라고 할 수 있는 — 김효전 교수의 연구에 의존해 몇 가지 파편들을 확인할 수 있다. 따라서 이 책의 역사적 배경에 대해서는 김효전 교수의 저작 《근대 한국의 국가사상(2000)》, 494-547쪽에 실린 설명을 참고하기 바란다. '역술자'들인 나진(羅瑨)과 김상연(金相淵)에 관해서도 정보를 얻을 수 있고, 책의 출간연도가 1906년 또는 그 이전이라는 사실 역시 확인할 수 있다.

**

역술자들이 서양의 원전을 직접 번역했을 것으로 생각하기는 어렵고, 일본유학파라는 사실을 토대로 일본어 문헌을 발췌 번역했을 것으로 추측해도 무방할 것 같다. 김효전 교수는 이 책이 다카타 사나에(高田早苗)의 《국가학원리》(國家學原理)에 의존하고 있다는 사실을 밝혀냈는데, 실제로 이 책의 제1장(국가의 개념정의) - 제15장(정치권력의 구별)은 전 26장으로 구성된 《국가학원리》를 — 순서와 내용을 조금씩 수정하는 가운데 — 번역한 것처럼 보인다. 《국가학원리》는 다시 요한 카스파 블룬칠리(Johann Caspar Bluntschli)의 *Allgemeines Staatsrecht*(1875)에 의존하고 있다. 하지만 《국가학원리》의 내용은 블룬츨리의 텍스트와 완전히 일치하지는 않으며, 블룬츨리를 인용한 존 버지스(John William Burgess)의 *Political Science and Comparative Constitutional Law*(1890)의 텍스트를 번역한 경우도 있다. 예컨대 제5장 '인민과 국민의 구별'에 상응하는 《국가학원리》의 제5장에는 버지스의 텍스트가 상당히 많이 반영되어 있다. 어떤 경우에는 "목차만 블룬츨리로부터, 내용은 버지스로부터"가 서술원칙이 아니었을까 의심스러울 때도 있다.

제16장(절대군주정) – 제21장(국가연합)은 콘라드 보른하크(Conrad Bornhak)의 *Allgemeine Staatslehre*(1896)에 의존하고 있다. 블룬츨리에 비해 상대적으로 알려지지 않은 보른하크의 저작이 어떠한 경로를 거쳐 이 책에 수용되었는지는 확인하지 못했다. 즉 일본어로 번역된 텍스트가 무엇인지를 정확히 알 수 없다. 더욱이 자유주의적 성향의 블룬츨리와 극단적 보수주의자인 보른하크가 한 책에 공존한다는 역설은 오늘날의 관점에서는 쉽게 이해하기 어렵다. 물론 '수입' 초창기에 '본국'의 정치적 지형도는 크게 중요한 의미가 없었을 것이다. 본문에도 한 번 등장하는 로렌츠 폰 슈타인은 사회주의자였지만, 슈타인이 빈 대학교 국민경제학 교수였을 때 이토 히로부미(伊藤博文)가 그 밑에서 수학했다는 사실을 보더라도 이 점은 분명히 알 수 있다.

아무튼 이 제16장 이하의 내용도 제15장까지와 마찬가지로 독일어 원문과 완전히 일치하지는 않으며, 특히 제21장 '국가연합' 후반부에 등장하는, 미국에 대한 설명은 보른하르크의 책과는 다른 내용을 담고 있다. 아마도 버지스의 책의 해당부분을 극단적으로 축약해 서술한 내용을 번역한 것으로 보인다.

***

불과 100여 년 전의 조상들에게 읽혔을 글을 "우리말로 옮긴다"는 것 자체가 이미 우리의 굴곡진 역사를 안타깝게 되돌아보는 계기가 되었다. 아무리 역사가 연속성과 불연속성의 반복이라 할지라도, 100년이라는 '짧은' 시간의 이쪽과 저쪽 사이의 간격이 너무 크게 느껴졌기 때문이다. 주로 독일어 텍스트를 학문 활동의 토대로 삼고 있고, 그 텍스트를 우리나라 독자들에게 전달하는 것을 중요한 과제로 여기는 나에게는 생활세계의 시간적 지평에 훨씬 더 가까운 이 책을 번역하는 일이 독일어 텍스트를 번역할 때보다 훨씬 더 버겁게 느껴졌다. 더욱이 이 책이 보성전문학교의 교재였고, 이 교재들이 도서관의 희귀도서로만 존재할 뿐, '지금 여기의 언어'로 옮겨지지 않았다는 사실은 내게 부끄러움과 함께 일종의 책임감과 사명감을 갖게 만들었다. 그런데도 나는 "이때도 벌써 이런 내용을 소개했구나!"라는 경외감이나 "그저 지나간 시간 속에서 얼마든지 있을 수 있었지만, 반드시 있어야 할 필요는 없겠지"라는 무감각을 모두 배제한 상태에서 기술적 완벽성을 추구하는 번역이 될 수 있도록 노력했다. 그리고 '사료(史料)'로서의 가치를 앞세우면 최대한 주어진 텍스트에 근접하게 번역해야 하겠지만, 그보다는 오늘날의 용어와 서술방식에 더 가까운 방향으로 번역하기로 결정했다. 이 점에서 원문* 과 번역문이 함께 실린다는 사실은 나에게 부담이 아니라, 오히려 축복으로 작용했다. 그래서 조금만 눈길을 돌리면 원문을 확인할 수 있다는 사정을 십분 활용해 본문 자체에 오류가 있거나 오늘날의 용법에 어긋나는 용어들이 등장하는 때에는 모두 지금의 독자들이 읽기에 쉬운 쪽으로 번역했다. 이른바 '가독성'을 더 중시한 셈이다. 물론 중요한 수정사항은 모두 역주를 달아 놓았다.

****

단순한 데이터의 차원을 넘어, 역사학적 방법을 동원해 이 책을 학문적으로 '해명'하는 작업은 나의 몫은 아닐 것이

* 본문 짝수쪽에 사용한 원문은 민족문화의 1986년 영인본을 대부분 사용했으나, 원본의 훼손이 다소 심한 부분인 1, 153-160쪽에서는 관악사의 2004년 영인본으로 대체하였다. 색감이 갑자기 달라져 의아했을 독자들에게 양해를 구한다.

다. 일단 내가 역사학적 방법에 대한 식견을 갖고 있지 않을 뿐만 아니라, 일본이라는 '중개상'에 대한 충분한 지식이 없이는 이 작업을 제대로 해낼 수 없다는 사정도 중요한 이유이다. 상당히 여러 분과가 함께 하는 '학제적' 연구를 거쳐야 한다는 것은 얼마든지 미루어 짐작할 수 있다. 이러한 객관적 측면과는 별개로 이 책의 번역작업은 나로서는 조금이나마 부끄러움을 덜 수 있는 계기였다. 이 계기의 시발점은 '보성전문학교 교재번역 사업'을 주도한 고려대학교 법학전문대학원의 명순구 전 원장에서 비롯되었다. 동료이자 벗인 명 원장에게 형식적인 차원을 훨씬 뛰어넘어 고마움을 전한다. 20여 권에 달하는 모든 교재의 번역이 이루어진 이후에는 작은 조감도를 그려보는 일도 필요하지 않을까라는 희망사항도 함께 적어둔다. 끝으로 무언가 역사에 관련된 작업을 할 때면 늘 등장하는, 문헌 확보의 난관을 뛰어넘는 데 커다란 도움을 주신 법학도서관 신혜윤 차장님 그리고 출판문화원의 이무희 선생님께도 감사드린다.

2019년 10월

옮긴이 윤재왕

국가학

초판 발행 1쇄 2019년 12월30일

역술 나진·김상연
옮긴이 윤재왕
www.kupress.com
kupress@korea.ac.kr
(02841) 서울특별시 성북구 안암로 145
Tel 02-3290-4230, 4232
Fax 02-923-6311
찍은곳 한국컴퓨터인쇄정보

ISBN 979-11-90205-16-0 93340

값 28,000원